HEYNE <

Über die Autorin:

Mary L. Trump promovierte am Derner Institute of Advanced Psychological Studies in New York und lehrte in den Fachbereichen Traumatherapie, Psychopathologie und Entwicklungspsychologie. Sie lebt zusammen mit ihrer Tochter in New York. Ihr erstes Buch *Zu viel und nie genug – Wie meine Familie den gefährlichsten Mann der Welt erschuf* war ein Nr. 1 *Spiegel*-Bestseller.

Mary L. Trump

AMERIKAS ALBTRAUM

Warum Donald Trump nicht zu stoppen ist – Psychogramm einer gespaltenen Nation

Aus dem Amerikanischen von
Eva Schestag, Monika Köpfer, Gisela Fichtl,
Christiane Bernhardt, Astrid Becker und Pieke Biermann

WILHELM HEYNE VERLAG
MÜNCHEN

Die deutsche Erstausgabe erschien 2021 unter dem Titel *Das amerikanische Trauma.*

Die Originalausgabe erschien 2021 unter dem Titel *The Reckoning: Our Nation's Trauma and Finding a Way to Heal* bei St. Martin's Press, einem Imprint der St. Martin's Publishing Group.

Dieses Werk wurde im Auftrag von St. Martin's Press durch die Literarische Agentur Thomas Schlück GmbH, 30161 Hannover, vermittelt.

Die Teil-Übersetzung durch Eva Schestag wurde durch ein Stipendium des Übersetzerhauses Looren unterstützt.

Dieses Buch enthält Beschreibungen von grausamen rassistischen Gewaltakten, die historisch belegt sind. In wörtlichen Zitaten relevanter rassistischer Äußerungen von Personen der Zeitgeschichte wurden nach heutigem Verständnis unangebrachte und verächtliche Begrifflichkeiten zur Wahrung des Kontextes unkommentiert übernommen. Die Großschreibung von Weiß und Schwarz folgt den Empfehlungen von Amnesty International.

Erweiterte und aktualisierte Taschenbuchausgabe 10/2024

Redaktion: Kristian Wachinger, Redaktion Vorwort: Barbara Häusler
Umschlaggestaltung: wilhelm typo grafisch, Zollikon
Umschlagabbildung: picture alliance / abaca | Douliery Olivier/ABACA USA
Satz: Satzwerk Huber, Germering
Druck: GGP Media GmbH, Pößneck
Printed in Germany
ISBN: 978-3-453-60716-3

www.heyne.de

Vorwort

Hätte mir jemand unmittelbar nach Joe Bidens Wahlsieg 2020 erzählt, es stünde vier Jahre später existenziell und sogar real schlechter um die Vereinigten Staaten, ich hätte es nicht geglaubt. Bis zum ersten (und einzigen) TV-Duell zwischen Joe Biden, damals noch Kandidat, und Donald Trump hätte ich es nicht für möglich gehalten, dass Donald zum dritten Mal von den Republikanern zum Präsidentschaftskandidaten nominiert würde. Nach allem, was Sie in diesem Buch zu lesen bekommen, werden Sie nicht weniger verblüfft sein als ich.

Die Partei der Republikaner im Allgemeinen und Donalds Wahlkampf 2024 im Besonderen sind viel unverhohlener faschistisch, heftiger und haben sich von den Regeln, die unsere Politik und den grundlegenden menschlichen Anstand bestimmen, weiter entfernt, als ich es während des ersten Wahlkampfs 2016 für möglich gehalten hätte. Dabei hätten wir uns nach der Wahl 2020 darauf einstellen können, vor allem angesichts dessen, was in den Monaten danach geschah.

Ich war gebeten worden, beim Rededuell der Präsidentschaftskandidaten am 27. Juni 2024 in Atlanta, Georgia, als Wahlkampfhelferin für Biden aufzutreten. Ich stand zu hundert Prozent hinter dem Kandidaten der Demokraten und fühlte mich geehrt von diesem Angebot. Doch die amerikanischen Medien sind nun einmal, wie sie sind, und die gesamte Aufmerksamkeit im Anschluss galt Bidens Alter, während Donald mit seiner zunehmend autoritären Rhetorik einmal mehr davonkam. Sein eigenes Alter (er ist nur drei Jahre jünger als Biden), seine konfusen Gedankengänge und all die anderen kognitiven Einschränkungen blieben fast völlig unkommentiert.

Die Debatte selbst war ein Desaster. Doch wenn man sie aus dem Presseraum des Biden-Wahlkampfteams verfolgte, erwies sich Donalds Auftritt als unendlich viel schlimmer – obwohl Präsident Biden in der ersten Hälfte zweifellos ein miserables Bild abgab, herumschwafelte, undeutlich sprach und nicht in der Lage zu sein schien, Trump Paroli zu bieten. Doch Trump reihte eine Lüge an die andere, verbreitete gefährliche Desinformationen, weigerte sich, die ihm gestellten Fragen zu beantworten, und mogelte sich stattdessen rücksichtslos an den Vorgaben für die Debatte vorbei. Zudem schien er oft völlig abgekoppelt von der Wirklichkeit. Noch miserabler war wohl nur noch die Leistung der Moderatoren, da sie nicht einmal bei Donalds ungeheuerlichsten Lügen einen Fakten-Check zuließen, es nicht schafften, ihn dazu zu bewegen, ihre Fragen zu beantworten, und ihm unbegrenzt Zeit einräumten, sich aufzuspielen, Verzögerungstaktik zu betreiben und einfach über das Debattenformat hinwegzutrampeln.

Es war eine Art Schock, dass die amerikanischen Medien in den nächsten dreieinhalb Wochen in Berichten über die Debatte *ausschließlich* Joe Bidens Auftritt kommentierten. Unverzüglich riefen ihn angesehene Kolumnisten und leitende Redakteure vieler großer Zeitungen – darunter die *New York Times* – dazu auf, aus dem Wahlkampf auszusteigen, etwas, das sie von Donald Trump nie gefordert hatten. Es ist kaum nachvollziehbar, wie verrückt das ist. Vor weniger als vier Jahren stachelte Donald zu einem gewalttätigen Aufstand gegen seine eigene Regierung auf. Er wurde wegen Diebstahls streng geheimer Dokumente und der Beteiligung an einer Verschwörung im Zusammenhang mit Wahlbetrug bei den Wahlen 2020 angeklagt, seine Anwälte aber konnten den Beginn der Gerichtsverhandlungen auf die Zeit nach der Wahl verzögern. Allein im vergangenen Jahr wurde Donald des Betrugs für schuldig befunden und zur Zahlung von 450 Millionen US-Dollar einschließlich Bußgeldern und Zinsen verurteilt. Noch schlimmer ist, dass er wegen sexueller Übergriffe und Verleumdung der von ihm sexuell genötigten Frau verurteilt wurde. In beiden Fällen hat er aber gegen die Urteile Berufung einlegen lassen, sodass darüber erst nach der Wahl entschieden werden wird. Doch es war Biden, der nach einem schlechten Abend aufgefordert wurde, sich zurückzuziehen. Eine entsprechend große Gegenkraft, die die Lügen und die Propaganda von Donald, seinen Erfüllungsgehilfen und Speichelleckern zurückweisen würde, suchte und sucht man umgekehrt in den Medienkonzernen noch immer vergeblich.

Seit ich mich erinnern kann, waren die Demokraten untereinander noch nie so zerstritten, noch nie hatte ich eine derartige Verzweiflung, ein solches Gefühl des drohenden Untergangs empfunden. Wir schienen kollektiv in einem amorphen Zustand des Unbehagens gefangen. Wir waren unzufrieden, ohne so recht zu wissen, warum. Selbst jetzt noch sind wir dermaßen am Boden, dass ein nicht unerheblicher Teil der Amerikanerinnen und Amerikanern glaubt, es wäre ihnen vor vier Jahren besser gegangen als heute.

Gehen wir dem doch einen Moment lang etwas genauer nach.

Trotz zahlreicher Beweise des Gegenteils glauben mehr Menschen, die Lage am Arbeitsmarkt und in der Wirtschaft sei unter der Trump-Regierung besser gewesen als unter Biden. Mehr Menschen halten Donald für die stärkere und entschlossenere Führungspersönlichkeit als Biden. Mehr Menschen glauben, Donald habe in der Krise gutes Urteilsvermögen bewiesen und den Staat besser gelenkt.

In welchem Universum befinden wir uns, dass eine solche Einschätzung überhaupt möglich ist? Wie konnten so viele Menschen glauben, dass der Mann, dessen fahrlässige Corona-Politik für den Tod Hunderttausender Amerikanerinnen und Amerikanern mitursächlich war, der zum bewaffneten Aufstand gegen seine eigene Regierung aufstachelte und der mit der *Big Lie*, der Verschwörungserzählung, ihm sei die Wahl gestohlen worden, seit fast vier Jahren versucht, das Vertrauen der amerikanischen Bürgerinnen und Bürger in freie und faire Wahlen zu erschüttern, dass dieser Mann die bessere Alternative zu Joe Biden ist?

Ich bin versucht, es für Massensuggestion zu halten, aber die Erklärung ist viel einfacher.

Die klinischen Psychiater George Makari und Richard A. Friedman schrieben kürzlich in *The Atlantic*:

> Die Auswirkungen eines solchen Gefühlschaos beobachten wir täglich. Und wir wissen, dass es ein allgemeines Gefühl von Wut und Unzufriedenheit zur Folge haben kann, wenn es nicht angemessen aufgearbeitet wird – also genau den negativen emotio-

nalen Zustand, der eine Nation dazu bringt, ihr Geschick falsch einzuschätzen.

Konfrontiert mit einer erdrückenden, schmerzhaften Realität wie der Corona-Pandemie kann Vergessen hilfreich sein – bis zu einem gewissen Grad sogar gesund. Auf diese Weise kann man die Angst und Verzweiflung vorübergehend beiseiteschieben, sich auf die Annehmlichkeiten und Anforderungen des Alltags konzentrieren und dadurch ein Gefühl von Kontrolle zurückerlangen. Auf diese Weise werden die Verluste nicht zur Belastung, sondern sie wirken beherrschbar.

Vergessen ist durchaus ein Faktor. Menschen wählen es oft, um weitermachen zu können. Die Pandemie von 1918 zum Beispiel, die allein in den USA 675 000 Menschen und weltweit mehr als 15 Millionen Menschen tötete, kommt in der Literatur oder anderswo so gut wie nicht vor. Derzeit scheinen zwei Dinge gleichzeitig abzulaufen: Erstens, auch wenn es schwer zu glauben ist, wurde es 2020 mit Joe Bidens Wahlsieg nicht besser, sondern schlimmer. Es fing mit Donalds Weigerung an, seine Niederlage einzuräumen, setzte sich mit dem 6. Januar fort und wurde noch verschlimmert durch die Entscheidung fast aller gewählten Republikanerinnen und Republikaner, Donald an der Parteispitze zu halten und die *Big Lie* zu unterstützen. Und dann taten sie auch noch so, als wäre der Sturm auf das Kapitol, bei dem ihr eigenes Leben in Gefahr war, letztlich gar keine so große Sache gewesen. Zweitens: Man kann von einem Trauma nicht geheilt werden, solange man noch mittendrin steckt beziehungsweise retraumatisiert wird.

Diejenigen von uns, die aufmerksam bleiben – weil es uns wichtig ist, weil wir müssen, weil wir viel zu besorgt sind, um uns abwenden zu können – verbringen einen Großteil ihrer Zeit damit, wegen der bevorstehenden Wahlen im November und deren möglichen Folgen halb durchzudrehen, was viel Kraft kostet. So zieht sich die Beklemmung durch alle Bereiche unseres Lebens. Wir erleben und bewerten alles durch den Schleier unseres nicht aufgearbeiteten komplexen Traumas. Wir sind so durcheinander, dass viele von uns just dem Mann die Schuld geben, der in Wirklichkeit versucht, den entsetzlichen Schaden, den sein Vorgänger uns allen zugefügt hat, zu beheben, während wir es dem Mann, der uns so weit gebracht hat, durchgehen lassen. Und nicht nur das, mehrere zig Millionen Amerikaner wollen Donald fast unbegrenzte Macht verleihen, die er dazu nutzen wird, uns zu zerstören. Und das wissen wir, weil er und seine antiamerikanischen Mitverschwörer uns laut und unmissverständlich darüber aufklären.

Es ist bemerkenswert, wie verzweifelt wir nach dem unbearbeiteten Schmerz weitermachen wollen, als könnte nur eine Lüge all dem Sinn verleihen. Natürlich ist das kontraproduktiv, doch der Wunsch, einfach weiterzumachen, besonders nach einem Verrat dieses Ausmaßes, ist unwiderstehlich. Sobald sich der Staub gelegt hat, erzählen uns die Politiker, alles wäre gut, es bestünde keine Notwendigkeit zurückzublicken. Und wer wollte all die Untaten schließlich nicht hinter sich lassen? Welche Verbrechen gegen die Menschlichkeit holt man schon gern ans Licht?

Werden die traumatisierenden Umstände unnötigerweise noch verstärkt von den Menschen, die 1. dafür verantwortlich sind und die sie 2. hätten entschärfen können, ist die Erfahrung, verraten worden zu sein, zumindest im übertragenen Sinne damit vergleichbar, als würde jemand, der mitbekommt, dass man sich in einer potenziell tödlichen Extremsituation befindet, und der die Macht hätte zu helfen, diese Hilfe verweigern. Denn wird das eigene Leben von der Person, die einen retten könnte, in Gefahr gebracht, kann das Gefühl des Verrats unerträglich werden.

Einer der wenigen Faktoren, die ein Massentrauma abschwächen können, ist das Gefühl, dass wir alle gleichermaßen betroffen sind. Die Mitglieder der Trump-Regierung aber machten das unmöglich, nicht etwa, weil sie inkompetent waren, sondern weil sie die Spaltung der Gesellschaft für eine erfolgreiche Strategie hielten. Und ich fürchte, damit lagen sie richtig.

Das Schüren von Uneinigkeit diente ihren Zielen ebenso wie das Aufstellen einer falschen Dichotomie zwischen Pandemie und Wirtschaft. Im direkten Erleben war es nicht leicht zu ermessen, wie zynisch und grausam dieser Trick war, im Rückblick freilich ist das Ausmaß dieser vorsätzlichen Sabotage atemberaubend. Es fällt schwer, sich damit zu konfrontieren, was uns genommen wurde, und noch schwerer, das Maß an Verderbtheit derjenigen auszuloten, die uns das angetan haben.

Trotzdem sind wir angesichts der Versäumnisse bei der Aufarbeitung dieses Verrats und seiner Ursachen kurz davor, just den Mann wieder ins Oval Office zu bringen, der die Umstände unseres Unbehagens herbeigeführt hat, der den Tod so vieler Menschen zu verantworten hat, in zynischer Weise eine entsetzliche Spaltung zwischen uns allen erzeugte und der uns zerstören will, sobald er nur die Gelegenheit dazu erhält. Das ist im wahrsten Sinne des Wortes atemberaubend.

Die Auswirkungen eines uneingestandenen Traumas können katastrophal sein – sowohl auf persönlicher wie auf gesellschaftlicher Ebene. Und obwohl man einem Trauma nicht davonlaufen kann, ist es ein menschlicher Impuls es zu versuchen. Wenn wir eine Zukunft abwenden wollen, in der wir weiterhin der Gnade von autoritären Gegnern einer Mehrheitsdemokratie ausgeliefert sind, dann müssen wir innehalten und uns darüber klar werden, wie wir hierher geraten sind. Die Wahrheit ist, dass nur das Erinnern Heilung bringt. Es könnte uns retten und uns sogar befreien.

Wie sich herausstellte, waren das TV-Duell und die Berichterstattung darüber lediglich der erste Akt in einem Monat, der mit ziemlicher Sicherheit als der bizarrste, gefährlichste und folgenreichste der modernen amerikanischen Politik in die Geschichte eingehen wird. Zwei Wochen nach seinem Auftritt in Atlanta wurde Donald am 13. Juli bei einem Wahlkampfauftritt in Pennsylvania angeschossen.

Einer von Donalds Anhängern wurde getötet, aber da Donald selbst nur geringfügige Verletzungen davontrug, beschloss er, den für zwei Tage später angesetzten Parteitag der Republikaner nicht zu verschieben. Am 19. Juli wurde er offiziell von der Partei zum Präsidentschaftskandidaten nominiert.

Nach dem Attentat versprachen uns die Medien – ohne jegliche Beweisgrundlage –, Donald habe sich gewandelt, sei vernünftig und maßvoll, bescheiden und gottesfürchtig und irgendwie plötzlich daran interessiert, uns zu einen.

Donald Trump ist genauso wenig in der Lage, dieses Land zu einen, wie er in der Lage war, staatsmännisch zu sein. Der Mann, der den gewaltsamen Angriff auf das Kapitol der Vereinigten Staaten initiierte, weil er nicht ertragen konnte, eine Wahl verloren zu haben, schert sich in Wirklichkeit einen Dreck um die Einheit. Und trotzdem erwarten viel zu viele Menschen in den Medienkonzernen genau das und versichern uns tatsächlich immer wieder, dies würde passieren.

Doch Donald ist noch genau derselbe, der für 173 verletzte Polizeibeamte sorgte, indem er die Erstürmung des Kapitols anstachelte. Er ist derselbe, der friedliche Demonstranten mit Tränengas auseinandertreiben ließ, damit er vor einer Kirche einen Fototermin wahrnehmen konnte. Er ist derselbe, der Golf spielte und mit seinen Einschaltquoten im Fernsehen prahlte, während täglich 3500 Amerikaner an Covid starben.

Er ist derselbe, der damit prahlte, nationale Sicherheitsdokumente gestohlen zu haben und (dank der von ihm eingesetzten Bundesrichterin Aileen Cannon) damit davonkam. Er ist derselbe, der die Geburtsurkunde des ersten Schwarzen Präsidenten der USA einforderte. Er ist derselbe, der, nachdem er sich geweigert hatte, seine Niederlage bei den Präsidentschaftswahlen 2020 einzuräumen, dem Übergangsteam des gewählten Präsidenten Biden auf dem Höhepunkt einer weltweiten Pandemie den Zugang zu wichtigen Informationen verwehrte und sich dann weigerte, an dessen Amtseinführung teilzunehmen.

Er ist derselbe, der E. Jean Carroll sexuell belästigt hat, was durch ein noch nicht rechtskräftiges Urteil bestätigt wurde, und sie nach wie vor verleumdet. Er ist derselbe, der sich auf dem »Access Hollywood«-Video genau dieser Art sexueller Übergriffe brüstet. Er ist derselbe, der den Supreme Court manipulierte, die Grundsatzentscheidung zum Abtreibungsrecht *Roe versus Wade* zu kippen. Er ist derselbe, der, sobald er ins Weiße Haus zurückgekehrt ist, die neuen, erweiterten

Befugnisse, die ihm der Oberste Gerichtshof verliehen hat, nutzen will, um gegen Amerikanerinnen und Amerikaner vorzugehen, die ihn kritisieren.

Das ist noch nicht einmal eine vollständige Liste. Sie vermittelt lediglich eine Ahnung, was für ein schrecklicher, feiger und grausamer Mann mein Onkel ist, immer schon war und immer sein wird. In welchem Universum würde man davon ausgehen, dass ein solcher Mensch *je* fähig wäre, sich zu ändern?

Wir werden wohl noch etwas Abstand und gewiss mehr Stabilität brauchen, bevor wir endgültig der Frage auf den Grund gehen können, warum es eine der beiden großen politischen Parteien und der überwiegende Teil der Medienkonzerne zuließ, die offensichtlichen und schweren Psychopathologien eines Mannes zu normalisieren, der seit er das Weiße Haus im Januar 2021 verließ, den Glauben in freie und faire Wahlen unterminierte, indem er die *Big Lie* verbreitete, die Wahl 2020 sei ihm gestohlen worden; der behauptet, die nach dem Sturm auf das Kapitol Verurteilten seien »Helden«, denen er die Begnadigung in Aussicht stellt, wenn er wieder an die Macht kommt; und der sich auf Schritt und Tritt als untauglich, gestört und als eine reale und gegenwärtige Gefahr für die Zukunft der amerikanischen Demokratie sowie der westlichen liberalen Demokratie im Allgemeinen erwiesen hat.

Seine unwidersprochenen Lügen setzen sich jedoch durch und verstärken das Gefühl – wider allen Anstand, die Wahrheit und die amerikanische Demokratie –, sie hätten sich bereits »eingebrannt« und die Wahrheit zu ermitteln oder Donald zur Rechenschaft zu ziehen wären nur noch hohles Getöse.

Donald Trump ist nicht der Einzige, der unter kognitivem Verfall leidet – auch die USA scheinen davon betroffen. Nur so lässt sich das kurze Gedächtnis erklären, das die Schrecken der vier katastrophalen Jahre meines Onkels Donald im Oval Office ausgelöscht hat. Nur so lässt sich erklären, warum das Rennen um die Präsidentschaft so knapp ist und Donald – der wegen sexueller Übergriffe und Betrug erstinstanzlich verurteilte Straftäter – eine erhebliche Bedrohung unserer Demokratie bleibt.

Anfang Juli 2024 veröffentlichte die *Huffington Post* einen Artikel darüber, wie sich der Parteitag der Republikaner die »kollektive Amnesie« der Nation mit einer Strategie zunutze machen will, welche den Amerikanern all die guten Zeiten von Trumps Regierungszeit in Erinnerung ruft. Denn diese guten Zeiten sind reine Fiktion – es sei denn natürlich, man hält sich an Stephen Miller, einen von Donalds grausamsten und zutiefst faschistischen Beratern, und hat Spaß an der Entführung und am Einsperren kleiner Kinder.

Der Autor des Artikels, S. V. Date, schreibt:

> Als Donald Trump das Weiße Haus verließ, war die Gewaltkriminalität in die Höhe geschossen, Tausende Amerikanerinnen und Amerikaner starben jeden Tag an einer Krankheit, von der er behauptete, sie sei nicht schlimmer als eine gewöhnliche Erkältung, und er unternahm einen Putschversuch, um sich trotz seiner Wahlniederlage im Amt zu halten.
>
> Der ehemalige und womöglich künftige Präsident und das *Republican National Committee [das Parteigremium der Republikaner]* veröffentlichten am Montag einen Themenplan für den Parteitag, der darauf setzt, dass die Amerikaner all das vergessen und stattdessen zunehmend nostalgisch auf seine Amtszeit zurückblicken.

Zunehmend nostalgisch? Ja, ich mache mir Sorgen um uns.

Verstehen Sie mich nicht falsch – auch ich wünschte, ich könnte vergessen. Ich wünschte, ich könnte die gekühlten Leichenwagen vergessen, die durch New York City fuhren, während Donald damit drohte, unserem medizinischen Personal an vorderster Front die lebenswichtige persönliche Schutzausrüstung zu verweigern, sollte ihm der Gouverneur von New York, Andrew Cuomo, nicht den Hintern küssen.

Ich wünschte, ich könnte vergessen, wie oft Donald Lügen verbreitete und Golf spielte, während die Amerikaner starben.

Ich wünschte, ich könnte vergessen, wie er Nicht-MAGA-Anhänger mit seinen Dauer-Tweets triezte.

Ich wünschte, ich könnte vergessen, wie er die Proud Boys und anderen weißen Rassisten aufforderte: »Stand back and stand by« – »Bleibt im Hintergrund und haltet euch bereit.«

Ich wünschte, ich könnte die Schmerzensschreie der Polizisten vergessen, als sie von Donalds Anhängern am 6. Januar 2021 verprügelt und misshandelt wurden.

Und ich wünschte, ich könnte vergessen, wie er den Supreme Court mit christlichen Nationalisten besetzte, die gerade zig Millionen Frauen ihrer grundlegenden Menschenrechte beraubten und anschließend ihn – *ihn* – belohnten, indem sie ihn durch ein neues Urteil zum König machten.

Doch ich kann nichts davon vergessen. Und ich bin entschlossen, auch nicht zuzulassen, dass es der Rest des Landes vergisst. Es muss eines unserer Ziele sein, dieses Land daran zu erinnern, wie schlimm es war, und die Menschen zu warnen, damit es nicht noch viel schlimmer kommt – *wenn wir die Erinnerung nicht zulassen.*

Die Amerikaner haben ein kurzes Gedächtnis. Und nach den schweren Traumata, die wir in den letzten acht Jahren durchlebt haben, ist es absolut verständlich, dass die Menschen vergessen wollen. So funktionieren Traumata nun mal. Es fühlt sich so an, als wäre noch immer alles schlimm, trotz der Beweise des Gegenteils, denn wir haben uns nie davon erholt, wie schlimm es *damals* war, was zu einer völlig unpassenden, misstönenden Nostalgie für die übelsten vier Jahre meines Lebens geführt hat.

Der Umstand, dass es eine Erklärung dafür gibt, macht es nicht weniger erschreckend.

Am Eröffnungsabend des Parteitags der Republikaner lautete das Thema: »Make America Wealthy Once Again« – »Macht Amerika wieder wohlhabend«.

Wirklich?

Donald schied mit einer miserablen Wirtschaftslage und der schlechtesten Beschäftigungsbilanz seit Herbert Hoover aus dem Amt. Unter Joe Biden bricht der Aktienmarkt immer wieder Rekorde, die Arbeitslosigkeit ist auf einem beeindruckenden Tiefstand, die Löhne steigen, und die Produktion läuft wieder. Amerika ist deutlich wohlhabender als während der Zeit meines Onkels im Weißen Haus.

Am zweiten Tag lautete das Thema: »Make America Safe Once Again« – »Macht Amerika wieder sicher«.

Wirklich?

Wir würden gern den Polizisten Brian Sicknick fragen, ob Donald Amerika sicherer gemacht hat, aber das können wir nicht, denn Sicknick starb, nachdem er bei Donalds Sturm auf das Kapitol brutal niedergeschlagen wurde. Wir könnten den damaligen Vizepräsidenten Mike Pence fragen, den Donalds Anhänger hängen wollten, was Trump laut seinem damaligen Stabschef unterstützte.

Und am dritten Tag war das Motto: »Make America Strong Once Again« – »Macht Amerika wieder stark«.

Das ist nun völlig jenseits des Akzeptablen.

Donald ist der schwächste Mann, der mir je untergekommen ist. Er umschmeichelt Diktatoren wie Putin und Kim Jong-un oder Saudi-Arabiens Mohammed bin Salman und Ungarns Viktor Orbán, weil er sich nach ihrer Macht sehnt und hofft, seine Kriecherei werde sie davon überzeugen, ihm etwas davon abzugeben. Er glaubt, er könne unsere Verbündeten zur Hölle schicken, weil er mit großer Unterstützung der Republikaner darauf setzt, dass die Amerikaner vergessen, wer unsere wirklichen Feinde sind.

Er wettet darauf, dass wir eine Menge Dinge vergessen haben. Und vielleicht haben wir das. Vielleicht sind wir nicht nur eine Demokratie im Verfall – vielleicht sind wir eine Nation, die unter kognitivem Verfall leidet.

Wie auch immer, es bleiben uns nur wenige kurze Monate, die Amerikanerinnen und Amerikaner daran zu erinnern, wie es wirklich aussah, als Donald im Amt war, und ihnen die Augen zu öffnen, wie die Zukunft aussehen wird, wenn Donald und seine Braunhemden wieder ins Oval Office einziehen, indem wir über das republikanische Narrativ sprechen und die faschistische Agenda ihres Manifests *Project 2025* offenlegen.

Sollten wir damit scheitern, fürchte ich, dass er diesem Land und seinen Menschen Dinge antun wird, die wir niemals werden vergessen können. Oder verzeihen.

Donalds Rede als frisch gekürter Präsidentschaftskandidat auf dem Parteitag der Republikaner brach den Rekord als längste (und langweiligste) Parteitagsrede, die je gehalten wurde. Er sagte, er würde nie wieder eine Wahlniederlage zulassen. Er attackierte die »verrückte Nancy« Pelosi, die ehemalige Sprecherin des Repräsentantenhauses, während er die Geste nachahmte, wie ein Hammer geschwungen wird (ein von den Gewalttätigkeiten des 6. Januars angespornter Mann war in Pelosis Haus eingebrochen, hatte ihren 82-jährigen Ehemann mit einem Hammer angegriffen, ihm einen Schädelbruch zugefügt und ihn fast getötet), und er beschuldigte Präsident Biden, das Land zu zerstören.

Selbst nach dem geradezu grotesken Spektakel von häuslichen Gewalttätern, Rassisten und Frauenhassern des World Wrestling Entertainment (WWE) und der United Fight Alliance (UFA), selbst nach dieser abschweifenden, selbstverherrlichenden, wahnhaften Rede porträtierten die Zeitungen Donald am nächsten Morgen so, als wäre er ein neuer Mensch, der nette Kerl, der das Kriegsbeil begraben möchte und für alle Amerikaner nur das Beste will.

Und dann kam noch Präsident Bidens Covid-Erkrankung hinzu. Die Konzernmedien scheinen es weitgehend aufgegeben zu haben, über meinen Onkel zu berichten wie über einen wirklichen Kandidaten. Sie waren dermaßen darauf fixiert, ein Narrativ zu kreieren, das Joe Biden aus dem Rennen wirft, dass sie nicht einmal die journalistische Basisarbeit über das Wochenende des Mordversuchs geleistet haben. Die Tatsache, dass wir über Bidens Covid-Diagnose mehr wissen als über das Attentat auf einen Präsidentschaftskandidaten, ist ein so vernichtendes Armutszeugnis für den sogenannten Journalismus, dass ich mir nicht sicher bin, wie er das Vertrauen der Öffentlichkeit zurückgewinnen will.

Die himmelschreiende Ungerechtigkeit war schwer zu ertragen. Viel schlimmer noch war das heillose Chaos, in das die Demokraten gestürzt sind (die einzige Partei, die sich für den Schutz unserer Demokratie einsetzt und an ihrem Schutz interessiert ist). Dank korrupter Medienkonzerne und einer schwachen Republikanischen Partei erschien es immer wahrscheinlicher, dass Donald ins Weiße Haus zurückkehren könnte, trotz der Gefahr, die er darstellt, und trotz der Tatsache, dass er, offen gesagt, nicht mehr bei Sinnen ist.

Nur drei Tage nach Donalds Rede kündigte Präsident Biden an, nicht mehr für eine zweite Amtsperiode anzutreten. Nachdrücklich befürwortete er, dass stattdessen seine Vizepräsidentin Kamala Harris ins Rennen gehen sollte. Plötzlich befanden wir uns auf unbekanntem Terrain und *kein Mensch* wusste, wie es weitergehen würde.

Was sich freilich nicht geändert hatte, war die Qualität der Berichterstattung. Nun, da Donald Trump der älteste Präsidentschaftskandidat in der amerikanischen Geschichte war, spielte das Alter plötzlich keine Rolle mehr. Man konzentrierte sich jetzt auf Kamala Harris – ihre Qualifikation, ihre Fähigkeit, die Partei zu einen und unentschiedene Wähler zu überzeugen – obwohl Donald Trump nur eine Woche zuvor, genau wie schon in seinen Wahlkämpfen vergangener Jahre, bei seiner Parteitagsrede verstörende Anzeichen von psychischen Störungen und kognitivem Verfall gezeigt hatte.

Als Reaktion auf eine nicht repräsentative Umfrage unter Psychiatern, ob sie den republikanischen Präsidentschaftskandidaten Barry Goldwater für das Amt des Präsidenten der Vereinigten Staaten von Amerika für psychisch geeignet hielten, veröffentlicht im Politmagazin *Fact*, erließ die American Psychiatric Association (APA) im Jahr 1969 die sogenannte Goldwater-Regel, die es ihren Mitgliedern untersagt, Personen des öffentlichen Lebens zu diagnostizieren. Dort heißt es: »Es ist unethisch, eine psychiatrische Meinung abzugeben, ohne eine Untersuchung durchgeführt zu haben und ohne eine ordnungsgemäße Berechtigung für eine solche Aussage zu haben.« Das ist so weit angemessen. Doch im März 2017, kurz nach der Amtseinführung meines Onkels Donald Trump, hat die APA diese Regel nicht nur *bekräftigt* – sie hat sie vielmehr über die Grenzen der Schlüssigkeit hinaus erweitert. Den Mitgliedern wurde nicht nur verboten, Personen des öffentlichen Lebens zu diagnostizieren, sie durften jetzt nicht einmal mehr eine professionelle Meinung äußern, ganz gleich wie fundiert oder evidenzbasiert sie sei, selbst dann nicht, wenn sie davon überzeugt wären, dass eine Person des öffentlichen Lebens eine Bedrohung für die Bürgerinnen und Bürger des Landes oder die nationale Sicherheit darstellt.

Das ist schon oberflächlich betrachtet absurd und hat möglicherweise schwerwiegende Konsequenzen für die Sicherheit des amerikanischen Volkes. Selbstverständlich erfordert eine psychiatrische Diagnose eine professionelle Untersuchung, es ist allerdings durchaus im Rahmen, aus einem beobachteten Verhalten Schlüsse zu ziehen. Es ist eine Sache, einer Person definitiv eine antisoziale Persönlichkeitsstörung zuzuschreiben (eine klassifizierte Diagnose), eine andere ist es, auf Verhaltensweisen hinzuweisen – etwa pathologisches Lügen, andere absichtlich und ohne erkennbaren Grund außer Eigeninteresse in Gefahr zu bringen – und daraus den allgemeinen Schluss zu ziehen, dass es gefährlich ist, jemanden im Oval Office zu haben, der unfähig ist, Empathie zu empfinden.

Die APA hat auch erklärt: »Psychiater sind Ärzte; die Diagnose psychischer Erkrankungen erfolgt nicht weniger sorgfältig als die Diagnose von Diabetes oder Herzkrankheiten.« Das ist wahr – aber was würde ein Kardiologe sagen, wenn eine Person des öffentlichen Lebens immer wieder Herzanfälle erleidet? Müsste sie einer »sorgfältigen« Diagnostik unterzogen werden, damit ein Arzt die Vermutung äußern darf, dass ein Herzleiden vorliegen könnte? Wenn die Person mit den gehäuften Herzattacken ein Pilot wäre, der eine medizinische Untersuchung verweigert, wäre es da nicht ärztliches Fehlverhalten, sich nicht zu äußern? Es ist nicht übertrieben zu sagen, dass Donald ein pathologisches Verhalten zeigt, das nicht minder alarmierend ist – dies wurde beispielsweise offensichtlich, als er seine eigene Gesundheit und das Wohlergehen der Menschen in seiner unmittelbaren Umgebung gleichgültig ignorierte, indem er das Walter-Reed-Hospital verließ, obwohl er das Corona-Virus noch übertrug, oder indem er bei Wahlkampfauftritten Tausende von Menschen aufforderte, keine Masken zu tragen und sich nicht an Abstandsregeln zu halten, nur um das eigene Ego zu untermauern.

Die amerikanische Öffentlichkeit ist unzureichend über psychische Gesundheit informiert. Es wäre eine ernsthafte, kontinuierliche Aufklärung nötig, die von der Autorität und Reichweite einer Fachgesellschaft getragen sein müsste, um ein Verständnis dafür zu erzeugen, warum die emotionale und psychische Stabilität unserer Politiker von Belang ist und Einfluss auf uns alle haben kann. Täglich äußern sich

Juristen über Donalds verfassungswidriges und Normen missachtendes Verhalten. Mediziner spekulieren seit seiner Covid-19-Diagnose über seinen Krankheitsverlauf und die potenziell gefährlichen Nebenwirkungen der experimentellen Behandlungen, die er erhalten hatte. Lediglich die Psychologen und Psychiater wurden erfolgreich ruhiggestellt.

Das bedeutet nicht, dass keine Meinungen über Donalds psychische Verfassung kursieren. Mitunter hat es den Anschein, als hätten sich *alle* dazu geäußert, außer den Experten.

Das ist ein Problem. Nicht unbedingt, weil diese Charakterisierungen nicht fundiert sind, sondern weil solche Beurteilungen ungewollt die Seriosität des Falls untergraben können, wenn die eigentlichen Fachleute es versäumen, einen angemessenen Kontext zu liefern, in dem die psychische Erkrankungen verstanden werden kann. In den vier Jahren seiner Amtszeit und wenn wir die letzten dreieinhalb Jahre betrachten, hat Donald öffentlich mehr als 30 000 Mal gelogen; er missachtete impulsiv und gegen jede Vernunft den Rat von Experten, die zur Eindämmung der Corona-Pandemie hätten beitragen können, während er gleichzeitig Maßnahmen zum Schutz der Wirtschaft traf; er brachte Privatleute in Gefahr, indem er sie auf Twitter attackierte, weil sie ihn kritisiert hatten; er erwies sich als unfähig, Verantwortung zu übernehmen, den Kurs zu ändern oder Empathie zu zeigen. Courtney Fingar schrieb kürzlich in der britischen Wochenzeitung *New Statesman:* »Die Öffentlichkeit kann all das ebenfalls beobachten, sie tut es jedoch weitgehend ohne die Einordnung oder Erläuterung echter Experten. Eine Regel, die ursprünglich dazu gedacht war, Spekulationen Einhalt zu gebieten, hat letztlich dazu geführt, dass sie nun erst recht grassieren.«

So haben Donalds Rhetorik und sein Verhalten also weiterhin enorme Auswirkungen und spielen eine immense Rolle im Alltag von zig Millionen Amerikanerinnen und Amerikanern. Da er ein Präsidentschaftskandidat ist und somit einen enormen Stellenwert in der amerikanischen Politik einnimmt, stehen wir alle in einer Beziehung zu ihm, auch wenn sie zwangsläufig einseitig ist. Während es unmöglich ist, ihm eine professionelle Diagnose zu stellen – weil dies ein streng geregeltes Verfahren ist, das die Einhaltung bestimmter Schritte und die Erhebung spezifischer Daten in einer genau festgelegten Weise erfordert –, ist es nicht nur sinnvoll, sondern notwendig, unser Hauptaugenmerk weg von der Diagnose und stattdessen darauf zu richten, welche Auswirkungen ein unberechenbares, impulsives, psychisch auffälliges Verhalten auf diejenigen hat, die mit dieser Person in einer Beziehung stehen, gleichgültig wie einseitig oder unfreiwillig diese ist.

Ich bin klinische Psychologin von Beruf und war praktisch tätig. Wäre Donald zu einer Beurteilung in meine Praxis gekommen, hätte ich in einem normalen Erstgespräch weniger Informationen über ihn sammeln können, als mir aus den unzähligen Stunden an Videomaterial aus den Jahrzehnten, die er in der Öffentlichkeit steht, zur Verfügung stehen. Sind keine Selbstauskünfte verfügbar – etwa, weil der Patient dazu nicht in der Lage oder bereit ist – wendet sich der Therapeut häufig an dem Patienten nahestehende Menschen, um die Lücke zu füllen. Doch all das ist hier nicht nötig, da Beispiele für Donalds gestörtes, impulsives, selbstzerstörerisches und destruktives Verhalten, wie sie sich im Umfeld einer psychologischen Praxis in aller Regel nicht zeigen, ausführlich dokumentiert sind.

In diesem Fall eine neutrale Haltung einzunehmen, lässt nicht nur eine Lücke entstehen, wo professionelle Expertise gefragt wäre, sondern führt überdies dazu, dysfunktionales Verhalten zu normalisieren. Paradoxerweise scheint man damit zu suggerieren, das Sprechen über psychische Störungen sei das Problem. In Wahrheit ist es jedoch das Verschweigen von Donalds offenkundigen psychischen Beeinträchtigungen, das stigmatisierend ist. Durch die Behauptung, ihr Schweigen sei neutral, gewährt die APA Donalds Wahlkampf im Grunde eine Art Sachspende, während das amerikanische Volk seinem häufig gestörten und unvorhersehbaren Verhalten ausgesetzt bleibt, ohne das notwendige Wissen, um bewerten oder verstehen zu können, inwiefern ihn dies für das Amt, das er bekleidet, ungeeignet macht.

Das Debattendebakel wurde durch eine Entscheidung unseres Obersten Gerichts noch verschärft: Nur vier Tage später entlastete es Donald von seinen Straftaten (zwei der schwerwiegendsten Verfahren gegen ihn sind auf unbestimmte Zeit ausgesetzt, ein weiteres wurde von Donalds Lieblingsrichterin Aileen Cannon aus sachfremden und gegenstandslosen Gründen abgewiesen).

An diesem besagten Montag hat der Supreme Court 248 Jahre Demokratie sowie die Gewaltenteilung als System der gegenseitigen Kontrolle, das eine mächtige Exekutive in Schranken halten sollte, zugunsten eines einzigen Mannes zunichtegemacht – Donald Trump. Meine schlimmste Befürchtung vor der Entscheidung über die Immunität des Präsidenten bestand nicht darin, dass die Richterinnen und Richter des Obersten Gerichtshofs dem Amtsinhaber im

Weißen Haus, wer immer es auch sei, absolute Immunität gewähren würden. Ich befürchtete vielmehr, dass sie, wie im Fall *Bush versus Gore*, mit Vorschlaghammer und Skalpell versuchen würden, allein Donald Trump zu begünstigen, indem sie ihm nicht nur bisher undenkbare Macht verleihen, sondern es rückwirkend und künftig unmöglich machen, ihn überhaupt für irgendetwas strafrechtlich zur Verantwortung zu ziehen.

Sie haben offenbar vergessen, wer wir sind. Wir sind Amerikaner. Wir haben es nicht mit Königen.

Es passt jedoch völlig ins Bild, dass der Oberste Gerichtshof eine derart verfehlte und unamerikanische Entscheidung fällt. Schließlich fehlt den obersten Richtern inzwischen jeglicher Bezug zum amerikanischen Volk, und sie sind so verliebt in ihre uneingeschränkte Macht, dass sie sich in eine illegitime *Supermajority*, eine qualifizierte Mehrheit, kurzsichtiger Solipsisten verwandelt haben.

Doch wir haben nicht vergessen, wer sie sind. Und ich sage es noch einmal – wir sind Amerikaner. Wir haben es nicht mit Königen.

Wir werden den Supreme Court und meinen Onkel daran erinnern müssen, wer in diesem Land wirklich die Macht hat. Wir müssen, metaphorisch gesprochen, wie 1773 bei der Boston Tea Party eine Ladung Tee in den Hafen werfen und unsere Unabhängigkeit von den ignoranten, grausamen und gefährlichen rechten Fanatikern erklären, die uns unsere Rechte und unser Land nehmen wollen.

Die Auffassung, dass mit großer Macht auch große Verantwortung einhergeht, wurde komplett auf den Kopf gestellt. In Amerika verfügen die Mächtigsten über sämtliche Vorteile dieser außergewöhnlichen Machtfülle, tragen jedoch nicht die Verantwortung und die Risiken, die mit ihrer Ausübung einhergehen müssten.

Thomas Jefferson hatte gegen dieses anti-amerikanische, anti-demokratische Prinzip schwere Einwände, und sie waren nicht theoretischer, sondern praktischer Natur. Nachdem er zwei Amtszeiten lang Oberbefehlshaber war, erkannte er: »Es obliegt denjenigen, die große Aufgaben auf sich nehmen, *in großen Momenten selbst große Risiken zu tragen*, wenn die Sicherheit der Nation oder ihre wichtigsten Belange auf dem Spiel stehen.«

Und weiter: »[E]ine Person, die ein öffentliches Amt bekleidet, muss auf eigene Gefahr handeln und sich ganz auf die Justiz ihres Landes und die Aufrichtigkeit ihrer Beweggründe verlassen.«

Eine ganz besondere der vielfältigen Ironien liegt natürlich in der Tatsache, dass nie zuvor ein amerikanischer Präsident derartige Schutzmaßnahmen nötig hatte und dass Donald, für den sie erweitert wurden, nie irgendetwas – ob kriminell oder nicht – für sein Land getan hat. Seine Verbrechen waren auf diese oder jene Weise immer eigennützig, und was der Supreme Court nun gebilligt hat, sind solche Verbrechen und das Begehen weiterer Verbrechen dieser Art in der Zukunft.

Dieser Supreme Court ist so offensichtlich korrupt, dass ich nicht fassen kann, dass man dagegen nichts unternehmen kann. In der Verfassung wird an keiner Stelle eine absolute Immunität für den Präsidenten erwähnt (schon weil den Gründervätern ein solcher Gedanke ein Gräuel war), und so schrieb auch Jefferson in der Unabhängigkeitserklärung:

»Ein Fürst, dessen Charakter ihn durch alle seine Handlungen als Tyrannen ausweist, ist unfähig, ein freies Volk zu regieren.«

Es herrscht derzeit große Furcht und Ungewissheit, und es ist nur allzu verständlich, wenn einem nicht gerade nach Feiern zumute ist. Die Kluft zwischen dem, wer wir sind, und dem, worauf wir zustreben, hat sich gerade in jüngster Zeit beträchtlich vertieft, weshalb es absolut in Ordnung ist, einmal kurz durchzuatmen.

Zu allem Überfluss erklärte Kevin Roberts, der Präsident der Heritage Foundation und einer der Architekten des faschistischen Strategieplans *Project 2025*, dieses Land befinde sich »in der zweiten Amerikanischen Revolution, die unblutig bleiben wird, sofern die Linke es zulässt«. Das ist eine Drohung und eine unverhohlene Ankündigung, dass sie das Amerika, das wir kennen und lieben, zerstören wollen.

Diese dreiste Verachtung der Verfassung, des Rechtsstaatsprinzips und des amerikanischen Experiments spornt mich an, alles zu tun, was in meiner Macht steht, um dafür zu sorgen, dass die Rechte ihre Drohungen nie wird umsetzen können. Deshalb stehe ich auf der Seite von Präsident Biden und Vizepräsidentin Kamala Harris und werde jeden einzelnen Tag bis zur Wahl dafür arbeiten, dass Kamala Harris im November gewählt wird.

Bei all den internen Streitigkeiten, die wir jüngst ausgefochten haben, weiß ich, dass wir zusammenstehen werden, wenn es darauf ankommt, weil wir uns tatsächlich inmitten einer neuen Amerikanischen Revolution befinden. Und wie bei der ursprünglichen Amerikanischen Revolution werden wir die Loyalisten schlagen, die wollen, dass wir uns den Monarchisten beugen; und wie im Zweiten Weltkrieg werden wir die Faschisten besiegen.

Die Gründerväter haben viele, mitunter auch ungeheure, Fehler gemacht, aber sie wussten, wofür sie kämpften, und sie wussten, wogegen sie sich auf jeden Fall stellen mussten: einen Monarchen mit absoluter Macht. Ich glaube, man kann davon ausgehen, dass sie sich heutzutage in ihren Gräbern umdrehen würden angesichts der schockierenden Richtung, in die sich die Dinge seit acht Jahren bewegen – eine finstere Talfahrt, die sich aktuell noch einmal exponentiell beschleunigt hat.

Donald Trump erklärte einmal, dass er lediglich »Diktator für einen Tag« sein wolle. Der Supreme Court hörte das und gab pünktlich zum 4. Juli, dem Tag, an dem die Bürgerinnen und Bürger dieses Landes ihre Unabhängigkeit von der Tyrannei eines absoluten Herrschers feiern sollten, mit seiner illegitimen qualifizierten Mehrheit in seiner unendlichen Weisheit die Antwort: »Nein, Donald, du und nur du kannst jeden Tag Diktator sein.«

Hoffentlich werden wir auch im kommenden Jahr am 4. Juli noch etwas zu feiern haben – ein gestärktes Gefühl für unsere Bestimmung und einen neuen Impuls für eine Demokratie, die für uns alle arbeitet.

Supreme-Court-Richterin Sonia Sotomayor schrieb als Antwort auf die Mehrheitsmeinung, die das 248 Jahre alte Prinzip, dass niemand über dem Gesetz steht, auslöscht: »With fear for our democracy, I ~~respectfully~~ dissent.« – »Ich widerspreche ~~ergebenst~~, aus Sorge um unsere Demokratie.«

Das soll unser Schlachtruf sein:

Wir widersprechen. We dissent.
Wir geben nicht nach.
Wir geben für all dies nicht unsere Zustimmung.
Wir werden keinen Zentimeter weichen.

Im Laufe der letzten acht Jahre habe ich das Wort »Hass« häufiger ausgesprochen und häufiger Hass empfunden als in den gesamten fünf Jahrzehnten davor. Ich habe unendlich oft gesagt: »Ich bin es so leid, Menschen zu hassen, die ich nicht kenne.« Die Bandbreite menschlicher Emotionen ist riesig, doch das Problem sind nicht die Gefühle selbst, sondern entweder, dass wir sie verleugnen oder dass wir zulassen, dass sie von uns Besitz ergreifen.

Ja, Hass ist ein starkes Wort. Hassgefühle schaden der Person, die sie empfindet, selten dagegen dem Objekt des Hasses. Und es schadet nie dem Ziel des Hasses, wenn es sich dabei um einen völlig Fremden handelt, der sich weit außerhalb des Dunstkreises der Person bewegt, von der er gehasst wird.

Ich fing auch an, die Untätigkeit derer zu hassen, die in der Position sind, etwas zu unternehmen. Ich hasse das Ausmaß ihres offensichtlichen Unverständnisses für die Bedrohung, der wir ausgesetzt sind, ihrer Unfähigkeit, ihre Verantwortung zu erkennen, uns davor zu schützen, die amerikanische Demokratie vor dem Faschismus. Ich hasse es, dass sie die enormen Privilegien und die Macht, die ihnen eingeräumt wurden, nicht würdigen und nicht *nutzen*, um die Dinge wieder ins Lot zu bringen.

Sieben Jahre, in denen wir zusehen mussten, wie die Schlimmsten unter uns ihre Macht ausbauten und missbrauchten für eine Politik, die zu unsagbarer Grausamkeit führte – wofür man sie belohnt hat – fordern ihren Tribut. Zumal die sogenannten *Good Guys* weiter an die Macht unserer Institutionen glauben, die uns schützen, selbst wenn ebendiese Institutionen – der Rechtsstaat, der politische Prozess – um uns herum immer mehr zerbröckeln.

Man kann mit Sicherheit sagen, dass dieses Land schon lange gespalten ist, aber als Donald eine Lücke erkannte, nutzte er sie und verschärfte die Spaltung unseres Landes. Spaltung war schon immer das Wasser, in dem Donald geschwommen ist, auch weil sie ihm Vorteile bringt – auf Kosten aller anderen. *Uns* hat sie aufgerieben und verändert, während sie ihn und seine Anhänger unbehelligt lässt und noch stärkt. Spaltung ist auch ein perfekter Nährboden für Grausamkeit. Und es ist lehrreich zu sehen, wie viele Menschen bereit waren, sich der »Scheiß auf deine Gefühle«-Masse anzuschließen: 74 Millionen im Jahr 2020 gegenüber 62 Millionen 2016.

Teilweise aufgrund der wachsenden massiven Kluft und dem zunehmenden Bombardement mit Negativität wurde unsere Fähigkeit, anständig und freundlich zu sein, ausgehebelt, unser Bedürfnis – oder gar unsere Begabung –, ohne Furcht einer größeren Gemeinschaft anzugehören, gemindert.

Ich bekenne mich zu den negativen Gefühlen, die ich manchmal politisch auf der Gegenseite Stehenden gegenüber hege – die viel zu häufig Mitgefühl und Empathie vermissen ließen –, und versuche, sie zu rechtfertigen oder doch zumindest zu erklären, indem ich mir sage: »Sie wollen mich und Leute wie mich tot sehen, dabei will ich nur, dass es eine allgemeine Gesundheitsversorgung, Kinderbetreuung und einen existenzsichernden Lohn gibt.«

Es ist schwer nachvollziehbar, warum jemand selbst in Augenblicken extremen Leidens jede Freundlichkeit verweigert, und es ist schwer, nicht darauf zu reagieren, sobald man damit konfrontiert wird. Es zehrt an einem, dass unser Bedürfnis nach Trost und Bestätigung in den letzten drei

Jahren nicht nur mit Gleichgültigkeit, sondern sogar mit Verachtung beantwortet wurde, als wären unsere Sorgen um uns und andere bloß ein weiteres Zeichen unserer Schwäche und Wertlosigkeit, als ließe sich Freundlichkeit im menschlichen Erleben einfach abspalten, ohne uns unwiderruflich zu schädigen.

Wir sahen uns auch damit konfrontiert, wie eine Gefühlskälte gegenüber allen, die anders glauben oder denken, kultiviert wurde, was uns daran erinnert, dass der Hang zur Grausamkeit, auch wenn er von Zeit zu Zeit nicht an die Oberfläche kommt, nie ganz verschwindet. In den vergangenen sechs Jahren tauchte er mit solcher Wucht wieder auf, dass er selbst in den besten Zeiten destabilisierend gewirkt hätte, doch er trat in den schlimmsten Zeiten auf.

Merrick Garland, der von Biden ernannte Justizminister, wurde angeblich eingesetzt, um den Ruf des Justizministeriums und das Vertrauen der amerikanischen Bevölkerung wiederherzustellen. Was er nicht zu begreifen scheint, ist, dass das Festhalten an den traditionellen Vorgehensweisen das Justizministerium unweigerlich schwächt und so die Zukunft der gefährlich brüchigen Demokratie aufs Spiel setzt, deren Überleben von der Rechtsstaatlichkeit abhängt.

Kann es gelingen, eine Institution zu retten, wenn man just diese Institution, deren eigentliche Bestimmung ja genau darin besteht, angstfrei und unvoreingenommen Recht zu sprechen, nicht nutzt? Die knappe Antwort lautet: nein. Was Garlands Zurückhaltung oder Besonnenheit, oder wie immer man es nennen will, so unverzeihlich macht, ist, dass in diesem Fall nicht nur das Justizministerium rehabilitiert werden muss, um es zu retten – sondern die amerikanische Demokratie selbst.

Die Entscheidung des Justizministeriums, diejenigen nicht zur Rechenschaft zu ziehen, in die ein großes Maß an Vertrauen gesetzt und denen große Macht übertragen wurde, stellt die Auffassung, dass »mit großer Macht auch große Verantwortung einhergeht«, auf den Kopf. In den USA ist das so gut wie nie der Fall, doch entscheidender ist, es steht der Wahrheit, wie die Dinge wirklich laufen, praktisch diametral entgegen: Je mehr Macht man hat, desto weniger Konsequenzen hat man zu befürchten. Hat Merrick Garland das begriffen? Haben es die Demokraten begriffen?

Ich weiß nicht, was in denjenigen vorgeht, die Donald und diese Partei weiter unterstützen oder zumindest tolerieren, aber sie fühlen sich von der Lautstärke, dem Wüsten, Schmutzigen, Dunklen und Gefährlichen angezogen, solange sie sich selbst sicher fühlen.

Sie wollen niemanden an der Spitze, zu dem sie aufschauen können; sie wollen jemanden auf gleichem Niveau, jemanden, der ebenbürtig ist oder (vorzugsweise) sogar unter ihnen steht. Jemanden, der sich gar nicht erst in die Niederungen begeben muss, um »für sie zu kämpfen« (für sie zu hassen und zu drohen), weil er sich schon dort befindet – und seit er erwachsen ist, schon immer dort war.

Donalds übersteigertes Selbstbewusstsein und seine Weigerung, sich an Regeln zu halten, zieht weiterhin manche Menschen an, während die Republikaner (einschließlich derer, die vermeintlich mit ihm konkurrieren) ihm weiter das Feld überlassen, damit er sich durchsetzen kann.

Kürzlich tauchten »Trump or Death«-Fahnen (Trump oder Tod) auf. Was nun? Worauf laufen solche Sprüche hinaus? Wie werden sich die Medienkonzerne verhalten, wenn

Donald solche Äußerungen nicht verurteilt, sondern die Art der Rhetorik, die zu so etwas führt, noch unterstützt?

Wie sich herausstellt, kennen wir die Antwort bereits – sie tun nichts. Denn genau das geschah, als Donald ankündigte, General Mark Milley solle zum Tode verurteilt werden. Was Donald angeht, sollen seine Anhänger bereit sein, für ihn zu sterben oder zu töten – er ist der Überzeugung, dass er ein solches Maß an Ergebenheit verdient. Aus Sicht der Medien ist seine jüngste Drohung die logische Fortsetzung seiner bisherigen Rhetorik.

Wozu es dann noch benennen – vor allem, wenn es das Pferderennen stört? Sie müssen das Rennen mit Donald knapp halten. Zu diesem Zweck beschäftigten sie sich geradezu zwanghaft mit Bidens Alter, ohne *seine Fitness und Leistungen* anzuerkennen, während sie Donald als Spitzenkandidaten der Republikaner normalisierten und versäumten zu erwähnen, dass er nur *drei Jahre jünger* ist und darüber hinaus ein kognitiv eingeschränkter, arglistiger Verräter an den Vereinigten Staaten von Amerika. Und bei Kamala Harris legen sie jetzt weitaus höhere Maßstäbe an als je bei Donald.

Es kommt immer noch schlimmer, bevor es besser wird. Leider scheinen sowohl die Medien als auch die Partei der Republikaner alles in ihrer Macht Stehende zu tun, um den »Bevor es besser wird«-Teil abzuwenden. Das Kalkül hinter den Entscheidungen beider Gruppen hängt mit ihren unmittelbaren Eigeninteressen zusammen. Die Medien sorgen sich nur um ihre Gewinne, die Republikaner interessiert nur, wie sie mehr Macht gewinnen. Die Ironie hinter dem Spiel der Medien besteht darin, dass das Einknicken gegenüber antidemokratischen Kräften und deren Förderung dem Journalismus letztlich den Todesstoß versetzen wird. Die

Partei der Republikaner dagegen hat begriffen, dass die Zukunft der Partei völlig davon abhängt, Donalds Weg zu folgen: niemals einen Fehler zugeben, niemals Verantwortung übernehmen und sich ausschließlich um das eigene Wohlergehen kümmern, egal, wie es anderen geht.

Wir kommen dagegen nicht an, weil wir es mit einem Haufen unverbesserlicher, wissenschaftsfeindlicher Sektierer zu tun haben, die offenbar glauben, dass die einzig wünschenswerte Alternative zu Donald der Tod ist. Sie wollen nicht etwa nur alles niederbrennen, um ihren Willen zu bekommen – das Niederbrennen selbst ist es, was sie wollen.

Gewählte Republikaner auf allen Regierungsebenen werden diese Nihilisten in diesem Bemühen unterstützen, solange die infantilen Arschlöcher und Möchtegerntyrannen, die einen alarmierenden Prozentsatz der amerikanischen Wählerschaft ausmachen, sie weiter an der Macht halten.

Es ist Zeit, dass all jene, die an die Zukunft der amerikanischen Demokratie glauben, anfangen, das Unannehmbare zu akzeptieren – zumindest auf kurze Frist. Wir müssen uns eingestehen, dass 1. zig Millionen amerikanische Erwachsene nicht mehr erreichbar sind, entweder, weil ihnen alles egal ist, weil sie sich abgewandt haben oder, was am schwersten zu schlucken ist, weil sie bösartige, antidemokratische Rowdys sind, die genau das wollen, was uns die derzeitige Republikanische Partei und ihr De-facto-Führer verkaufen; dass 2. die Konzernmedien aufgrund mangelnder journalistischer Integrität, moralischer Feigheit und ihrer Besessenheit von Einschaltquoten fest auf der Seite der Faschisten stehen und dass 3. Punkt 1 und 2 in den entscheidenden Monaten bis zu den Präsidentschaftswahlen 2024 unmöglich noch zu ändern sind.

Als Barack Obama 2008 zum ersten Mal für die Präsidentschaft kandidierte, war der Rassismus in Amerika in vollem Gange – vor allem weil ihm der künftige Kandidat Donald Trump eine Stimme gab, indem er die Verschwörungstheorie der sogenannten »Birther« stärkte, wenn er sie nicht sogar erfand. Diese besagt, Barack Obama sei in Kenia geboren worden und deshalb kein »natural born Citizen«, also kein von Geburt an amerikanischer Staatsbürger, weshalb er nicht in ein höheres Amt gewählt werden dürfe.

Auch Amerikas Frauenfeindlichkeit kam voll ans Licht, als 2016 Hillary Clinton für die Präsidentschaft kandidierte. Es waren freilich nicht nur die sexistischen Angriffe gegen sie, sondern vor allem die nahezu völlige Akzeptanz oder sogar Verharmlosung von Donalds Geschichte sexueller Belästigungen und Übergriffe, seine tiefgehende Frauenfeindlichkeit und die schlechte Behandlung seiner Ehefrauen – die er bekanntlich alle betrogen hat.

Da Kamala Harris nun die offizielle Präsidentschaftskandidatin der Demokraten ist, werden Rassismus und Frauenfeindlichkeit bei den Rechten in der aktuellen amerikanischen Politik ungekannte Ausmaße annehmen.

Ich wuchs in einer Familie von Rassisten und Frauenhassern auf, aber ich sagte nichts. Ich aß am selben Tisch und tat so, alles wäre alles wunderbar, obwohl ich dazugehörte, ohne dazuzugehören. Ich habe mich sogar mit einigen angefreundet, obwohl ich es hätte besser wissen müssen.

Auf diese Weise beginnt Anpassung. Wenn wir in unannehmbaren und unerträglichen Umständen aufwachsen, macht uns Anpassung das Leben leichter. Sich dem Unerträglichen und Unannehmbaren anzupassen ist einfacher, als sich richtig zu verhalten – und dann wird es zur Gewohnheit. Letzten Endes passen wir uns an, weil wir uns damit aus der Verantwortung stehlen, denn auch das ist einfacher.

Bei Maya Angelou sah es leicht aus, richtig zu handeln. Sobald sich Gäste in ihrem Haus diskriminierend äußerten, forderte sie sie auf zu gehen. Sie ließ »Gift und Obszönitäten« in ihrem Haus nicht zu. Jegliche rassistische oder sexuelle Herabwürdigung ist darauf angelegt, die Betreffenden abzuwerten, sagte sie, und diese Art hasserfüllter Geringschätzung sickert ein und überträgt sich von einer Person zur nächsten.

Angelou riet uns, »im Kleinen etwas Mutiges« zu tun. Dann noch etwas und noch etwas, bis wir schließlich, ohne zu zögern sagen können: »Nein, nicht in meinem Haus. Du wirst meine Wände nicht mit Gift und Obszönitäten beschmieren.«

»Ich bin überzeugt«, sagte sie, »dass das Negative Macht hat. Es lebt. Und wenn du ihm erlaubst, sich in deinem Haus, deinem Geist und deinem Leben einzunisten, dann nimmt es dich in Beschlag. Wenn also jemand etwas Rüdes oder Gefühlloses sagt – Beschimpfungen, Schwulenfeindlichkeit, Hass –, dann sage ich: ›Raus damit aus meinem Haus!‹ Solche negativen Worte setzen sich im Gebälk und in den Möbeln fest, und plötzlich findest du sie auf deiner Haut.«

Dieses Land ist unser gemeinsames Zuhause, und wir lassen die Serienmörder nicht nur mit am Tisch sitzen, einige von uns laden sie sogar noch dazu ein.

Wir müssen damit anfangen zu sagen: »Raus damit aus meinem Haus!«

Viele von uns wissen, womit wir es zu tun haben – andere westliche Länder wissen es mit Sicherheit. Genau wie

2020 steht die Wahl zwischen Demokratie und, wie wir inzwischen eindeutig sagen können, Faschismus wieder auf Messers Schneide. (In den etwas unschuldigeren Tagen im Herbst 2020 nannten wir es noch Autokratie.) Der Unterschied heute ist natürlich, dass die Messerschneide noch dünner ist, der Einsatz höher und die Wählerschaft wechselweise desinformierter, abgeklärter oder resignierter als vor vier Jahren. Und wir alle sind noch mehr oder weniger traumatisiert, eine Tatsache, die kaum gesehen wird.

Was also tun? Ich glaube, als Erstes müssen wir den Amerikanerinnen und Amerikanern klarmachen, wozwischen genau sie die Wahl haben – genau, zwischen Demokratie und Faschismus, aber eben auch zwischen Freundlichkeit und Grausamkeit, zwischen Empathie und Gleichgültigkeit, zwischen Hoffen und Klagen und zwischen Vernunft und den hochgradig sonderbaren Pathologien, die uns Donald Trump und sein Vize-Kandidat J. D. Vance offerieren.

Joe Biden hat der Welt wieder in Erinnerung gerufen, wie amerikanische Führung und Mut aussehen. Er hat den Glauben in die Macht von Allianzen wieder hergestellt. Er hat verkörpert und gefördert, was das Beste an Amerika ist. Kamala erinnert uns jetzt daran, dass wir »Freiheit, Mitgefühl und Rechtsstaatlichkeit« wählen können statt »Chaos, Angst und Hass«. Jeden Tag hält Donald dem Schlechtesten in uns den Spiegel vor, und es ist höchste Zeit, dass die Menschen hinschauen – wirklich hinschauen –, was sich darin spiegelt.

Bei seinem Besuch in der Normandie zum 80. Jahrestag der Landung der Alliierten stand Joe Biden an der Seite unserer Verbündeten und erklärte, dass die Vereinigten Staaten den Kampf gegen den Faschismus weiter anführen sollten.

Währenddessen wurde Donald von »Dr.« Phil McGraw und Sean Hannity interviewt und machte klar, die treibende Kraft hinter seinem Wunsch, erneut ins Weiße Haus einzuziehen, sei die Freiheit, sich dann an seinen politischen Feinden »rächen« zu können. Obwohl sich die beiden Speichellecker alle Mühe gaben, ihn von diesem Thema wegzulenken, ließ sich Donald nicht davon abbringen – und hätte nicht deutlicher werden können: »Manchmal kann Rache gerechtfertigt sein«, sagte er zu McGraw. Und zu Hannity: »Ich hätte jedes Recht, sie zu verfolgen.«

Wir werden täglich daran erinnert, dass der erstinstanzlich verurteilte Straftäter Donald Trump Amerika hasst – er hasst das Volk, dessen Ideale, dessen Demokratie, dessen Justizwesen, dessen Politiker, dessen Rechtsstaat und sogar seine eigenen Anhänger. Vor einigen Monaten erklärte er seinem Publikum: »Ihr seid mir egal. Ich will nur eure Stimme.« Noch verstörender ist, dass er seine Anhänger aufgefordert hat, sich vor der Wahl ordentlich für ihn stark zu machen, eine Wahl, die er als die »wichtigste Wahl aller Zeiten« bezeichnete. (Das ist eines der wenigen Dinge, womit er einmal recht hat.) Er versprach, sobald er gewählt sei, »müsst ihr es nie wieder tun. Weitere vier Jahre, wisst ihr was? Dann wird alles in Ordnung gebracht sein, alles wird gut sein. Ihr werdet nicht mehr wählen müssen.«

Dass er unverhohlen die Kräfte hofiert und sich mit ihnen verbündet, die wir in Europa vor achtzig Jahren besiegt haben, macht alles nur noch übler.

Die Regierung von Joe Biden und Kamala Harris zog uns aus dem Loch, in dem wir dank der verheerenden, vorsätzlich unsachgemäßen Pandemiepolitik und dem wirtschaftlichen Zusammenbruch steckten, der sich daraus ergab. Biden stärkte die NATO und holte die USA zurück auf die Weltbühne. Er ehrt das Andenken derer, die alles geopfert haben, damit unsere Demokratie weiterbesteht. Mein Onkel ehrt nichts, und er wird nicht aufhören, die finstersten Kräfte zu mobilisieren – die er selbst aus ihren Verstecken herausgeholt hat, damit sie ein solches Andenken auslöschen und diese Opfer bedeutungslos machen.

Die jüngsten Wahlen in Großbritannien und Frankreich waren in dieser Hinsicht ermutigend. In beiden Ländern fuhren die rechtsextremen faschistischen Freunde meines Onkels, angeführt von Rishi Sunak und der widerlichen Marine Le Pen, schwere Verluste ein. In England erzielte Labour einen Erdrutschsieg und beendete vierzehn Jahre »konservativer« Regierungen, die – vom Brexit bis hin zu stagnierenden Löhnen – das Land fast in die Knie gezwungen hätten. In Frankreich schmiedete Emanuel Macron eine Koalition aus Linken und Kräften der Mitte, um die Rechtsaußen Le Pen und ihren Donald- und Putin-verliebten Möchtegern-Premierminister Jordan Bardella zu stoppen.

Das waren beides gewaltige Siege für die Demokratie und gewaltige Niederlagen für Donalds Faschismus. Für uns, jenseits des großen Teichs derzeit vielleicht am bedeutsamsten ist, dass beides große Überraschungen waren für die liberalen Intellektuellen, die geradezu erpicht darauf schienen, das Ende der freien Welt herbeizureden. Die Faschisten und Experten, die immer wieder versuchen, dieses Narrativ aufzubauen, wollten alle davon überzeugen, dass ihr Sieg unausweichlich sei. Die Wähler waren anderer Ansicht.

Wohlmeinende Menschen sind immer noch besorgt über die bevorstehende Wahl und die unmittelbare Zukunft unseres Landes – und sie sind besorgt, weil Astronomisches auf dem Spiel steht. Doch um Mark Twains »Die Nachricht von meinem Tod ist stark übertrieben« zu paraphrasieren: Die Nachrichten über unseren Untergang sind stark übertrieben. Wie unsere britischen und französischen Freunde uns gerade in Erinnerung gerufen haben, ist die Demokratie am Leben und wohlauf. Solange das so ist, entscheiden wir, das Volk, über unser Schicksal.

In England und Frankreich haben die Wählerinnen und Wähler aus verschiedenen politischen Lagern ihre kleinen Meinungsverschiedenheiten beiseitegelegt und sich auf das Eigentliche fokussiert – den Kampf zwischen Freiheit und Faschismus. Ihr Zusammenschluss für die Sache der Demokratie – und die Sorge vor dem, was die extreme Rechte tun würde, wenn sie an die Macht käme – hat uns den Weg gewiesen.

Natürlich haben die MAGA-Anhänger nach den Wahlen gejammert und sich beschwert, die Ergebnisse seien manipuliert worden, einfach nur, weil es nicht in ihrem Sinne lief – kommt Ihnen das bekannt vor? Doch das Volk hat entschieden, denn genauso ist es gedacht. Wenn die neu gewählten Amtsträger ihre Aufgabe nicht erfüllen, das Leben der Menschen zu verbessern, oder wenn sie sich als korrupt erweisen, dann haben die Wählerinnen und Wähler bei der nächsten Wahl die Möglichkeit, sich erneut Gehör zu verschaffen. Das ist das Schöne an Demokratien.

Allerdings ist es das Gegenteil dessen, was Faschisten wollen. Mein Onkel will unsere Stimmen zum Schweigen bringen. *Er* möchte entscheiden, wer etwas zu sagen hat und welche Richtung das Land nimmt. Er will uns das Recht zu wählen und das Recht, dass unsere Stimmen zählen, nehmen, so wie Putin es in Russland vorgeführt hat. Donald ist einer imperialen Präsidentschaft so nah, dass er sie schon riechen kann. Nur wir können ihn aufhalten.

Diese Wahl ist auch beim besten Willen keine gewöhnliche Wahl. Bei dieser Wahl entscheiden die Amerikanerinnen und Amerikaner, was für ein Land sie in Zukunft sein wollen. Wollen wir das gleiche Land sein, das an jenen Stränden gegen das Übel von Tyrannei und Faschismus gekämpft hat? Oder wollen wir, dass das mächtigste Land der Geschichte die böswilligsten Absichten der Feinde übernimmt, für deren Besiegung wir so viel riskiert haben?

Die Angst der *Good Guys* ist in diesen Tagen deutlich spürbar. In Europa fragen sich unsere Verbündeten, wer wir sind. Zu Hause fragen wir uns das auch. Sind wir *Good Guys* oder *Bad Guys?* Stehen wir auf der Seite von Uncle Sam oder auf der Seite des Onkels, der offenbar kein Wort herausbringt, ohne zu lügen oder ohne Verbrechen an unserem Land und unserer Verfassung zu begehen? In wenigen Monaten werden wir es wissen.

Ich glaube an das Amerika, das Joe Biden und Kamala Harris repräsentieren. Ich glaube, das Beste für unsere Zukunft ist sicherzustellen, dass die Regierung in demokratischer Hand bleibt, die Mehrheit der Demokraten im Senat ausgebaut wird und wir den Kongress übernehmen. Wir sind alles in allem ein gutes Volk, das immer nach dem Besseren strebt. Ich glaube, wir sind besser als mein erstinstanzlich als Straftäter verurteilter Onkel und der Hass, den er propagiert und schürt.

Es steht außer Frage, dass Joe Biden eine zweite Amtszeit verdient hätte. Doch jetzt, da er den Stab weitergereicht hat, verdient Kamala Harris eine erste. Die Liste ihrer Leistungen ist lang und substanziell, vor allem, wenn man ihre Ausgangsposition bedenkt, als die beiden ihm Januar 2021 übernommen haben. Aber sie wussten um die Kräfte, die sich gegen sie verbündet hatten – Medienkonzerne, die das Pferderennen über den Einsatz stellen, und reiche demokratische Spender, die glauben, dass ihre Meinung mehr zählt als die aller anderen. Biden zog sich zurück, weil er weiß, dass diese Kräfte unüberwindbar sind, weil er weiß, wie viel vom Ergebnis der Wahl im November abhängt und weil er zutiefst überzeugt ist, dass seine Nachfolgerin der Aufgabe mehr als gewachsen ist, es mit Donald nicht nur aufzunehmen, sondern ihn zu schlagen.

Mit der Realität konfrontiert, dass er jetzt gegen eine lebenssprühende, intelligente, erfahrene Frau antreten muss, die ganze zwei Jahrzehnte jünger ist als er, fing Donald in den Tagen nach Bidens Rückzug an, um sich zu schlagen und nach Angriffspunkten zu suchen, die sitzen würden. Als ihm das nicht gelang, griff er weiter Joe Biden an. Seine Berater und Mitverschwörer bei Fox kritisierten Harris' Privatleben, ihr Lachen, ihre Fähigkeit, Spenden einzutreiben. Sean Hannity, dem der Lebenswille abhandengekommen zu sein scheint, attackierte sie, weil sie den Gebrauch von Plastikstrohhalmen einschränken wollte. Laura Loomer, eine bekennende, aggressive Islamhasserin, hätte den Mainstream-Republikanern vor 2016 als zu extremistisch gegolten, doch sie besuchte den Parteitag. Und Donald »warf ihr von der Bühne aus eine Kusshand zu« und nahm sich Zeit, um mit ihr zu sprechen.

Loomer ruft die Republikaner bereits auf, »über Kamala Harris' Sexualleben zu sprechen und den Grund, warum sie wahrscheinlich keine eigenen Kinder hat. … Ich möchte wetten, dass sie so viele Abtreibungen hinter sich hat, dass sie ihre Gebärmutter ruiniert hat.«

Vizepräsidentin Harris ist eine Pionierin, eine amerikanische Erfolgsstory und die erste Schwarze, die Erste mit asiatischen Wurzeln und die erste Frau im Amt der Vizepräsidentin der Vereinigten Staaten. Sie ist auch ehemalige Staatsanwältin und mehr als alles andere ist es wohl das, warum Donald ausrastet.

In einer Pressekonferenz sagte Kamala Harris:

»Wie viele von Ihnen wissen, war ich die gewählte Generalstaatsanwältin von Kalifornien, bevor ich Vizepräsidentin wurde und bevor ich in den US-Senat gewählt wurde. Davor war ich Staatsanwältin im Gericht. In diesen Funktionen hatte ich mit Tätern aller Art zu tun. Kerle, die Frauen missbrauchen, Betrüger, die Verbraucher abzocken. Schwindler, die für ihren eigenen Vorteil gegen Gesetze verstoßen haben. Hört also auf mich, wenn ich sage, ich kenne Typen wie Donald Trump.«

Bei ihrem ersten Wahlkampfauftritt machte sie dem amerikanischen Volk klar, wie ungeeignet Donald in Wirklichkeit ist. Vor allem aber legte sie dar, was eine Harris-Präsidentschaft für das amerikanische Volk bedeuten würde: Gesundheitsversorgung, Kinderbetreuung, stärkere Gewerkschaften, Stärkung des Mittelstands, kurzum eine Regierung, die für die Menschen arbeitet, nicht nur für Donald und seine reichen Freunde.

Es ist offensichtlich, dass Donald noch immer gegen Biden antreten möchte. Die gesamte Kampagne der Republikaner gegen ihn zieht sich schon über Jahre, von den Angriffen auf Bidens Alter und seine Fitness bis zu den Attacken des von den Republikanern kontrollierten Repräsentantenhauses auf seine Familie. Jetzt müssen sie noch mal von vorn anfangen und sich eine neue Strategie einfallen lassen, um Donald, den ältesten Präsidentschaftskandidaten in der Geschichte Amerikas, als eine einleuchtende Alternative zur Kandidatin der Demokraten zu präsentieren, die nicht nur ganze zwei Jahrzehnte jünger ist, sondern extrem versiert, vernünftig, empathisch und menschlich.

Wir dagegen sind so voller Energie wie nie zuvor, und ich bin überzeugt, dass wir dieses Jahr Geschichte schreiben werden, wenn wir die erste Frau zur Präsidentin wählen und damit die Demokratie retten. Aufgrund ihrer Verzweiflung und des Fehlens jeglichen Anstands bei den Rechten werden wir durch die Hölle gehen müssen, um dies zu erreichen – uns durch den Morast ihres Rassismus und ihrer Frauenfeindlichkeit kämpfen müssen –, aber wir werden es schaffen, und ich bin überzeugt, dass sich dieses Land auf dem Weg dahin zum Besseren wandelt.

Die Amerikanerinnen und Amerikaner haben jetzt eine einzige Aufgabe: sicherzustellen, dass dieser Verräter nicht noch einmal in die Nähe des Weißen Hauses gelangt. Denn auch wenn es stimmt, dass 2020 ungefähr 12 Millionen Menschen mehr Donald wählten als 2016, so stimmt doch ebenfalls, dass 2020 15,5 Millionen mehr Leute für Biden stimmten als 2016. 2024 werden wir mit Harris ganz oben stehen. Wir löschen das Feuer.

Für Avary

Inhalt

Einleitung 9

ERSTER TEIL Amerika 1865–2020:
Eine kurze Geschichte der Versäumnisse 21

Kapitel 1 Gräueltaten 23

Kapitel 2 Straflosigkeit 58

ZWEITER TEIL Da gibt es Ungeheuer 77

Kapitel 3 Amerikanisches Gemetzel 79

Kapitel 4 Die ihr hier eintretet,
lasst alle Hoffnung fahren 103

DRITTER TEIL Die Sonderrolle Amerikas 121

Kapitel 5 Stilles Leiden 123

Kapitel 6 We Hold These Truths 135

VIERTER TEIL Die Abrechnung 159

Kapitel 7 Der Abgrund 161

Kapitel 8 Der lange Schatten 186

Kapitel 9 Sich der Wahrheit stellen 210

Epilog 233

Literatur 235

Dank 245

Einleitung

Der Sturm auf das Kapitol am 6. Januar 2021 kam nicht überraschend – mein Onkel Donald hatte zwei Monate lang Unzufriedenheit gesät und vier Jahre lang Spaltung betrieben und Groll genährt. Es war ein Wendepunkt – mutwillig, geplant, angestachelt. Es war ein weiterer Angriff, der direkt auf alles zielte, von dem ich immer angenommen hatte, es mache dieses Land aus. Amerika ist ein zutiefst unvollkommenes Land – ein Land, das nie eine Demokratie für alle Menschen gewesen ist, sondern nur für eine privilegierte Mehrheit. Aber es hatte immer das Potenzial, diese erhoffte vollkommenere Union zu werden. Haben uns die letzten vier Jahre weiter von diesem Ziel entfernt, oder haben sie einfach nur ans Licht gebracht, dass wir diesem Ziel nie so nahe waren, wie wir dachten? (Wenn ich »wir« sage, beziehe ich mich damit im Allgemeinen auf Weiße Amerikanerinnen und Amerikaner. Ich empfinde keinerlei Sympathie oder Verbundenheit mit der Rolle der Weißen Mehrheit in unserer Geschichte oder mit der Ideologie der Überlegenheit der Weißen, doch es wäre unredlich zu behaupten, ich hätte nicht außerordentlich profitiert von einem System, das uns Weiße auf die oberste Stufe einer von uns erfundenen rassistischen Hierarchie gesetzt hat.)

Dieses Land wurde aus Traumata geboren: einem Trauma, das den Ureinwohnern des Landes zugefügt wurde, aus dem sie vertrieben wurden, einem Trauma, das die Generationen erlitten, die auf die gewaltsam versklavten, auf einen fremden und feindlichen Kontinent verschleppten Afrikaner folgten, dem Trauma jener, die zuschauten, aber nicht eingriffen, obwohl sie es gekonnt hätten, jener, die nicht eingreifen konnten, und sogar jener, die die Gräueltaten begingen und ein System aufrechterhielten, in dem sie andere einen entsetzlichen Preis für ihr eigenes Wohlergehen zahlen ließen.

Um unsere heutige Situation zu verstehen, müssen wir uns nicht nur die Auswirkungen dieser frühen Traumata vergegenwärtigen, sondern auch die Folgeschäden, die sich daraus ergeben, dass wir diese Traumata nicht nur ignoriert haben, sondern uns eingebildet haben, wir hätten sie irgendwie überwunden. Das ist mit Sicherheit nicht der Fall. Das Jahr 2020, die drei vorhergegangenen Jahre und die vergangenen Jahrzehnte belegen das.

Unter einem Trauma stellen wir uns üblicherweise ein dramatisches, einmaliges und gewaltsames Ereignis vor – eine Vergewaltigung, einen Autounfall, die Bombenexplosion. Doch es kann auch langsam und leise erlitten werden, wenn es sich in einem angespannten Drama aus immer gleicher Hoffnungslosigkeit, unerträglicher Isolation und hilfloser Einsamkeit abspielt. Oft vermögen wir nicht zu erkennen, dass wir traumatisiert werden, *während* wir traumatisiert werden.

Als ich im Oktober 2020 mit diesem Buch begann, konzentrierte ich mich zunächst auf die historischen Entwicklungen, deren Zusammenwirken uns im Gefolge von Corona verletzlich gemacht hat: die Wirtschaftskrise und die sich abzeichnende Krise der psychischen Gesundheit. In New York, wo ich lebe, gab es bereits seit März einen relativ harten Lockdown. Während sich die Situation in der Stadt zum Herbst hin verbesserte, schossen die Zahlen landesweit in die Höhe, weil die New Yorker Erfahrungen als Warnung nicht ernst genommen wurden.

Ich fragte mich, wie es wohl sein würde, wieder hinauszugehen in eine durch die Monate der Trennung, Isolation und Teilung veränderte Welt. Wie würden sich die langfristigen Auswirkungen von Vereinzelung, Untätigkeit, wirtschaftlicher Unsicherheit, Langeweile, Angst vor dem Tod und der aus alldem resultierende Stress manifestieren? Welche Form würde das Trauma annehmen? Schließlich waren die letzten Monate davon geprägt, dass man nicht wusste, ob man ein Virus in sich trug, das einen selbst oder diejenigen, die man liebte, töten konnte, dass man jedes Mal, wenn man hinausging, das Gefühl hatte, sein Leben aufs Spiel zu setzen, dass man nicht wusste, wann der Schrecken enden würde, dass die einfachsten Aufgaben durch Angst erschwert wurden, dass man sich ständig um die Kinder sorgte. Wie würde sich das Trauma auswirken, wenn man ein unentbehrlicher Mitarbeiter an vorderster Front war – Regale einräumte, Lieferungen ausfuhr, auf einer Covid-Intensivstation arbeitete – und nur sehr wenig tun konnte, um Risiken aus dem Weg zu gehen? Als wäre das nicht mehr als genug, kam der Verrat der Regierung hinzu, die absolut nicht bereit war, uns durch diese zu unseren Lebzeiten beispiellos grauenvolle Zeit hindurchzuhelfen. Die dem Schrecken vielmehr erlaubte, sich auszubreiten und sich zu verschlimmern.

Durch die Wahl im November wurde alles noch viel komplizierter. Corona hatte verheerenden Schaden angerichtet, aber die Wahl war irgendwie noch schlimmer. Es ist eine Sache, nicht zu wissen, wann etwas enden wird, aber es ist eine ganz andere zu wissen, dass etwas enden wird, aber nicht, wie. Die Wahl am 3. November türmte sich vor mir wie eine Mauer auf, pechschwarz und undurchdringlich. Sie ließ kein Licht durch. Was dahinter lag, vermochte ich mir nicht vorzustellen. Als der Wahltag vorbei war, folgten diese vier bangen Tage, in denen das Ergebnis noch nicht feststand. Donald nahm die Gelegenheit wahr, den Sieg für sich zu beanspruchen und sich weiter dem Projekt zu widmen, das er Monate zuvor begonnen hatte: das Vertrauen der Menschen in den Ausgang der Wahl zu unterminieren, falls Joe Biden gewann. Nach dem 7. November, als es schien, das Land wäre schließlich doch der tödlichen Kugel ausgewichen, wurde die Situation noch gefährlicher. Das lag noch nicht einmal daran, dass Donald seine »Große Lüge« weiterspann, sondern dass die Mitglieder der Republikanischen Partei schwiegen oder fadenscheinige Entschuldigungen vorschoben, statt den Biden-Harris-Sieg anzuerkennen. Am schlimmsten waren die Republikaner, die die »Große Lüge« wiederholten und Donalds Bemühungen unterstützten, dem zukünftigen Regierungspersonal Steine in den Weg zu legen, etwa durch die über sechzig Gerichtsverfahren, von denen Donald allerdings nur ein einziges gewann.

Donald ließ weitere Massenveranstaltungen organisieren, auf denen Corona mit derselben Fahrlässigkeit verbreitet wurde wie seine Lügen.

Er verbreitete weiterhin Desinformationen auf Twitter mit dem doppelten Zweck, die Aufmerksamkeit von seiner eindeutigen Niederlage abzulenken (es stimmt zwar, dass er mehr Stimmen erhielt als jeder andere Oval-Office-Inhaber in der Geschichte, aber Joe Biden erhielt mindestens sieben Millionen Stimmen mehr) und seine gekränkten Anhänger in einer Stimmung aufgeheizter Wut und dem Gefühl, betrogen worden zu sein, zu halten.

Zu viele Menschen wollten Donald Glauben schenken. Zu viele Menschen waren empfänglich für seine Fähigkeit, in ihrem Namen gekränkt zu erscheinen. Zu viele Menschen hatten sich seinen Wahlsieg gewünscht. Vierundsiebzig Millionen Menschen, in der Tat – trotz oder wegen der vier Jahre Inkompetenz, Grausamkeit, Kriminalität, Heimtücke, verfassungswidrigen Verhaltens und Verrats. Doch am atemberaubendsten ist die Tatsache, dass zum Zeitpunkt der Wahl fast dreihunderttausend Amerikaner als direkte Folge seiner vorsätzlichen, böswilligen Untätigkeit gestorben sind. Ohne ihn wäre unsere Nation nicht so gespalten. Ohne ihn wäre eine einfache lebensrettende Maßnahme wie das Tragen einer Maske kein Politikum. Ohne ihn hätten wir nicht jeden Tag ein Massensterben in unserem Land zu betrauern gehabt, tagtäglich, monatelang.

Unbewältigte Traumata können verheerende Folgen haben. Wenn wir alle zugleich und doch jeder für sich an Varianten desselben Traumas leiden, was kann dann geteilt werden? Verrat durch die Regierung und durch Menschen aus unserem Umfeld zerstört unser Gefühl von Sicherheit. Traumatisierte sind in eine Welt ohne Vertrauen gestoßen worden. Die Dunkelheit der Welt lastet auf ihnen, während ihnen ihr nicht unbeträchtliches Licht vorenthalten wird.

Traumata, die sich im gleichen Zeitraum ereignen, können sich zu Mehrfach-Traumatisierungen zusammenballen.

Denken wir zum Beispiel an eine Krankenschwester auf einer Covid-Station, dann nehmen wir vielleicht an, dass diese Pflegekraft sich nur mit dem Trauma durch ihre Arbeit auf der Covid-Station auseinandersetzen muss. Wenn nun aber der vorgebliche Anführer der freien Welt die Pflegekräfte, die an vorderster Front arbeiten, beschuldigt, Schutzausstattung zu stehlen, und sie sogar für den Mangel an Ausrüstung verantwortlich macht, dann kommt ein weiteres Element hinzu. Und das Trauma wird nochmals vielschichtiger, wenn gar, wie eine Krankenpflegerin berichtete, die Patienten, die vor ihren Augen an Covid-19 sterben, noch in ihren letzten Atemzügen davon überzeugt sind, dass die Pandemie eine Erfindung sei. Schließlich wird das Trauma ihre gesamte berufliche Identität zersetzen, wenn ihre Kollegen zögern, sich impfen zu lassen, obwohl sie mit eigenen Augen gesehen haben, welches Leid Covid dem menschlichen Körper zufügen kann.

Wegen des kollektiven, jeden Einzelnen betreffenden Traumas, dass unser Land durch die in meinen Augen denkbar unwürdigste Person in die Knie gezwungen wurde, sowie aufgrund eines außergewöhnlich klaren Gefühls, dass wir beinah alles – allem voran unsere Demokratie – verloren hätten, konnte dieses Buch nicht nur von dem Trauma handeln, das durch die so vielfältigen Coronakrisen verursacht wurde. Vielmehr musste auch das Trauma angesprochen werden, das von der politischen Krise ausgelöst wurde, die die anhaltende Zerbrechlichkeit unserer Demokratie offenbarte.

Ich habe Leute sagen hören: »So sind wir doch nicht!«, aber haargenau so sind wir gerade. Zu verdanken haben wir das einer rückständigen politischen Struktur, in der Verzerrungseffekte angelegt sind, wie am Beispiel des undemokratischen Wahlmännersystems klar zu sehen ist, das immer wieder dem republikanischen Wahlverlierer ins Amt verholfen hat. Zudem ist der gespaltene Senat verantwortlich, in dem die eine »Hälfte« der Senatoren einundvierzig Millionen Bürger weniger vertritt als die andere. Daher sind wir eine Nation, in der eine aggressive Minderheit die Mehrheit übertönt, die darunter leidet, in eine Zuschauerrolle gezwungen zu werden und zum Schweigen verdonnert zu sein. Wir werden die Folgen der Trump-Regierung und der Pandemie, vor allem aber die des Aufstands vom 6. Januar noch sehr, sehr lange zu spüren bekommen. Und wir werden mit der Tatsache umgehen müssen, dass vierundsiebzig Millionen Menschen noch vier Jahre länger das haben wollten, was sie in den letzten vier Jahren bekommen zu haben meinten – was auch immer das sein mag.

Vielleicht brauchte es jemanden wie Donald, um uns den Spiegel vorzuhalten, damit wir uns endlich sehen konnten. Dass es jemand wie er ins Weiße Haus schaffen konnte, hat sich jedoch schon seit Jahrzehnten angebahnt. Er ist nur das Symptom einer Krankheit, die seit der Gründung der Nation ganz ungehindert im Staatswesen wuchert, weil wir daran gescheitert sind, sie auszumerzen. Wir haben es nicht einmal geschafft, uns ihre Existenz einzugestehen, während sie Donalds Anhänger infiziert und sich auf alle anderen in einer Weise ausgewirkt hat, die wir wohl erst nach längerer Zeit ganz verstehen werden. Wir steuern auf eine noch dunklere Zeit unserer Geschichte zu: Während auf der einen Seite Wut und Hass wachsen, machen sich auf der anderen Hilflosigkeit, Stress und Verzweiflung breit.

Wenn wir unsere individuellen Erfahrungen betrachten – unsere Isolation, unsere Ängste – und von diesen auf unsere kollektiven Erfahrungen schließen – den Zerfall, die alltägliche Gewalt, den Verlust von Einfluss und gestalterischen Möglichkeiten auf der politischen Weltbühne –, dann erkennen wir, dass der vermeidbare und doch immer weiter fortschreitende Niedergang unserer Souveränität, unserer Menschlichkeit und unseres Gerechtigkeitssinns uns nicht nur unvorbereitet gelassen hat für eine der schlimmsten Phasen unserer Geschichte, sondern uns auch in einzigartiger Weise emotional und psychisch verletzbar zurückgelassen hat.

Zu diesem Schluss komme ich nicht nur, weil mir die Verwüstungen, die ein nicht aufgearbeitetes Trauma in einer Psyche anrichten kann, aus klinischer Perspektive bekannt sind, sondern auch als Betroffene, weil ich selbst an einer komplexen posttraumatischen Belastungsstörung leide. An dem trübseligen Morgen nach der Wahlnacht 2016 habe ich Folgendes notiert: »erniedrigt, entwürdigt, gedemütigt.« Über Monate hinweg schwankte ich zwischen Dissoziation, Wut und Verwirrung. Ein- oder zweimal am Tag traf mich die Realität mit der Wucht eines Fausthiebs in den Solarplexus: Der sogenannte Anführer der freien Welt war mein Onkel. Ich musste immer wieder über die drei von mir festgehaltenen Wörter nachdenken und darüber, wie Amerika durch das, was es getan hatte, für immer beschmutzt sein würde.

Als ich widerwillig eine Einladung zur Geburtstagsfeier meiner Tanten Maryanne und Elizabeth im Weißen Haus annahm, die im April 2017 stattfinden sollte, war mein psychischer Zustand so schlecht wie noch nie in meinem Leben.

Ein paar Monate später verließ ich mein Zuhause in New York und begab mich in eine Einrichtung in Tucson, die unter anderem auf die Behandlung von posttraumatischen

Belastungsstörungen spezialisiert ist. Ich blieb mehrere Wochen und legte jahrzehntealte Wunden frei, um zu verstehen, warum der Aufstieg meines Onkels ins Weiße Haus mich so fertiggemacht hatte.

Dort nannte sich niemand beim Nachnamen, weil viele meiner Mitpatienten aufgrund von Drogensucht dort waren. So oder so war es für mich undenkbar, dass irgendjemand herausfinden könnte, wer ich war, oder vielmehr wer mein Onkel war. Schon lange bevor er in die Politik gegangen war, hatte ich nie zugegeben, dass ich zur Familie Trump gehörte. Einmal fragte mich jemand, als ich ein Flugticket kaufte: »Sind Sie verwandt?« »Nein«, antwortete ich. Der Mann am Schalter entgegnete allen Ernstes: »Offenbar nicht. Sonst hätten Sie ja Ihren eigenen Jet.« Diese Annahme war so weit von meiner Lebensrealität entfernt, dass ich von da an bei jeder Benutzung meiner Kreditkarte auf die unausweichliche Frage mit »Nein« antwortete. Meist war die Reaktion irgendeine Variante von »Sie wären es bestimmt gerne!«.

In den ersten Tagen in der Wüste von Arizona war ich unaussprechlich wütend, und ich trug meine Wut wie einen Schutzschild vor mir her. Außerhalb der Gruppen und der Einzeltherapie sprach ich die ersten fünf Tage mit keiner Menschenseele. Abgesehen von den täglichen kurzen Anrufen bei meiner Tochter, interessierte mich absolut nichts, was draußen in der weiten Welt vor sich ging. Es gab sonst niemanden, mit dem ich sprechen, keine Nachrichten, die ich hören musste.

Und so machte ich in der Wüste den Versuch, das Gebiet meines Traumas zu erfassen. Ich war eine lausige Kartografin und verirrte mich häufig, und ich sah mich durch mein verzweifeltes Bedürfnis zu Umwegen gezwungen, genau der

Sache auszuweichen, die mir helfen würde, den Heimweg zu finden – die Konfrontation mit dem Trauma. Doch da es der einzige Weg war, stellte ich mich dem Trauma schließlich.

Als mein Therapie-Aufenthalt zu Ende ging, buchte ich einen Flug für fünf Uhr morgens. Die Nacht vor meiner Abreise verbrachte ich in einem Hotel in der Nähe des Flughafens. Um halb vier Uhr morgens betrat ich die Lobby, weil ich das Flughafenshuttle nehmen wollte, und bemerkte fünf Fernseher hoch an der Wand, auf denen fünf verschiedene Programme liefen. Auf jedem einzelnen Bildschirm war Donald zu sehen.

Was Donald für mich war, war er auch für sein Land, nämlich das, was Therapeuten den »Grund des Vorstelligwerdens« nennen. Er hat womöglich meine posttraumatische Belastungsstörung ausgelöst, aber mein ursprüngliches Trauma beruht auf etwas, das mir vor langer Zeit widerfahren ist, als ich noch klein war, am Anfang meines Lebens. Posttraumatische Wunden verschwinden nicht, auch wenn sie vergraben werden können. Aber wie tief sie auch verschüttet sein mögen, irgendwann kommen sie unausweichlich und überraschend wieder an die Oberfläche. Sie zwingen uns, uns endlich mit ihnen auseinanderzusetzen oder unsere Schaufeln hervorzuholen, um sie erneut zu vergraben.

Was haben die Nachwehen des unheilvollen Jahres 2020 mit den Anfängen dieses Landes zu tun? Meiner Ansicht nach alles. Ich werde in diesem Buch die Spuren der Straflosigkeit, des Verschweigens und der Mittäterschaft verfolgen, die sich durch alle Generationen unserer Geschichte ziehen: von den Versuchen der wirtschaftlichen, sozialen und moralischen Rechtfertigung der Sklaverei und des Genozids an den Native Americans über die Fehler in der Zeit unmittelbar nach dem Amerikanischen Bürgerkrieg, den furchtbaren rechtlichen, pseudorechtlichen und außerrechtlichen Morast, in dem Jim Crow* gedeihen konnte, bis hin zu den kulturellen Erwartungen und der Ausradierung von mündlicher Überlieferung, die auf die beiden Weltkriege und die Pandemie von 1918 folgten. Die Geschichte unseres Landes ist eng verquickt mit nie aufgelösten Widersprüchen, unverfrorenen Heucheleien und Verbrechen gegen die Menschlichkeit, die sich durch die ganze Geschichte unserer Demokratie ziehen.

All diese Dinge sind miteinander verbunden – unsere tragischen Anfänge, die folgende transgenerationale Traumatisierung der überwältigten Native Americans und der versklavten afrikanischen Bevölkerungen; die Tendenz der Weißen Mehrheit, vermeintliche Außenseiter vom Schutz der Zivilgesellschaft auszuschließen; die Entwicklung und das Wiederaufleben der Ideologie der Überlegenheit der Weißen; das Bestehen darauf, diejenigen zum Schweigen zu bringen, die aufgrund unserer Grausamkeit, Gleichgültigkeit und Unfähigkeit gelitten haben; die wirtschaftlichen und ethnischen Ungleichheiten, die seit 2016 nur noch schlimmer geworden sind; unsere Entwertung des menschlichen Lebens; die Zunahme von rassistischen politischen Maßnahmen wie Wählerunterdrückung und Manipulation von Wahlkreisgrenzen; das Wiederaufflammen des Lyn-

* *Jim Crow* war im 19. Jahrhundert ein rassistisches Stereotyp und ist heute eine Bezeichnung für die Rassendiskriminierung nach dem Bürgerkrieg und bis heute. (A.d.Ü.)

chens als eines Terror- und Machtinstruments. Wir sind eine Nation, die durch einen kulturellen Imperativ gezwungen ist weiterzuziehen: weg von Kriegen, Massensterben und Krankheiten. Weg von durch die Regierung gebilligter Unmenschlichkeit im Namen von »Frieden«, »Heilung« oder der »Rückkehr zur Normalität«. Das Einzige, was wir erreicht haben, ist Straflosigkeit für die Mächtigen, wodurch sie unbehelligt weiteres Leid verursachen werden – immer und immer und immer wieder.

In unserem gegenwärtigen Trauma kulminiert unsere Geschichte; es ist das folgerichtige Ergebnis unserer Erzählmuster, der von uns glorifizierten Mythen und der immer weiter am Leben erhaltenen Lügen. Traumata verändern uns auf eine Art und Weise, die uns nicht bewusst sein mag. Sie werden das immer weiter tun, wenn wir uns nicht dem stellen, was uns geschehen ist, was wir uns selbst angetan haben, was wir einander angetan haben. Ohne durch diese Linse zu blicken, können wir nicht verstehen, was sich abgespielt hat. Mein Ziel ist es nicht nur, die jetzigen Auswirkungen des Traumas zu untersuchen, sondern auch zu verstehen, wie es von einer Generation zur nächsten fortlebt – und einen besseren Weg nach vorne zu finden. Unser Land steht in Flammen – wörtlich und im übertragenen Sinn –, verwüstet von Feuer, Krankheit und der Spaltung der Gesellschaft. All dies wurde von einer mächtigen Minderheit mutwillig angefacht. Die Gefahr ist abgeklungen, aber nicht gebannt. Die Flammen warten nur darauf, den Graben zu überspringen.

ERSTER TEIL

Amerika 1865–2020: Eine kurze Geschichte der Versäumnisse

Kapitel 1

Gräueltaten

»Lynchen« im Wortsinn bedeutet nicht notwendig, dass ein Opfer gehängt wird, auch wenn sich diese Assoziation oft einstellt. Vielmehr bezeichnet der Begriff jede außergesetzliche Aktion eines Mobs gegen eine oder mehrere Personen. Tatsächlich ist Hängen noch das Geringste, was den mehr als sechstausendfünfhundert Schwarzen Männern, Frauen und Kindern, die nachweislich in den Jahren 1865 bis 1950 von Weißen Mobs ermordet wurden, widerfahren ist. Die tatsächliche Zahl getöteter Menschen war mit größter Wahrscheinlichkeit viel größer, und die überwiegende Mehrheit der Opfer hatte sich weder etwas zuschulden kommen lassen noch gegen gesellschaftliche Normen verstoßen.

Das gilt wohl auch für Luther Holbert, der beschuldigt wurde, den wohlhabenden Plantagenbesitzer James Eastland während eines Streits getötet zu haben, und es gilt ganz sicher für seine Frau, der man gar nichts vorzuwerfen hatte und die in den Zeitungsberichten nicht erwähnt wurde. Die beiden wurden von einem Weißen Mob über mehr als hundertfünfzig Kilometer durch Sumpfland und Gestrüpp gejagt und am Ende von Jagdhunden eingekesselt. Die Holberts am Ort ihrer Ergreifung zu töten hätte der

Sache der »Gerechtigkeit« nicht gedient. So wurden sie also in die Wälder nahe Doddsville, Mississippi, der Stadt, aus der sie vertrieben worden waren, zurückgebracht und an einen Baum gefesselt. Während ein Scheiterhaufen errichtet wurde, schnitten die Männer, die am nächsten standen, Mr. und Mrs. Holbert die Finger ab, einen nach dem anderen, und verteilten die abgetrennten Glieder als Souvenirs an die Umstehenden. Die Zuschauermenge war inzwischen auf über sechshundert Männer, Frauen und Kinder angewachsen. Dann wurden dem Paar die Ohren abgeschnitten und ebenfalls verteilt. Luther Holbert wurde so brutal geschlagen, dass ein Auge aus der Augenhöhle trat und nur noch »an einem Fädchen« hing. Aber es war noch nicht genug. Man bastelte große Korkenzieher, die man den Holberts in die Beine, den Rumpf, die Arme und verschiedenste andere Körperstellen drehte und wieder herauszog, bis es seinen Reiz verloren hatte. Erst jetzt wurde das Feuer angefacht. Sie lebten noch.

Das war keine barbarische Einzeltat. Und sie ereignete sich auch nicht im Süden der Zeit vor dem Bürgerkrieg. Mr. und Mrs. Holbert waren freie amerikanische Bürger, sie wurden im Jahr 1904 gefoltert und ermordet, vier Jahrzehnte nach Ende des Amerikanischen Bürgerkriegs und nur ein Jahr bevor einer meiner Großväter zur Welt kam. Außer dem Paar wurde keiner der Teilnehmer zur Verantwortung gezogen.

Die Versäumnisse der Reconstruction, der Phase, die unmittelbar auf den Bürgerkrieg folgte, sind Legion, doch die tiefgreifenden Probleme unseres Landes mit dem Rassismus reichen viel weiter zurück, in eine Zeit, als das Konzept von »Rasse« und in der Folge die Trennung nach Hautfarben geschaffen wurde, um die Versklavung und Unterwerfung von Schwarzen zu rechtfertigen.

Das Klima der Duldsamkeit gegenüber den Hochverrätern und Anführern der Konföderierten in den Nachkriegsjahren, die Nachlässigkeit beim Schutz befreiter Schwarzer Frauen und Männer und der Rückfall in ein Moralempfinden, wie es im Süden der Vorkriegszeit geherrscht hatte, kamen alles andere als überraschend; sie beschäftigen uns bis auf den heutigen Tag und geben uns nicht nur Aufschluss darüber, warum wir noch immer so gespalten sind, sondern auch, warum wir einander so sehr hassen.

Die Phase der Reconstruction begann mit einem großen Versprechen. Die Union war gerettet, und mehr als vier Millionen Menschen wurde im Dreizehnten Verfassungszusatz, der im Dezember 1865 ratifiziert wurde, die Freiheit garantiert. Auch wenn die Frage der Sklaverei in den Südstaaten geklärt war, die Gesellschaft im Süden musste sich ohne eine Institution, die jahrhundertelang ihre ökonomische und kulturelle Grundlage gebildet hatte, neu strukturieren. Ungeklärt geblieben waren die Fragen, wie der Norden und der Süden ihre noch immer tiefen Differenzen überwinden sollten und wie die neuerdings freien Männer und Frauen in eine Gesellschaft integriert werden sollten, die sie fast 250 Jahre lang ausgebeutet und ausgegrenzt hatte.

Millionen von Schwarzen waren nun frei, der Knechtschaft entkommen, aber mittellos und ohne nennenswerte Unterstützung. Lincolns Proklamation für Amnestie und Wiederaufbau, elf Monate nach der Proklamation zur Abschaffung der Sklaverei, enthielt Formulierungen, die nichts Gutes verhießen für die Hoffnung auf eine gerechte und demokratische Gesellschaft. Obwohl von den Südstaaten gefordert wurde, die Sklaverei abzuschaffen, wurde ihnen gestattet, mit Schwarzen Verträge zu schließen »entsprechend ... ihrer aktuellen Lage als arbeitende Klasse ohne Land und Obdach«. Solche paternalistischen und herabwürdigenden Formulierungen implizierten nicht nur, dass die Versklavten in der Obhut ihrer »Herren« besser aufgehoben waren und dazu bestimmt, Arbeiter zu sein (in diesem Kontext Plantagenarbeiter), sondern es wurde, wesentlich problematischer, damit auch suggeriert, dass die Regierung der Vereinigten Staaten aus der Sklaverei Befreite als Menschen betrachtete, denen keine Rechte an dem von ihnen erarbeiteten Vermögen, das dem Norden ebenso wie dem Süden zu Reichtum verholfen hatte, zustanden.

Zu den Zeiten, als ihre Partei für die Abschaffung der Sklaverei stand, waren viele Republikaner im Kongress der Ansicht, der einzige Weg, einen fließenden Übergang aus der Sklaverei in die Freiheit zu gewährleisten und den befreiten Männern und Frauen ihren rechtmäßigen Platz als Bürger in der Gesellschaft zu sichern, sei eine gezielte und nachhaltige Hilfe. Zu diesem Zweck wurde im März 1865 das sogenannte Freedmen's Bureau geschaffen. Die Aufgaben der Einrichtung waren die Bereitstellung von Nahrungsmitteln und Brennmaterial und andere Hilfsangebeote, die Einrichtung von Schulen, das Schlichten von Streit zwischen Weißen und Schwarzen, die Einführung von Möglichkeiten zu freier Arbeit* und das Sicherstellen der rechtlichen Gleichstellung. General William Tecumseh Sherman schrieb in einem Brief an General Oliver Howard, den Bevollmächtigten des

* free labor: Gegenbegriff zu Zwangsarbeit. (A.d.Ü.)

Freedmen's Bureau: »Ich fürchte, vor Ihnen liegt eine Herkulesaufgabe.« Den Schwarzen in den Südstaaten Land zu geben wurde ebenso als zentrale Aufgabe des Bureau begriffen. George Julian, ein Weißer Kongressabgeordneter aus Indiana und glühender Verfechter der Abschaffung der Sklaverei, betonte, dass Befreite (ebenso wie arme Weiße) ohne eine Landreform durch Spekulanten in eine Situation gedrängt würden, die »noch bitterer als die Sklaverei selbst« wäre.

Anfang 1865 forderte der Kriegsminister, Edwin Stanton, General Sherman auf, sich mit zwanzig führenden Persönlichkeiten von Savannah, einer Schwarzen Gemeinde in Georgia, zu treffen. Als Garizon Frazer, einer dieser Führungsleute, beim Treffen gebeten wurde, Freiheit zu definieren und auszuführen, auf welche Weise Befreite sich seiner Meinung nach selbst versorgen könnten, sagte er: »Freiheit ... erlöst uns vom Joch der Sklaverei und gibt uns einen Platz, wo wir die Früchte unserer Arbeit ernten können, für uns selbst sorgen können und den Staat unterstützen können, unsere Freiheit zu erhalten. Der beste Weg, für uns selbst zu sorgen, ist eigenes Land, das wir in eigener Arbeit bewirtschaften – das heißt durch die Arbeit von Frauen, Kindern und Alten.«

Vier Tage nach diesem Treffen erließ Sherman die Special Field Orders No. 15 und ordnete an, an der Küste von Charleston, South Carolina, Richtung Süden bis nach Florida bei Jacksonville vierhunderttausend Morgen Land zu konfiszieren und in Vierzig-Morgen-Parzellen aufzuteilen. Rufus Saxton, der Leiter des Freedmen's Bureau von South Carolina, Georgia und Florida, siedelte Tausende Schwarze auf diesen Ländereien an, und der Leiter des Bureau, General Howard, zog nach und erließ im Juli seinerseits eine Order, möglichst schnell so viele befreite Frauen und Männer wie möglich auf diesen Ländereien anzusiedeln.

Doch die Ermordung Abraham Lincolns am 14. April 1865, nur vier Tage nachdem General Robert E. Lee, Befehlshaber der Konföderierten-Armee, vor der Armee der Unionsstaaten kapituliert hatte, brachte die Reconstruction ins Wanken, noch bevor sie überhaupt begonnen hatte. Radikale Republikaner – Sklavereigegner und Befürworter des Wahlrechts – hatten den Kongress unter ihrer Kontrolle, doch der Demokrat Andrew Johnson, Lincolns Nachfolger, war ein ehemaliger Sklavenhalter, dessen Sympathien den eroberten Südstaaten gehörten.

Trotz all der Härten, bitterer Armut, Entwurzelung und Anfeindungen machten die Schwarzen in den Südstaaten mit der komplexen und schwierigen Arbeit, ein Gemeinwesen zu errichten, und auf den drei zentralen Gebieten – Bildung, Religion und Politik – erste Fortschritte. Immerhin 80 Prozent der Schwarzen Bevölkerung waren Ende des Bürgerkriegs Analphabeten, denn Schwarze, die lesen und schreiben konnten, waren von den Plantagenbesitzern als Bedrohung der Weißen Vorherrschaft empfunden worden. Vor dem Bürgerkrieg war Lesen- und Schreibenlernen von den Sklavenhaltern fast überall verboten worden, und alle Versuche, sich dem zu widersetzen, wurden schwer bestraft. Sogar die Plantagenbesitzer, die Sklaven unterrichten wollten, wurden mit hohen Bußgeldern belegt. Diese feindselige Haltung verstärkte ihrerseits die Abhängigkeit. Wie John W. Fields, der in die Sklaverei hineingeboren wurde, sagte: »Unser Unwissen war der größte Trumpf, den der Süden gegen uns in der Hand hatte.«

General Howard teilte die Sicht der Südstaaten-Schwarzen, was die Bedeutung von Bildung für die Durchsetzung ihrer Interessen betraf, und so war die Beaufsichtigung von Schulen eine wesentliche Aufgabe der überlasteten Organisation. Der Kongress jedoch war von Anfang an uneins über die Notwendigkeit eines Bureau und zerstritten darüber, was dessen Aufgaben seien, sodass es zwar Schulen beaufsichtigen konnte, aber nicht mit den notwendigen Mitteln ausgestattet wurde, Schulen einzurichten.

Vor dem Krieg hatte es in den Südstaaten nur ein rudimentäres öffentliches Schulsystem gegeben. Die Kinder der reichen Weißen gingen auf Privatschulen, und der Rest musste sich selbst durchschlagen. Der Vorstoß der befreiten Schwarzen für eine staatlich finanzierte Bildung kam allen Kindern zugute, und am Ende der Reconstruction besuchten über sechshunderttausend Schwarze Kinder Schulen für Schwarze. Gleichermaßen stieg die Zahl der Mitglieder der Schwarzen Baptistengemeinde in den 1880er-Jahren auf 1,3 Millionen.

Die befreiten Männer und Frauen wussten freilich, dass die allerwichtigste Aufgabe zur Erhaltung und Erweiterung ihrer bürgerlichen Privilegien darin bestand, allen Schwarzen Männern das Wahlrecht zu sichern. Mit der Ratifizierung des Fünfzehnten Verfassungszusatzes 1870 war das Wahlrecht erweitert worden, und in den Schwarzen Gemeinden formierte sich eine lebendige politische Kultur. Bald schon wurden Anstrengungen unternommen, Schwarze auf allen staatlichen Ebenen zur Wahl zu stellen, und nicht weniger als zweitausend waren erfolgreich.

1870 wurde Hiram Revels vom Parlament des Bundesstaates Mississippi gewählt, den frei gewordenen Senatssitz von Albert Brown zu übernehmen, als der Staat sich von der Union abspaltete. Revels wurde im Senat mit 48 zu 8 Stimmen bestätigt, das Amt von Brown für das verbleibende Jahr der Legislaturperiode auszuüben. Über seine Bestätigung sagte Senator Charles Sumner aus Massachusetts: »Alle Menschen sind gleich geschaffen, sagt die große Unabhängigkeitserklärung, und ein großer Akt bestätigt uns nun diese Wahrheit. Heute lassen wir die Unabhängigkeitserklärung Realität werden ... Die Unabhängigkeitserklärung war durch die Unabhängigkeit nur zur Hälfte umgesetzt. Die größte Aufgabe stand hintan. Durch die Bestätigung gleicher Rechte für alle vollenden wir die Arbeit.«

Vier Jahre später wurde Blanche Bruce, ebenfalls aus Mississippi, gewählt, der 1875 als erster Schwarzer Senator eine komplette Wahlperiode im Amt blieb. Die Tragweite dieser Errungenschaften ist unbestreitbar, allerdings auch die Tatsache, dass es noch zweiundneunzig Jahre dauern sollte, bis ein weiterer Schwarzer im Senat der Vereinigten Staaten saß, was zeigt, wie vergänglich das Versprechen der Reconstruction war. (Bis zum heutigen Tag, in den mehr als 150 Jahren seit der Wahl von Hiram Revels, gab es nur elf Schwarze Senatoren.)

Ein frühes Problem beim Übergang vom Bürgerkrieg zur Reconstruction war, dass Lincoln nie einen Plan erstellt hatte. Sein Interesse war, die Einheit der Partei zu bewahren und die Unterstützung der Öffentlichkeit, insbesondere in der Frage des Wahlrechts für Schwarze, doch er war auch darauf bedacht, nicht als jemand betrachtet zu werden, der den Südstaaten Vorschriften macht. Ohne schnelles und entschiedenes Handeln blieben die Fragen, die das Land seit seiner Gründung plagten, ungelöst und bargen das Risiko, dass sich die Haltung beider Seiten verhärtete. Viele gaben die Hoffnung auf, dass die Frage – nämlich »Was machen wir mit dem Neger?« – überhaupt je geklärt werden könnte.

Und dann war da noch das Problem mit dem Präsidenten in den ersten Jahren der Reconstruction. Vor dem Krieg hatte Andrew Johnson neun Menschen als Sklaven gehalten, und bevor die Proklamation zur Abschaffung der Sklaverei von 1863 in Kraft trat, überredete er Lincoln, sein Heimatland Tennessee von der Regelung auszunehmen.

Weniger als einen Monat nach seinem Amtsantritt fing Johnson an, Begnadigungen für Südstaatler auszusprechen, die »direkt oder indirekt am gegenwärtigen Aufruhr teilgenommen« hatten. Schwarze wurden nicht eingeladen, an der neuen Verfassung für die Südstaaten mitzuarbeiten. Statt von den ehemaligen Konföderierten zu fordern, zumindest ein beschränktes Wahlrecht für Schwarze zu schaffen, wozu Lincoln geneigt hatte, überließ Johnson diese Frage den Einzelstaaten. Dieser Schritt veranlasste den Volksvertreter Thaddeus Stevens zu folgender Aussage: »Wenn wir freie Schwarze Menschen der Gesetzgebung ihrer früheren Besitzer aussetzen, hätten wir sie besser in Sklaverei belassen.« 1866 war die Zahl an Begnadigungen, die Johnson erließ, auf siebentausend angewachsen.

Schlimmer noch, er hob die von General Sherman und dem Freedmen's Bureau erlassene Anordnung, mit der den Befreiten Land zugesprochen wurde, wieder auf, womit er die Schwarzen Familien erfolgreich von dem Land, das explizit für sie bereitgestellt worden war, vertrieb und es den Männern zurückgab, die Verrat begangen hatten, um genau die Menschen zu versklaven, die sie nun erneut verdrängten.

Von den fast fünf Millionen Schwarzen Amerikanern, die in den Südstaaten lebten – das waren 90 Prozent der Schwarzen Bevölkerung in den Vereinigten Staaten –, besaßen 1870 nur dreißigtausend, mithin weniger als 1 Prozent, Land – eine schreiende Anklage gegen Johnsons Kehrtwende.

Im Kontext solcher Manöver verabschiedete der Kongress – in dem die meisten Südstaaten noch immer nicht vertreten waren – den Civil Rights Act von 1866, der Schwarzen Amerikanern die vollen Bürgerrechte zuerkannte. Johnson legte gegen den Gesetzesentwurf sein Veto ein mit dem Argument, es wäre diskriminierend »zugunsten des Negers, dem sich nach langen Jahren der Sklaverei erst jetzt plötzlich die Wege zur Freiheit und Verstandeskraft eröffneten. Er wird daher, aufgrund seines vorangegangenen unglücklichen Zustands der Leibeigenschaft, notwendig noch weniger über die Natur und den Charakter von Institutionen informiert« sein als selbst Ausländer, die in die Vereinigten Staaten eingewandert sind.

Der Kongress überstimmte das Veto mit einer Zweidrittelmehrheit in beiden Kammern, aber es war ein entscheidender Moment, und Johnsons Rhetorik verfing. Die Nordstaaten hatten zwar technisch den Krieg gewonnen, doch das Land stand noch an einer Wegscheide, und er besaß die Macht, Meinungen zu beeinflussen. Er machte immer deutlicher, auf wessen Seite er stand.

Unterdessen waren die Möglichkeiten des Bureau, seine Aufgaben zu erfüllen, mit jeder neuen Wendung noch weiter eingeschränkt worden. Nicht überraschend herrschte dringender Bedarf an Ärzten, die befreite Männer und Frauen behandelten. Unter der Leitung des Bureau wurden ein Medizinbereich geschaffen und über die Südstaaten verteilt vierzig Krankenhäuser aufgebaut, doch es wurden ihnen nur 120 Ärzte zugewiesen. Bitten um mehr Ausstattung und zusätzliches Personal wurden ignoriert, und alle vierzig Krankenhäuser mussten schließen.

Zu den scheinbar unüberwindbaren Hindernissen der Reconstruction gehörte von Anfang an das Versagen, die Tragweite des Projekts einer Heilung der Kluft zwischen dem Norden und dem Süden zu erkennen, und die der Integration von befreiten Männern und Frauen in eine Gesellschaft, die sie eben noch als Gegenstände betrachtet hatte. Viele, vielleicht die meisten Nordstaatler, waren nicht sonderlich besorgt über das Schicksal der Schwarzen nach Aufhebung der Sklaverei. Oder wie ein Nordstaaten-Republikaner es ausdrückte, »[Ich habe eine] ganz schön schlechte Meinung von Niggern ... und eine noch schlechtere von der Sklaverei.« Das war keine ungewöhnliche Haltung, die umso deutlicher zutage trat, je länger sich die Reconstruction hinzog. Charles Reason, ein Schwarzer Pädagoge, stellte weitblickend fest: »Das Vorurteil, das jetzt gegenüber [Freigelassenen] herrscht, weil sie an ihrer eigenen Person das Brandmal der Sklaven tragen, kann nicht mit einem Schlag aussterben.«

Das Versäumnis, das Ausmaß der anstehenden sozialen und wirtschaftlichen Herausforderung zu erkennen und zu ermessen, wie tief solche Gesinnungen über Generationen in der Psyche von Weißen verwurzelt waren, erklärt, warum sie die Oberhand behielten. Wie der Historiker Eric Foner anmerkt, spiegelt sich diese Ambivalenz häufig in der Politik dieser Zeit wider, was auch die Einordnung zweier Probleme, die sich dem Bureau stellten, durch einen Armeeoffizier im Juli 1865 beispielhaft zeigt: »Die zwei Übel, gegen die sich das Bureau behaupten musste, waren die Grausamkeit aufseiten der Arbeitgeber und die Drückebergerei aufseiten der Neger.«

Am Ende wurde »die Drückebergerei aufseiten der Neger« als das größere Übel angesehen, das hässliche Stereotyp des »faulen Schwarzen«, das völlig außer Acht ließ, dass diese »Drückebergerei«, wenn sie denn überhaupt existierte, vermutlich der Verbitterung freigelassener Menschen geschuldet war, die nun gezwungen waren, für ihre ehemaligen Sklavenhalter zu arbeiten. Doch das Bureau schien die Abneigung der Schwarzen gegen die Arbeit für die größere Bedrohung für seine ökonomische Mission zu halten. Bis zum Ende der Reconstruction bestanden die Schwarzen darauf, dass diejenigen, die sie befreit hatten, diese Freiheit auch schützen sollten.

Eine weitere Hauptsorge Weißer Politiker war, dass Hilfsmaßnahmen die Schwarzen in Abhängigkeit bringen würden. Wie der Lehrer von Sea Island, William C. Gannett, es ausdrückte: »Je mehr sie auf sich selbst gestellt sind, desto rascher folgt die Erlösung.« Gemäß einer pseudowissenschaftlichen Behauptung, die sich über Jahrzehnte gehalten hat – dass Schwarze schwache Lungen hätten und gezwungen werden müssten, körperlich hart zu arbeiten, um sie zu stärken –, hielt man Arbeit für die bessere Medizin als ärztliche Versorgung.

Nach dem Krieg arbeiteten zahlreiche Weiße gewählte Politiker beider Seiten daran, die politische Macht der Schwarzen zu beschränken. 1867 sagte Andrew Johnson in seiner Rede zur Lage der Nation:

> Wenn etwas durch Tatsachen belegt werden kann und wenn die Schlussfolgerungen aus der Beweislage nicht unterdrückt

> werden, so muss man anerkennen, dass Neger zum Fortschritt der Nationen durch mangelnde Regierungskompetenz weniger beigetragen haben als jede andere menschliche Rasse. Keine unabhängige Regierung, welcher Form auch immer, lag je erfolgreich in ihren Händen. Im Gegenteil, wo immer sie sich selbst überlassen wurden, haben sie konsequent eine Neigung gezeigt, in die Barbarei zurückzufallen. In den Südstaaten jedoch hat der Kongress sich nun verpflichtet, ihnen das Privileg der Stimmabgabe zu gewähren. Eben erst aus der Sklaverei entlassen, darf man bezweifeln, ob sie als Klasse besser als ihre Vorfahren wissen, wie Zivilgesellschaften organisiert und gesteuert werden.

Johnson schlug sich immer und immer wieder offen auf die Seite der Wahlrechtsgegner. Seine Bemerkungen in der Rede zur Lage der Nation von 1868 waren sogar noch schlimmer:

> Der Versuch, die Weiße Bevölkerung in den Südstaaten unter die Herrschaft Farbiger zu stellen, hat das wohlwollende Verhältnis, das bis dahin zwischen ihnen geherrscht hatte, beeinträchtigt, wenn nicht gar zerstört: Und gegenseitiges Misstrauen hat eine feindliche Atmosphäre erzeugt, die in einigen Fällen zu Zusammenstößen und Blutvergießen geführt hat und die Zusammenarbeit zwischen beiden Rassen, die für den Erfolg der Industrie der Südstaaten so zentral ist, verhindert hat.

Eine ungeheuerliche Verdrehung der Tatsachen sowohl der Geschichte wie der politischen Gegenwart. Dass sie vom Präsidenten kam, dessen Aufgabe es war, die Reconstruction zu überwachen und den Freiheitsstatus der Schwarzen Bevölkerung zu schützen, war ein schrecklicher Schlag für die Moral all derer, die dafür plädierten, Schwarzen das Wahlrecht zu gewähren. Wie Frederick Douglass schrieb: »Solange der Schwarze kein Wahlrecht hat, ist die Sklaverei nicht abgeschafft.«

Johnsons Rede gab auch den ehemaligen Feinden der Union Auftrieb, die entschlossen schienen, die alte Arbeitsordnung wiederherzustellen. Von 1865 an schien Andrew Johnson in Wort und Tat geneigt, die Wiederherstellung der Klasse der Plantagenbesitzer im Süden und ihr Festhalten an der Ideologie der Überlegenheit der Weißen nicht nur zu erlauben, sondern zu unterstützen.

Die Haltung des Nordens zur Reconstruction und zu den Schwarzen im Süden stellte eine böswillige Fehlinterpretation der Trennung zwischen Weißen und Schwarzen in den Südstaaten dar und versäumte es, die volle Schuld von ehemaligen Sklavenhaltern und Verteidigern der Sklaverei festzustellen. Der Fehler, die Schuld nicht dort zu suchen, wo sie hingehörte, sondern stattdessen die Täter zu begünstigen und nicht für die Opfer einzutreten, ging mit dem mangelnden Willen einher, die befreiten Männer und Frauen angemessen zu entschädigen. Es ermöglichte den entsetzlichen Rückfall in das Vorkriegssystem der Ausbeutung durch Zwangsarbeit und die Fortdauer der Ideologie der Weißen Überlegenheit.

Wie lässt sich der Horror von etwas wie dem transatlantischen Sklavenhandel vermitteln? Worte versagen, und die Vorstellungskraft ebenso. Es kann wohl auch keine visuelle oder bildliche Darstellung die unmenschlichen Bedingungen nachvollziehbar machen, den atemraubenden Gestank, die unerträglichen Geräusche vom Todeskampf von Menschen, die grenzenlose Dunkelheit, den Verlust jeglicher Würde und Hoffnung, den zwölf Millionen verschleppte Afrikaner, die in die engen, fensterlosen Laderäume der Sklavenschiffe gezwängt und wochen-, oft monatelang aneinandergekettet wurden, ertrugen (oder auch nicht).

So extrem waren die Bedingungen, dass 16 Prozent – fast zwei Millionen – derer, die zu dieser Reise gezwungen wurden, auf dem Weg starben.

Die versklavten Menschen machten 20 Prozent der Bevölkerung des kolonialen Amerika aus. New York war hundertfünfzig Jahre lang die Sklavenhauptstadt der Kolonien. Im Lauf der Zeit wurde die koloniale Wirtschaft, insbesondere im Süden, mehr und mehr von Sklavenarbeit abhängig. Diese Abhängigkeit schuf den Bedarf an weiteren Sklavenarbeitern und damit die Notwendigkeit einer Rechtfertigung nicht nur der barbarischen Praxis, sondern auch der Grausamkeit, die nötig war, um sie aufrechtzuerhalten.

Die Sklaverei in den Kolonien begann als eine Form der Leibeigenschaft, die durch wachsende wirtschaftliche Zwänge zu einer einzigartigen Institution wurde. Kaum waren die Überlebenden der Mittelpassage in Nordamerika angekommen, begann die »Eingewöhnung«.* Man nahm ihnen ihre Sprache, ihre Kultur, ihre Religion – alles, worin ihre Verbindung zur Heimat bestand, was ihre Zusammengehörigkeit ausmachte. Die Versklavten waren durch ihre Hautfarbe gekennzeichnet, ihr Status war unveränderlich und wurde vererbt (Kinder versklavter Eltern waren selbst Sklaven und so

* Seasoning: die Anpassung der als Sklaven aus Afrika verschleppten Menschen an Klima, Ernährung und soziale Umstände in Nordamerika. (A.d.Ü.)

weiter, von Generation zu Generation). Und sie wurden als bewegliches Eigentum betrachtet, das gehandelt, als Sicherheit verwendet oder nach Belieben des Eigentümers entsorgt werden konnte. Um diese extreme Situation aufrechterhalten zu können, die mit allergrößter Brutalität von Sklavenhändlern, Plantagenbesitzern und Aufsehern eingeführt und weiterbetrieben wurde, bedurfte es der Rechtfertigung.

Zur Einführung der Sklaverei war es unabdingbar, dass Weiße in jeder ihnen möglichen Weise Schwarze entmenschlichten – ein Vorgehen, das zu einem extremen Maß an kognitiver Dissonanz führte, weil die am Sklavenhandel Beteiligten sehr wohl wussten, dass es Menschen waren, die sie versklavten; und gerade weil sie das wussten, war es so wichtig, Begründungen für ihr unmenschliches Verhalten zu ersinnen. Zugleich behaupteten sie zumindest, an eine demokratische Regierung zu glauben, und betrachteten sich selbst als »gute Christen«.

Zu ihren Begründungen gehörten religiöse (die animalische Natur der versklavten Afrikaner mache sie zu einer Gefahr für sich selbst und andere; die Sklaverei werde sie adeln und im Jenseits würden sie belohnt werden), paternalistische (Schwarze seien faul, kindisch und dumm, sie brauchten die wohlwollende Aufsicht ihrer »Herren«) und pseudowissenschaftliche (die angeblich kleineren Schädel der Schwarzen seien Kennzeichen begrenzter intellektueller Leistung, weshalb sie beschützt werden müssten, während ihre angeblich großen Sexualorgane bedeuteten, dass sie promiskuitiv seien und Weiße Frauen daher vor ihnen geschützt werden müssten) – kurzum die Sklaverei komme den Sklaven zugute, und ihre Weißen Besitzer brächten Opfer, um das Leben der versklavten Menschen zu verbessern.

Die Vorstellung, Schwarze bräuchten keine menschlichen Bindungen, entschuldigte die Praxis, Eltern von ihren Kindern zu trennen. Der Glaube, sie hätten eine abnorm hohe Schmerzschwelle, rechtfertigte die grausamsten Strafen, inklusive Auspeitschen und andere Formen von Folter. James Sims, der sogenannte Vater der Gynäkologie, unterstützte diese Ansicht und operierte versklavte Frauen – ohne Anästhesie, obwohl sie weithin verfügbar war –, die ihm von ihren Besitzern geliehen wurden. Sims operierte auch Schwarze Kinder, die unter dem sogenannten Trismus nascentium oder Neugeborenen-Tetanus litten, der den schlechten Hygienezuständen geschuldet war (wie sie in den Sklavenquartieren auf den Plantagen fast überall herrschten). Die »Behandlung« erforderte das Trennen ihrer noch nicht verwachsenen Schädelknochen mit einer Ahle. Auch das wurde ohne Anästhesie durchgeführt, und alle diese Babys starben während oder kurz nach der Operation. Doch der Vorrat an Opfern, an denen Sims experimentieren konnte, war praktisch endlos.

Dass auch nur irgendjemand glaubte, das gespaltene Land könnte geheilt werden oder es könnte eine auf freier Arbeit basierende Gesellschaft und eine Demokratie, in der Schwarze und Weiße friedlich zusammenleben – oder auch nur ein Land, in dem sie sich gegenseitig tolerieren –, erschaffen werden, scheint rückblickend unglaublich naiv. Was immer getan wurde, um eines dieser Ziele zu erreichen, war nicht genug und nicht von Dauer. Das Freedmen's Bureau, vielleicht die größte Hoffnung darauf, dass Zustände geschaffen werden könnten, in denen nachhaltige Veränderungen möglich wären, war unterfinanziert und nur von kurzer Lebensdauer.

Die Sklaverei hingegen hatte jahrhundertelang Bestand gehabt. Den Amerikanern, die zur Zeit der Reconstruction lebten, waren Generationen Schwarzer Menschen vorausgegangen, die versklavt waren, und Weiße Menschen, die von den Vorstellungen vergiftet waren, die erforderlich sind, um die Sklaverei zu rechtfertigen.

Sklavenhalter im Süden spalteten sich von der Union ab und entfachten einen Bürgerkrieg, um ihr Recht, Menschen zu besitzen, zu wahren. Als der Krieg vorüber war, gaben sie die Sklaverei nur widerwillig auf. Das Verbrechen der Sklaverei wurde nie anerkannt. Es wurde keine Wahrheits- und Versöhnungskommission gebildet, die ein Urteil gefällt oder die Täter zur Verantwortung gezogen hätte. Stattdessen ließ man den ehemaligen Sklavenhaltern die Freiheit, ihre Macht auszudehnen und den Süden als Abbild einer Plantage der guten alten Vorkriegszeit wiederaufzubauen, mit allen Verbrechen gegen die Menschlichkeit, die diese beinhaltet hatte.

Nein, das Projekt, die Entmenschlichung und Unterdrückung Schwarzer Männer, Frauen und Kinder für rechtmäßig zu erklären, war schon zu lange betrieben worden. Den Höhepunkt seiner Scheinheiligkeit erreichte es zur Zeit der Reconstruction, als sich die Überzeugung durchsetzte, die *Schwarzen* Amerikaner seien es, die ein Hindernis für die nationale Einheit darstellten.

Zusammengenommen vollbrachten der Dreizehnte, Vierzehnte und Fünfzehnte Verfassungszusatz die unglaubliche Leistung, vier Millionen Menschen zu befreien, sie alle zu US-Bürgern zu machen und diese Konzessionen auch auf die bereits im Vorfeld freigelassenen Sklaven auszudehnen. Sie eröffneten die Möglichkeit, die Vereinigten Staaten in eine echte Demokratie zu verwandeln – gleichermaßen für Schwarze wie auch für Weiße. Doch aufgrund dessen, wie die Zusatzartikel formuliert waren, und auch aufgrund der zunehmenden Gleichgültigkeit und Feindseligkeit im Norden, eines verzweifelten Opportunismus im Süden und eines Präsidenten, der entschlossen war, die Möglichkeiten der Schwarzen bei jeder Gelegenheit zu beschneiden, war der Weg für künftige Verstöße und Rückschritte geebnet.

In keinem der Verfassungszusätze wurden Beschränkungen des Wahlrechts wie Wahlsteuern oder Rechtschreib- und Lesetests verboten. Der Dreizehnte äußerte sich nicht konkret zur Rassengleichheit. Der Fünfzehnte, der Freigelassenen das Wahlrecht verlieh, räumte Schwarzen Menschen nicht ausdrücklich das Recht ein, öffentliche Ämter zu bekleiden, weil es die Unterstützung gewisser Weißer im Kongress gefährdet hätte, eine solche Bestimmung mit aufzunehmen.

Eine Formulierung im Dreizehnten Verfassungszusatz sollte sich jedoch als besonders schädlich für die Aussicht auf Souveränität der Schwarzen im Süden erweisen und machte innerhalb kürzester Zeit alle Errungenschaften der freigelassenen Sklaven, das Wahlrecht und alle anderen Rechte, hinfällig. Auch wenn es stimmt, dass mit der Verabschiedung dieses Artikels vier Millionen Menschen aus ihrer Knechtschaft befreit wurden, steht im ersten Absatz dennoch: »Weder Sklaverei noch Zwangsdienstbarkeit darf, außer als Strafe für ein Verbrechen, dessen die betreffende Person in einem ordentlichen Verfahren für schuldig befunden worden ist, in den Vereinigten Staaten oder in irgendeinem Gebiet unter ihrer Gesetzeshoheit bestehen.« Der Teilsatz »außer als Strafe für ein Verbrechen, dessen die betreffende Person in einem ordentlichen Verfahren für schuldig befunden worden ist«

erwies sich als Todesstoß für die Aussicht auf Rassengleichheit und Demokratie.

Die Hintertür zur Einführung neuer Gesetze im Süden war weit offen gelassen worden, die Black Codes, wie sie genannt wurden, sollten letztlich dem Zweck dienen, Kontrolle über Schwarze Arbeitskräfte zu gewinnen. Auch wenn die Codes den freigelassenen Sklaven und Sklavinnen einige Rechte gewährten – das Recht, vor Gericht auszusagen (gegen andere Schwarze), zu heiraten und Eigentum zu besitzen –, machten sie nach und nach viele der Fortschritte, die während der Reconstruction errungen worden waren, wieder rückgängig und bereiteten den Weg für immer strengere und einschneidendere Einschränkungen, die es den Schwarzen erschwerten zu wählen, unabhängig zu arbeiten, Wohlstand zu erwerben und letzten Endes frei zu leben.

Die Begründung, die insbesondere für die Notwendigkeit von Zwangsmaßnahmen gegen und die Kontrolle über Schwarze Männer angeführt wurde, war ihre angebliche sexuelle Aggressivität, die, wie Südstaatler glaubten, zu einer »ungezügelten Vermischung der Rassen und zum Untergang der Zivilisation« hätte führen können. Die apokalyptische Ausdrucksweise hob sowohl die Absurdität wie auch die Gefährlichkeit hervor, die diesen Vorwürfen innewohnte.

Der wahre Grund für die Codes war – selbstredend – ökonomischer Natur. Nicht in der Lage oder willens, ein neues System der Arbeit zu ersinnen, hielten die Plantagenbesitzer des Südens weiterhin an ihrer Überzeugung fest, die finanzielle Tragfähigkeit ihrer Unternehmen sei von Zwangsarbeit abhängig. Auch wenn sie mit erstaunlicher Milde behandelt und nie in hinreichendem Maß dafür bestraft worden waren, dass sie den Bürgerkrieg angezettelt und dann verloren hatten, fühlten sich die Südstaatler dennoch im Recht zurückzufordern, was ihnen ihrer Ansicht nach ohnehin zustand – die vier Millionen Menschen, die einem Geldwert in Höhe von vier Milliarden Dollar entsprachen und ihnen entrissen worden waren, als die Konföderierten Staaten kapitulierten.

Die Gesetzeslücke im Dreizehnten Verfassungszusatz führte zum Ausbau der Verpachtung Strafgefangener im Süden, ein System, das es dem Staat erlaubte, Häftlinge gegen Gebühr an Terpentin-Farmen oder Plantagen zu verdingen. Die Strafgefangenen wurden dabei rein gar nicht entlohnt, hingegen gab das Gesetz den Plantagenbesitzern die Kontrolle über ihren Verdienst und ihr Hab und Gut. Um diese Praxis, die sich als lukrativ erwies (in manchen Bundesstaaten machten die Einnahmen aus der Verpachtung Strafgefangener nicht weniger als zehn Prozent der Staatseinnahmen aus), auszudehnen, wurden Gesetze erfunden, die den Bestand an Arbeitskräften erweitern sollten. »Landstreicherei« und »Herumlungern« wurden kriminalisiert und zogen erhebliche Strafen von bis zu einem Jahr Zwangsarbeit nach sich. Die Gesetze waren diskriminierend und schwammig – Landstreicherei konnte von Geld verschwenden bis Nichtstun alles Mögliche bedeuten, und in North Carolina wurde selbst »die Absicht zu stehlen« ein Straftatbestand – und insofern leicht durchzusetzen, und die große Mehrheit der Häftlinge waren Schwarze. Der Historiker Leon F. Litwack schrieb dazu: »Die Gesetze diskriminierten sie, die Gerichte maßen mit zweierlei Maß, und die Polizisten traten als Vollstrecker auf.« Alle Personen, die an der Anschuldigung, der Festnahme, der Anklage, dem Schuldspruch und der Verurteilung teilhatten, waren Weiß. Und viele von ihnen trugen noch immer ihre Konföderierten-Uniform.

Verpachtete Strafgefangene und Schuldner wurden dazu gezwungen, in Verhältnissen zu arbeiten, die in manchen Fällen sogar noch schlimmer waren als die auf den Plantagen, auf denen sie zuvor versklavt waren. Auf den Zuckerrohrfeldern zu arbeiten war so gefährlich, dass die meisten Arbeiter innerhalb von sieben Jahren starben. Die Terpentin-Lager wurden von einem Gefängnisinspektor als »menschliches Schlachthaus« bezeichnet.

Das System des »Sharecropping«, das an die Stelle der Vergabe eigener Höfe für die Freigelassenen getreten war, kam einer vertraglich vereinbarten Leibeigenschaft gleich. Ursprünglich sollten die »Sharecropper« als gleichwertige Partner oder als Pächter des Landes, das sie bewirtschafteten, betrachtet werden, doch nach einigen Gerichtsbeschlüssen galten sie als Lohnarbeiter, die davon abhängig waren, dass die Plantagenbesitzer am Ende der Ernte ehrliche Löhne ausbezahlten (was bekanntlich selten der Fall war). In Wirklichkeit häuften die Sharecropper bei den Plantagenbesitzern nur weiter Schulden an, fast ohne Aussicht darauf, sich je davon zu befreien.

Während die Regierungen der Bundesstaaten im Süden die Bedingungen ausweiteten, unter denen Schwarze als Strafgefangene verpachtet werden konnten oder als Schuldknechte ihre Arbeitskraft verpfänden mussten, schwanden ihre Chancen auf andere Beschäftigungsmöglichkeiten. Schwarzen war es untersagt, Land zu pachten. Wollte ein Schwarzer Arbeiter in South Carolina in einem anderen Beruf als Bauer oder Dienstbote arbeiten, wurde eine horrende jährliche Steuer fällig. Ohne handfestes Einkommen sahen sich die meisten Schwarzen dazu gezwungen, jährlich befristete Arbeitsverträge zu unterschreiben.

Holzfäller sowie Betreiber von Sägemühlen und Arbeitslagern zur Terpentingewinnung waren der Ansicht, es sollte ihnen »erlaubt sein, ihre Arbeitskräfte so zu kontrollieren, wie es ihnen angemessen schien, ohne Einmischung der Bundesbehörden«, so der Bundesanwalt Alexander Akerman; ihre Argumentation lautete: ohne Zwangsarbeit (im Grunde also Versklavung) kein Gewinn.

Während die Unterjochung Schwarzer Arbeitskräfte zunahm, eskalierte auch die Gewalt gegen Schwarze Südstaatler in alarmierendem Maße und wurde immer grausamer und brutaler.

Mit Voranschreiten der Reconstruction-Ära war das Freedmen's Bureau praktisch die einzige Einrichtung, die zwischen Schwarzen Südstaatlern und der an ihnen verübten Gewalt durch Weiße Südstaatler stand. Das Bureau konnte nicht viel ausrichten zum Schutz der Schwarzen Gemeinden gegen Gewalt; seine dringenden Gesuche um Bundestruppen fanden kein Gehör.

Weiße führten ins Feld, sie handelten nur vorbeugend, um sich vor Schwarzer Kriminalität zu schützen, die, so sagten sie, jetzt, wo Schwarze frei herumliefen, rapide um sich greifen würde. Das Paradigma schwenkte um von »Schwarze als Eigentum« zu »Schwarze als Kriminelle«. Das wahre Ziel der Gewalt war es natürlich, die Republikanische Partei im Süden zu zerstören und die Fähigkeit der Schwarzen, ihre Rechte als Bürger durchzusetzen, unabhängig zu bleiben oder sich auf irgendeiner Ebene an der Regierung zu beteiligen, zu behindern, zu beeinträchtigen und letztlich zu unterbinden.

Trotz der nicht abreißen wollenden Anschläge, Ungerechtigkeiten, Lynchmorde, Massenmorde und Terrorkampagnen gegen Schwarze Einzelpersonen, Familien und Gemeinden bestritten prominente Demokraten, dass es sich hier um ein durchgehendes Muster rassistisch motivierter Gewalt zur Unterdrückung von Schwarzen handle, und wiederum andere taten nichts, um dieser Lüge zu widersprechen. Dabei waren fast alle dieser Taten von Redeemern (wie die Demokraten im Süden genannt wurden) angeordnet, von ehemaligen Konföderierten also, von Sklavenhaltern, Geschäftsleuten und Plantagenbesitzern, deren Ziel es war, dem Süden erneut zu seinem Glanz der Vorkriegszeit zu verhelfen.

Die Anzahl Schwarzer Männer, Frauen und Kinder, die damals ihr Leben bei Massenmorden, Terrorangriffen oder Lynchmorden verloren, ist immens. Bei Litwack heißt es dazu: »[K]eine statistische Analyse [konnte] je die Unmenschlichkeit und Verderbtheit der Übergriffe zutage fördern, die auf Freigelassene im Namen der Eindämmung ihrer vermeintlichen Barbarei und Sittenlosigkeit ausgeübt wurden.« Die Worte »Barbarei« und »Sittenlosigkeit« verlieren vor allem dann ihren Gehalt, wenn man bedenkt, dass sie von Weißen mit der ausdrücklichen Absicht benutzt wurden, die Barbarei und Sittenlosigkeit *Schwarzer Menschen* vorzuführen. Die extreme Gewalt verfolgte einen doppelten Zweck: die Einschüchterung der Freigelassenen, damit sie sich fügten, und die Rechtfertigung der eigenen Terrorakte. Es galt eine verquere Logik: Da niemand einen anderen Menschen so behandeln würde, wie Weiße Südstaatler Schwarze Männer, Frauen und Kinder behandelten, konnten diese folglich keine Menschen sein. Undenkbar, dass die Gewalttäter selbst so brutal und unverbesserlich wären, wie sie es von ihren Opfern behaupteten.

Charles Sumner, republikanischer Senator von Massachusetts, war der Meinung, das Freedmen's Bureau sollte eine dauerhafte Einrichtung und sein Dienststellenleiter mit höchster Entscheidungsbefugnis ausgestattet werden. Andere Republikaner jedoch fürchteten weiterhin, dass die freigelassenen Männer und Frauen von Unterstützung aus dem Norden abhängig würden. Trotz des ungemein umfangreichen Aufgabengebiets war das Bureau unterfinanziert, unterbesetzt und von Anfang an darauf ausgelegt, nur vorübergehend zu bestehen. Die Behörde, die damit betraut war, 250 Jahre tief verwurzelter rassistisch motivierter Feindseligkeit ungeschehen zu machen und eine Kultur, die auf kostenlosen Arbeitskräften und der Ideologie Weißer Vorherrschaft gründete, komplett umzukrempeln, war aufgrund des Mangels an politischem Willen zum Scheitern verurteilt.

Mit dem abrupten Ende des Wirtschaftswachstums der Nachkriegszeit teilweise aufgrund von Überschuldung – vor allem in der Eisenbahnindustrie –, aber auch aufgrund der Inflation war auch das Ende der Reconstruction-Ära um 1873 so gut wie unausweichlich.

Der *New York Herald*, der die Weißen Südstaatler als »unsere Brüder und Schwestern« bezeichnete, behauptete, nun seien sie wieder »unsere Mitbürger«. An anderer Stelle wurde den Schwarzen vorgeworfen, sie hätten nicht das Beste aus ihrer Chance gemacht, vollwertige Mitglieder der amerikanischen Demokratie zu werden.

Nach einer umstrittenen Wahl 1876 stimmte ein überparteilicher Wahlausschuss dafür, Rutherford B. Hayes die Präsidentschaft zu überantworten. Um den Beschluss zu besiegeln, stimmte Hayes zu, alle Bundestruppen aus dem Süden abzuziehen. Die Zeit der Reconstruction war damit endgültig vorüber. Auch wenn einige ihrer Errungenschaften (obgleich eingeschränkt) überdauern sollten, waren es ihre Versäumnisse, die es ermöglichten, eine noch reicher gewordene Plantagenbesitzer-Klasse an ihrem Platz zu halten, die die Ideale der Weißen Vorherrschaft propagierte und entschlossen war, vollständig zu einem Wirtschaftssystem zurückzukehren, das auf unbezahlter Zwangsarbeit basierte.

Keiner der Rückschläge wäre, wie Eric Foner deutlich gemacht hat, »ohne die Gewaltkampagne entscheidend gewesen, die in vielen Teilen des Südens den politischen Wechsel herbeiführte, und ohne die schwächelnde Entschlossenheit des Nordens«.

Bryan Stevenson, der Gründer und Leiter der Equal Justice Initiative, sagte im Mai 2017 in einem Vox-Interview mit Ezra Klein: »Ich bin davon überzeugt, dass das große Übel der amerikanischen Sklaverei nicht in der unfreiwilligen Knechtschaft und Zwangsarbeit liegt. Das wahre Übel der amerikanischen Sklaverei liegt in dem Narrativ, das wir erschaffen haben, um sie zu rechtfertigen. Sie haben sich diese Ideologie der Weißen Vorherrschaft ausgedacht, die nicht mit unserer Verfassung in Einklang gebracht werden kann, die nicht mit einem Bekenntnis zur fairen und gerechten Behandlung aller Menschen in Einklang gebracht werden kann. Sie haben sie sich ausgedacht, um sich besser zu fühlen.«

Was die freigelassenen Männer und Frauen zwischen 1865 und 1877 erreichten, war einfach erstaunlich, vor allem, wenn man die Tragweite und die Gefährlichkeit der Hemmnisse bedenkt, die ihnen in den Weg gelegt wurden, vom ungebrochenen Rassismus und der Ideologie der Überlegenheit der Weißen bis hin zur völlig unzureichenden Unterstützung aus dem Norden, zu den Hetzkampagnen und terroristischen Gewalttaten. Angesichts dieser Stimmung ist es nicht verwunderlich, dass zu Beginn der Reconstruction beeindruckende Stimmengewinne erzielt werden konnten, die sich jedoch als wenig tragfähig erwiesen.

Nach einem ungeheuren Blutvergießen und wirtschaftlichen Ausbluten gewann der Norden die bewaffnete Auseinandersetzung, doch es war der Süden, der mit seiner Kapitulation den Krieg selbst gewann – und zwar symbolisch und rhetorisch.

Zwei unterschiedliche Ereignisse – eines 1896, das andere 1898 – zeigten, wie vollkommen die Reconstruction gescheitert war. Die 1896 vom Supreme Court gefällte Entscheidung im Fall Plessy ./. Ferguson, die die Verfassungsmäßigkeit der Rassentrennung etablierte, solange die getrennten Einrichtungen »gleich« waren, erwies sich für die Zukunftsperspektiven Schwarzer Amerikaner als verheerend. Zwei Jahre darauf war die Enthüllung eines siebenundzwanzig Meter hohen Konföderierten-Denkmals in Montgomery, Alabama, eine unverblümte Erinnerung an die fortdauernde Ideologie der Weißen Überlegenheit. Was das Ganze noch schlimmer machte, war die Tatsache, dass der Mann, der den Grundstein gelegt hatte, kein anderer war als der Präsident der Konföderierten Staaten, Jefferson Davis. Nachdem er zwei Jahre im Gefängnis verbracht hatte, war er auf Kaution freigelassen und später von Andrew Johnson begnadigt worden und konnte den Rest seines langen Lebens unbehelligt verbringen.

Der »Lost Cause« – ein Mythos, der nach dem Bürgerkrieg entstand und auf einer revisionistischen Geschichtsschreibung basiert, die darauf beharrt, der Krieg sei ein heroischer Kampf für die Rechte der Bundesstaaten gewesen, habe nichts mit der Sklaverei zu tun gehabt, und die Kultur der Südstaaten sei ritterlich und ehrenhaft – gewann an Einfluss, als Weiße Südstaatler ihre Macht weiter festigten.

Noch vor dem Ende der Reconstruction waren die Schwarzen durch Gewalt oder die Androhung von Gewalt wirksam entrechtet worden. Bis zum Jahr 1908 hatten zehn der Bundesstaaten im Süden ihre Verfassung überarbeitet und Wahlsteuern, Lese- und Rechtschreibtests und andere Hemmnisse implementiert, die freie Wahlen behinderten und überwiegend Schwarze benachteiligten. Vollständig von jeglicher Regierungsbeteiligung ausgeschlossen, wurden Schwarzen auch zahlreiche Arbeitsmöglichkeiten verwehrt.

In der Jim-Crow-Ära schlugen Sharecropping, Schuldsklaverei und die Verpachtung von Strafgefangenen – häufig bezeichnet als »Sklaverei unter anderem Namen« oder als »schlimmer als Sklaverei« – noch tiefere Wurzeln in der Gesellschaftsordnung des Südens. Sharecroppern blieb kaum eine andere Wahl, als ihre Arbeitsmaterialien, deren Preis um 100 bis 1000 Prozent hochgesetzt wurde, in firmeneigenen Geschäften auf Kredit zu kaufen. Die Schuldenspirale, in die sie so hineingezogen wurden, setzte sich über Generationen fort.

Da Schwarze in Arbeitsverhältnisse gezwungen wurden, die ihre Freiheiten – sich selbst zu versorgen, sich frei zu bewegen – zunehmend beschnitten, ähnelte die Klassenstruktur, die Schwarze ohne Lohn und Weiße mit niedrigem Lohn gegeneinander ausspielte, immer stärker der Situation, die schon vor dem Bürgerkrieg Realität gewesen war.

Die Gewalt, mit der die unerbittlichen Arbeitsbedingungen untrennbar verwoben waren, nahm nicht ab, und beides wurde noch verschlimmert durch das unermüdliche Bestreben von Regierung und Gerichtsbarkeit, die Rechte der Schwarzen zu beschneiden oder ganz zu tilgen und außergesetzliche und ganz offenkundig illegale Taten von Weißen zu sanktionieren. Am 24. Dezember 1865 wurde der für dieses Unterfangen zentrale Ku-Klux-Klan in Tennessee gegründet. Wie bereits zur Zeit der Reconstruction war die gegen Schwarze verübte Gewalt weder zufällig noch vereinzelt, sondern entsprach vielmehr einem kontinuierlich anhaltenden Inlandsterrorismus, der darauf abzielte, die Weiße Vorherrschaft und die Unterwerfung der Schwarzen voranzutreiben.

Im Laufe der Jim-Crow-Ära zwischen 1877 und 1965 wurden Abertausende Lynchmorde registriert; zahlreiche weitere blieben wahrscheinlich unerfasst. Die Polizei duldete diese Verbrechen gegen die Menschlichkeit nicht nur, sondern beteiligte sich in vielen Fällen auch daran. Die Frevelhaftigkeit dieser Lynchmorde mutet mittelalterlich an, ein Symbol nicht nur der Weißen männlichen Überlegenheit, sondern der totalen Herrschaft. Es war der ultimative Akt der Entmenschlichung für Opfer wie Täter gleichermaßen.

Die Menschen, die sich an diesen Gräueltaten beteiligten, waren selbst verroht. Es ist erschreckend, wie die Perversion zur Normalität gemacht wurde. Auf Fotos der Lynchmorde werden die Anstifter, die in der Regel stolz und selbstzufrieden aussehen, von Hunderten, manchmal Tausenden Zuschauern umringt. Während sie der Folter und Verstümmelung zusahen, nippten die Menschen in der Menge an ihrer Limonade und ließen Gebäck herumgehen. Danach plauderten die Zuschauer vor den schwelenden Körpern der Toten und posierten für Gruppenfotos mit ihren Kindern lächelnd. Das Ganze erinnert mich an die Kinder von KZ-Kommandanten, die die schwachen, verhungernden Juden im Vorübergehen auslachten, es nicht besser wussten. Doch 90 Prozent der Lynchmorde hierzulande geschahen Jahre und Jahrzehnte, bevor die Konzentrationslager der Nationalsozialisten überhaupt existierten.

Weiterhin wurde alles dafür getan, Schwarzen Amerikanern den vollen Zugang zur amerikanischen Gesellschaft zu verwehren – angetrieben von Jahrhunderten rassistischer Diskriminierung und der Ideologie der Weißen Vorherrschaft, die diese hervorgebracht hatte. Die Unterdrückung war gezielt, kontinuierlich und vielschichtig. Die Rassentrennung war keine Frage der Präferenzen, damals so wenig wie heute. Der Durchschnittsamerikaner hatte keine Ahnung davon, wie ausgeklügelt die Segregation – der Schulen, der Arbeitsplätze, der Wohnviertel – eingefädelt worden war. Auf lokaler, bundesstaatlicher und Bundesebene wurden Gesetze erlassen, und man richtete eine Vielzahl staatlicher Stellen ein (die Federal Housing Agency, die United States Housing Authority, die Public Works Administration), die dafür sorgen sollten, dass die Schwarzen Amerikaner abgesondert und unter schlechteren Bedingungen lebten als die Weißen Amerikaner.

Die Rassentrennung wurde mit immer abwegigeren rechtlichen Mitteln und performativen Akten organisiert und durchgesetzt, die für Schwarze teuer, störend und erniedrigend waren – und obendrein grotesk. Und auch wenn die stereotypen Ausdrucksformen der Rassentrennung (getrennte Trinkbrunnen und Zugabteile) auf den Süden begrenzt waren, existierte die Trennung der Wohngebiete und der Schulen im ganzen Land.

Bis heute denken Weiße Amerikaner mehrheitlich, die geografische Rassentrennung wäre selbst gewählt gewesen, dass die Schwarzen es vorzogen, getrennt von Weißen zu leben. Die Wahrheit ist, wie üblich, düsterer und führte dazu, dass Schwarzen wieder in gewaltigem Ausmaß Mittel vorenthalten wurden, was es ihnen schwer, wenn nicht gar unmöglich machte, in die Mittelklasse aufzusteigen. Redlining, eine diskriminierende Praxis, bei der etwa Hypotheken und Geschäftsdarlehen verwehrt wurden, war in der Jim-Crow-Ära im gesamten Land verbreitet. Weißen Menschen war es erlaubt, Häuser mittels niedrig verzinster Hypotheken zu erwerben, und sie erhielten eine kostenfreie College-Ausbildung. Zum einen ermöglichte ihnen dies, Wohlstand und Eigenkapital anzuhäufen, und zum anderen, frei von häufig erdrückenden Schulden zu leben. Schwarzen waren diese Möglichkeiten verwehrt; man enthielt ihnen unermessliche Reichtümer vor, und das hallte in den Folgegenerationen nach.

Wie der Historiker Richard Rothstein in seiner Monografie *The Color of Law* feststellt, ist »die staatlich herbeigeführte rassistische Wohnsegregation ein Verstoß gegen die Verfassung und ihre Grundrechte. Der von den Gründervätern verfasste Fünfte Verfassungszusatz verbietet es der Bundesregierung, Bürger ungerecht zu behandeln. Der Dreizehnte, der unmittelbar nach dem Bürgerkrieg verabschiedet wurde, verbietet Sklaverei oder, allgemein, Schwarze Amerikaner als Bürger zweiter Klasse zu behandeln, während der Vierzehnte, ebenfalls nach dem Bürgerkrieg erlassen, es Bundesstaaten oder ihren Lokalregierungen untersagt, Menschen unfair oder ungleich zu behandeln.«

Nur weil die Segregation vom Supreme Court immer wieder bestätigt wurde, bedeutet das noch lange nicht, dass sie verfassungsgemäß ist; es bedeutet nur, dass der Gerichtshof zu falschen Schlüssen gelangt ist und darauf basierend schlechte Urteile verfasst hat. Schließlich hat der erste Civil Rights Act eine ausgrenzende Wohnungspolitik seit 1866 verboten.

Unweigerlich folgte auf die Segregation der Wohnviertel die Schulsegregation. 1954 versuchte der Supreme Court, dieses Problem zu beheben und verkündete bei seinem Urteil im Fall Brown ./. Board of Education of Topeka, dass »getrennte Bildungseinrichtungen grundsätzlich ungleich sind«. Die Reaktionen folgten prompt, der Widerstand im Süden war organisiert und brutal.

Demokraten im Kongress setzten das *Southern Manifesto*, ein Protestschreiben, auf:

> Diese unberechtigte Machtausübung des Gerichts, entgegen der Verfassung, verursacht Chaos und Verwirrung in den Staaten, die hauptsächlich davon betroffen sind. Es zerstört die freundschaftlichen Beziehungen zwischen der Weißen und der Schwarzen Rasse, die sich über 90 Jahre durch beharrliches Bemühen der Gutwilligen beider Rassen entwickelt haben. Das Gericht hat Hass und Misstrauen gesät, wo vorher Freundschaft und Verständnis war.

Gegen das Urteil wurde Berufung eingelegt, und im darauffolgenden Jahr delegierte das Gericht die Aufhebung der Rassentrennung an die Bezirksgerichte, wo diese »mit größter Schnelligkeit« durchgeführt werden sollte – eine bedeutungslose Phrase, die das Ende der Angelegenheit offenließ und den Beschluss unvollstreckbar machte.

Der Fall Brown hatte unbeabsichtigte Folgen, die die ursprüngliche Gerichtsentscheidung als Pyrrhussieg erscheinen ließen. Dass Kinder im Namen der Integration aus ihren Schulen gerissen wurden, hatte verheerende Folgen für die Schwarzen Schulen und für die Gemeinden, die sie bedienten. Der Psychologe Milton Schwebel drückte dies folgendermaßen aus: »Was viele von uns, die wir für soziale Gerechtigkeit kämpften, nicht voraussahen, war die dunkle Wolke, die für so lange Zeit über uns hängen sollte. Der Arbeitsplatzverlust Schwarzer Lehrer und Schulleiter, die Schwarzen Schüler, die ihre Schulen verlassen mussten und mit Angst und Beklommenheit an neue Schulen geschickt wurden, die Schwarzen Eltern, die in ihren Schulen vor Ort eine Stimme gehabt hatten, doch in den Schulen, in denen die Rassentrennung aufgehoben war, zum Schweigen gebracht wurden, da Integration in den meisten Fällen eine Einbahnstraße war. Schwarze Schulen mussten schließen.«

Von dem Augenblick an, als der Bürgerkrieg sein Ende fand, entschloss sich das Land dazu, genau das, wofür der Krieg ausgefochten worden war, zu untergraben und rückgängig zu machen. Nach nur zwölf Jahren war die Reconstruction-Ära vorbei – als könnte ein noch immer tief gespaltenes Land in so kurzer Zeit zweieinhalb Jahrhunderte Vorurteile und Lügen und die Kultur und Institutionen, die diese aufrechterhielten, ungeschehen machen und geeint daraus hervorgehen. Weißen Menschen, ja selbst Südstaaten-Verrätern, wurde jederzeit mit Nachsicht begegnet, Schwarze hingegen wurden aufgrund ihrer angeblichen Minderwertigkeit und fehlenden Kenntnisse verhöhnt oder für ihre Lebensumstände selbst verantwortlich gemacht. Die Rassenhierarchie war zu tief verankert und für viele Weiße eine psychologische Notwendigkeit. Die Equal Justice Initiative führt diesbezüglich aus: »Die unzähligen versklavten Schwarzen dieser Nation ›zu befreien‹, ohne sich der Aufgabe zu stellen, das falsche Narrativ Weißer Überlegenheit zu dekonstruieren, verdammte diese befreiten Menschen und Generationen ihrer Nachkommen zu einem Los als Bürger zweiter Klasse« – oder schlimmer.

Der Fall Brown ./. Board of Education, der sich stark auf die Rassentrennung an öffentlichen Schulen fokussierte, vermochte es nicht, Plessy ./. Ferguson zu kippen, den Fall von 1896, bei dem die Rassentrennung öffentlicher Einrichtungen (es ging um einen Zug in Louisiana) zum ersten Mal angefochten wurde. In seinem Urteil schrieb der Richter Henry Billings, es obliege nicht der Verfassung, »auf der Hautfarbe basierende Unterschiede abzuschaffen« oder die beiden Rassen »auf dieselbe Ebene« zu stellen. Und so hatte der Grundsatz »getrennt, aber gleich« – mit der Ausnahme von Schulen – weiterhin Bestand.

Nach dem brutalen Mord an Emmett Till im August 1955, der fälschlicherweise beschuldigt wurde, eine Weiße Frau »anstößig beleidigt« zu haben, und der mutigen Entscheidung seiner Mutter, nicht nur seine Beerdigung, sondern auch das Ausmaß seiner Verletzungen öffentlich zu machen, erhielt die Bürgerrechtsbewegung in den darauffolgenden Jahren Aufwind. Nicht lange nach Tills Ermordung folgte der Busboykott von Montgomery, und die immer stärker zunehmende Verbreitung des Fernsehens machte es unmöglich, die Gewalt, die gegen Schwarze Südstaatler verübt wurde, der Öffentlichkeit vorzuenthalten. Mit der Verabschiedung des Civil Rights Act 1964 und dem Voting Rights Act 1965 wurden Fortschritte erzielt, aber natürlich stellte sich heraus, dass der Kampf erst begonnen hatte. Denn die Mächtigen hatten nicht vor, ihn zu verlieren.

Kapitel 2

Straflosigkeit

James Eastland, Spross einer wohlhabenden und mächtigen Plantagendynastie aus Mississippi, wurde 1942 in den Senat der Vereinigten Staaten gewählt. Er war nach seinem Onkel benannt, der 1904, im selben Jahr, in dem James geboren wurde, bei einer gewalttätigen Auseinandersetzung ermordet worden war. Die Jagd auf den angeblichen Mörder und der Lynchmord, der an diesem und der Frau, die mit ihm geflohen war, verübt wurde, geschah auf Betreiben von James' Vater, Woods Eastland. Der Mann und die Frau, die Woods lynchte, waren Luther Holbert und dessen Frau.

Während seiner Zeit im Senat, wo er seine Macht nutzte, um konsequent die Ideologie der Weißen Überlegenheit zu propagieren, und man ihn »Die Stimme des Weißen Südens« nannte, betrieb James Eastland weiterhin seine Baumwollplantage, und zwar mithilfe von Kleinpächtern. 1956 übernahm er den Vorsitz des Rechtsausschusses des Senats, der unter seiner Führung als Friedhof für Bürgerrechts-Gesetzesinitiativen bekannt war. Eastland blieb Rechtsausschussvorsitzender, bis er 1978 sein Amt niederlegte, ohne je ein Jota von seinen rassistischen Südstaaten-Überzeugungen abgewichen zu sein.

Die hässliche Geschichte unseres Landes ist durchzogen von verkommenen, barbarischen und unmenschlichen Handlungen, die von ganz »normalen« Bürgern verübt und von Amtsträgern auf allerhöchster Regierungsebene unterstützt oder zumindest stillschweigend gebilligt wurden. Die Leugnung dieser Geschichte heißt, unser nationales Trauma zu leugnen.

Nehmen wir einmal an, Robert E. Lee wäre ein brillanter Militärstratege gewesen (was er nicht war – er und die von ihm befehligte Armee wurde vernichtend von ihm überlegenen militärischen Köpfen wie den Unions-Generälen William Tecumseh Sherman und Ulysses S. Grant geschlagen). Und nehmen wir an, er wäre ein guter Christ gewesen und hätte nach dem Bürgerkrieg mit aller Kraft daran gearbeitet, das Land zu einen. Selbst wenn dem so wäre, fiele es dank einiger unleugbarer Fakten aus Lees Leben schwer einzusehen, warum diese relevant sein oder es rechtfertigen sollten, ihn von seinen Sünden freizusprechen.

Zunächst einmal war Lee General einer landesverräterischen Armee, deren Mission es war, die Vereinigten Staaten zu zerschlagen, um den Bürgern der Südstaaten weiterhin zu gestatten, Menschen zu besitzen und zu foltern. Im Lauf dieser gescheiterten Sezessionsbestrebungen lebten Millionen Soldaten auf beiden Seiten unter grauenhaften Bedingungen und rund 725 000 starben auf dem Schlachtfeld und an Seuchen.

Zweitens versklavte Lee Menschen, obwohl er dies als »moralisches und politisches Übel« bezeichnete.

> Ich denke indes, es ist für den Weißen Mann ein größeres Übel als für die Schwarze Rasse, und auch wenn ich mit Letzteren mitfühle, liegen meine Sympathien bei Ersterem. Den Schwar-

> zen geht es moralisch, sozial und physisch hier weitaus besser als in Afrika. Die schmerzhafte Disziplin, der sie hier unterworfen sind, ist notwendig, damit sie, als Rasse, daran wachsen können.

Lees Auffassung nach gehörte zu dieser »schmerzhaften Disziplin« auch die Praxis, Salz in die Wunden ausgepeitschter Sklaven zu reiben. So wurden den Geschwistern Wesley und Mary Norris und deren Cousin George Parks, die Lees Schwiegervater diesem unter der Prämisse »vermacht« hatte, sie nach Ablauf von fünf Jahren freizulassen, jeweils fünf Peitschenhiebe verabreicht, weil sie versucht hatten, in den Norden zu fliehen. Weil er fand, dass diese Bestrafung nicht ausreichte, ordnete Lee an, ihre Wunden in Salzwasser zu tauchen.

Drittens: Obwohl Lee geschrieben hatte, er wünsche den Schwarzen »keinerlei Übel«, ließ er alle versklavten Familien bis auf eine auf seinem Landgut auseinanderreißen. Von den eigenen Kindern, Eltern, Geschwistern und Ehepartnern getrennt zu werden war eine der schlimmsten Grausamkeiten der Sklaverei. Nach der Freilassung setzten Frauen und Männer alles daran, ihre verlorenen Liebsten wiederzufinden. Einige suchten jahrzehntelang, die meisten ohne Erfolg. Der Schmerz, den diese Trennungen verursachten, war so groß, dass Henry Bibb, ein ehemaliger Sklave, 1849 schrieb: »Wenn ich eines, das ich in meinem Leben als Sklave getan habe, zutiefst bereue, dann die Tatsache, Ehemann und Vater von Sklaven geworden zu sein.«

Was auch immer Lees tatsächliche oder von ihm behauptete Errungenschaften als General einer landesverräterischen Armee gewesen sein mochten, menschlich war er zutiefst verkommen. Dass er nach dem Krieg als freier Mann herumlaufen durfte, ist eine Farce. Er machte Karriere, wurde Präsident des Washington College, das später ihm zu Ehren in Washington and Lee umbenannt wurde. Während seiner Präsidentschaft wurde an der Universität ein Ableger des Ku-Klux-Klan gegründet, und Lee sah, wie nicht anders zu erwarten, weg.

Gemäß Verfassungsrecht der USA hätten Robert E. Lee und die anderen Anführer der Rebellion wegen Hochverrats gehängt oder es hätte an ihnen zumindest ein Exempel statuiert werden müssen. Dass es diesen früheren Kommandeuren der Konföderierten Armee nicht nur ermöglicht wurde, rehabilitiert zu werden, sondern man sie noch dazu in hohe Ämter hob, ist einer der Gründe, warum Lees Ruhm gerade fiktionale Züge annehmen konnte.

Robert E. Lee war ein Hochverräter, der seine Verbrechen gegen dieses Land und gegen die Menschlichkeit meines Wissens nie bereute. Nach dem Krieg verlor er das Wahlrecht, und ein Teil seines Grundbesitzes wurde enteignet, um darauf den Nationalfriedhof Arlington National Cemetery zu errichten. (Wobei erwähnt werden muss, dass Lees Familie, anders als Schwarze Amerikaner, zehn Jahre nach Lees Tod für das enteignete Land entschädigt wurde.) Abgesehen davon wurde er weder inhaftiert noch anderweitig bestraft. Er reichte mehrere Petitionen ein, um das Wahlrecht zurückzuerlangen, die jedoch dank der moralischen Integrität von Außenminister William Seward allesamt ignoriert wurden.

In gewisser Hinsicht war der Norden ebenso verantwortlich wie der Süden dafür, dass Lee den Mythos des Lost Cause, des verlorenen Kampfes für die gerechte Sache, aufrechterhalten konnte: dass die Abtrünnigkeit des Südens lediglich eine Reaktion auf die Übergriffe der Bundesregierung war und nichts mit Sklaverei zu tun hatte. Indem man es versäumte, die Konföderiertenflagge, die für Hochverrat und Unmenschlichkeit steht, ebenso zu brandmarken wie das Hakenkreuz der Nazis, ließ man eine große Gelegenheit ungenutzt. Noch heute wird sie inbrünstig geschwenkt als Symbol für »den Stolz des Südens«, wie manche es nennen, obwohl sie, wie der Verband der Baptistengemeinden der Südstaaten 2016 erklärte, nach wie vor ein »Symbol des Hasses, des religiösen Eifers und des Rassismus« ist.

Sklaverei war in ganz Amerika legal und akzeptiert, aber eben nicht überall auf der Welt, und selbst die Sklavenhalter sahen sie als, wenngleich notwendiges, »Übel« an. Thomas Jefferson war unbestritten ein Architekt und der Verfasser der Unabhängigkeitserklärung, ein Gründungsvater und der dritte Präsident der Vereinigten Staaten, aber er war auch jemand, der mehr als sechshundert Menschen versklavte. Wiederholt vergewaltigte er Sally Hemings, die er als sein Eigentum ansah – zum ersten Mal, als sie vierzehn war und er vierundvierzig. Ungeachtet der Tatsache, dass sich Jefferson gegen die »Vermischung der Rassen« aussprach, weil Schwarze »den Weißen unterlegen« seien, »sowohl in körperlicher als auch geistiger Hinsicht«, zeugte er mit Sally Hemings vermutlich bis zu sechs Kinder. Diese Kinder – seine eigenen – machte er ebenfalls zu Sklaven.

Machen Verbrechen, Rassismus und Grausamkeit die Errungenschaften zunichte, die jemand während seiner Regierungszeit vollbrachte? Nein, aber diese Dinge sollten wenigstens eine kritische Debatte über diesen Menschen auf allerhöchster Regierungsebene auslösen. Auch wenn Personenkult in einem gewissen Rahmen hinnehmbar ist, so ist es schwer, Jeffersons Ruf als »großer« Präsident oder bedeutender Mensch mit seiner desaströsen assimilatorischen Ureinwohner-Politik in Einklang zu bringen und der Tatsache, dass er Sklaverei betrieb und grausam gegenüber den von ihm versklavten Menschen war, die dadurch, dass er sie *besaß*, völlig von ihm abhängig waren. Dass ein Individuum, das sich für die Demokratie starkmachte, für Republikanismus und Menschenrechte, insbesondere jemand mit der Macht und dem Einfluss, den Jefferson auf sich vereinte, und vor allem der Verfasser des Dokuments, das so vehement die Gleichheit und die »Menschenrechte« propagierte, kein Problem damit hatte, andere Menschen zu besitzen, darf nicht außer Acht gelassen werden. Auch die Frage, wie ein Sklavenhalter die von ihm versklavten Menschen behandelte, spielt eine Rolle. Sklaverei an und für sich ist eine Verletzung der Menschenrechte, aber wenn dieses Verbrechen durch Folter, Vergewaltigung und Brutalität noch verschlimmert wird, so sagen diese Handlungen etwas über den Charakter des Sklavenhalters aus, ob dessen Verhalten nun legal war oder nicht.

Das Bedürfnis, die Verantwortlichen zur Rechenschaft zu ziehen, und der Zweck dieses Prozesses werden häufig durch eine revisionistische Geschichtsschreibung überlagert, sodass Fakten entweder verborgen oder ausgelassen werden, die uns helfen könnten, unsere Einschätzung von Menschen wie Robert E. Lee und Thomas Jefferson zu revidieren. Nur durch eine klare, faktenorientierte historische Abrechnung können wir sachkundig entscheiden, wen wir als leuchtendes Vorbild hinstellen.

Wir haben das Bedürfnis, uns mit unseren politischen Führern zu identifizieren. Zumindest im Rückblick wollen wir an ihnen Dinge entdecken, die wir bewundern können, wir wollen ihnen nacheifern können, auch wenn sie Fehler gemacht haben – oder vielleicht auch, weil sie Fehler gemacht haben. Aber viele unserer Gründungsväter und die meisten unserer Präsidenten, die allerhöchste Wertschätzung genießen, vertraten abstoßende Ansichten oder begingen abscheuliche Taten. In der Tat waren siebzehn der fünfundfünfzig Delegierten des Verfassungskonvents Sklavenhalter, ebenso wie zwölf der ersten achtzehn Präsidenten.

Bis ins zwanzigste Jahrhundert hinein versäumte man es, eine historische Abrechnung vorzunehmen, nicht selten auf offenkundige und schockierende Weise.

Präsident Gerald Ford ist verantwortlich für zwei der skandalösesten Begnadigungen der amerikanischen Geschichte, wobei sich Präsident Jimmy Carter in dieser Hinsicht auch nicht mit Ruhm bekleckert hat.

Nachdem Lee 110 Jahre lang von seinen Sünden reingewaschen und als eine Art Held stilisiert worden war, stimmte das Repräsentantenhaus 1975 mit 407 zu 10 Stimmen dafür, Lee die vollen Bürgerrechte wieder zuzuerkennen. Ein paar Wochen danach unterzeichnete Präsident Ford die Resolution, mit der ein »Versehen« korrigiert werden sollte. Während des Festakts sagte Ford:

> Als Soldat hat sich General Lee als Militärstratege hervorgetan. Als Mensch war er ein Vorbild in Sachen Beherztheit und Pflichtgefühl. Als Pädagoge appellierte er an die Vernunft und die Lernbereitschaft, um zu mehr Erkenntnis zu gelangen und die Nation zu stärken. Der Weg, den er nach dem Krieg für sich gewählt hatte, wurde zum Symbol für all jene, die mit ihm in den bitteren Jahren in Richtung Appomattox marschiert waren.

Nachfolgende Generationen haben sich an General Lees Charakter ein Beispiel genommen, sodass die Wiederzuerkennung der Bürgerrechte ein Ereignis ist, an dem jeder Amerikaner mit Stolz Anteil nehmen kann.

Ich kann mir nur vorstellen, wie die Nachkommen der Menschen, die Lee versklavt hatte, und der Soldaten der Union, die durch seine Schuld getötet worden waren, sich dabei gefühlt haben müssen.

Drei Jahre später erkannte Jimmy Carter in einem ebenso überflüssigen Akt Jefferson Davis, dem Präsidenten der Konföderierten Staaten, die Bürgerrechte wieder zu; dies zu tun, meinte er, »schließt den langen Versöhnungsprozess ab, der unser Volk nach dem tragischen Konflikt zwischen den Bundesstaaten wieder zusammengeführt hat«.

»Diese beiden Maßnahmen sollten klarstellen«, schrieb der Historiker Francis McDonnell, »dass es rechtens wäre, wenn die beiden verstorbenen Konföderierten hohe Regierungsämter bekleiden und als Geschworene tätig werden.«

Richard Nixon wiederum bereitete den Nährboden für das, was nach ihm kommen sollte – die Gefahr, dass ein Kandidat, der versucht hat, Wahlen zu manipulieren (oder dem dies gelungen ist), ungestraft damit davonkommt, weil es andernfalls »ein schlechtes Bild abgeben würde«. Einmal im Amt, ist die Wahrscheinlichkeit groß, dass er seine beträchtliche (wenngleich illegitime) Macht nutzt, das ursprüngliche Verbrechen zu vertuschen, um dann ungestraft weitere Verbrechen zu begehen.

Der in *Politico* veröffentlichte Artikel »Wenn sich ein Kandidat mit einer ausländischen Macht zum Zweck der

Wahlmanipulierung verschworen hat«, beschäftigt sich mit dem Komplott, mit dem Nixon erfolgreich Lyndon Johnsons anstehende Friedensgespräche mit den Vietnamesen im Vorfeld der Präsidentschaftswahlen von 1968 torpedierte. John A. Farrell seziert in seinem Artikel nicht nur die Details dieser Straftat, sondern auch die erfolgreichen Bemühungen während der nächsten fünfzig Jahre, Nixons Rolle bei dieser Wahlmanipulation unter Verschluss zu halten.

Im Oktober 1968 wies Nixon, der fürchtete, Präsident Johnsons Friedensgespräche könnten Früchte tragen, seinen späteren Stabschef H. R. Haldeman an, Mittel und Wege zu finden, diese zu sabotieren. Er hoffte, wenn es Johnson nicht gelänge, bis November einen Waffenstillstand auszuhandeln, würden die Wähler die Demokratische Partei und ihren Kandidaten Humbert Humphrey abstrafen und stattdessen dem republikanischen Kandidaten bei den bevorstehenden Präsidentschaftswahlen den Vorzug geben.

Da es laut Umfragen immer mehr nach einem Kopf-an-Kopf-Rennen aussah, warb Nixon die aus Vietnam stammende Anna Chennault, eine Washingtoner Hostess und Lobbyistin, an, um einen geheimen Gesprächskanal mit dem südvietnamesischen Präsidenten Nguyễn Văn Thiệu zu eröffnen. »Warten Sie noch ein wenig ab«, sagte diese zu Thiệu. »Wir werden gewinnen.« Mit anderen Worten, lass die Friedensverhandlungen scheitern, und wir bieten dir, sobald Nixon im Amt ist, einen besseren Deal an. Haldemans Gesprächsnotizen aus jener Zeit enthalten folgenden verräterischen Satz: »Sieh zu, dass Anna Chennault Südvietnam weiter bearbeitet.« Er hatte ihn während eines Telefonats mit seinem Chef aufgeschrieben.

Nixon hatte möglicherweise angenommen, die vorgeschlagenen Friedengespräche seien nichts weiter als eine List der Demokraten, weil sie sich von ihnen Auftrieb für die Wahlen erhofften, aber Johnson glaubte tatsächlich an einen möglichen Erfolg der Friedensgespräche. Wie Walt Rostow, Johnsons Sicherheitsberater, es ausdrückte: »Dieser Deal ist der beste, den wir erreichen können.«

Nachdem das FBI ihm die Transkripte von Chennaults Telefonaten mit Saigon gegeben hatte, war Johnson überzeugt, dass Nixon die Hände im Spiel hatte. Dem republikanischen Senator Everett Dirksen sagte er: »Es ist verabscheuungswürdig. Wir könnten das Töten dort beenden. Aber nun haben sie diese ... neue Formel ins Spiel gebracht – nämlich ›Wartet auf Nixon‹. Und während sie auf Nixon warten, töten sie täglich vier- oder fünfhundert Soldaten.« Und Johnson fügte hinzu: »Das ist Hochverrat.«

Aber es gab keinen handfesten Beweis dafür, dass Nixon der Drahtzieher hinter dem Ganzen war, außerdem wollte Johnson nicht riskieren, ans Licht kommen zu lassen, dass er Nixon und die Südvietnamesin überwachen ließ. Auch hatte er Bedenken, wie sich der daraus resultierende Skandal möglicherweise auf seine Bemühungen, den Krieg zu beenden, auswirken würde.

Am Ende gewann Nixon die Präsidentschaftswahlen von 1968, trotz seines ungeheuerlichen Verstoßes gegen den Logan Act, ein Gesetz, das es amerikanischen Bürgern untersagt, ohne ausdrückliche Genehmigung mit ausländischen Mächten in Verhandlung zu treten. Mit anderen Worten: Er betrog. Nachdem Johnsons vielversprechender Friedensplan, der kurz vor dem Abschluss stand, nicht mehr zu retten war, dauerte das Töten von Amerikanern und Vietnamesen weitere sieben Jahre an. Nixon trägt die Verantwortung dafür, dass weitere zwanzigtausend Amerikaner und Zehntausende Vietnamesen, Kambodschaner und Laoten ihr Leben ließen. Allem Anschein nach wurde er später vom Kongress wegen des falschen Amtsvergehens angeklagt.

Besorgt, Nixon würde nach seinem Rücktritt wegen der Watergate-Affäre strafrechtlich verfolgt werden, begnadigte Ford ihn am 8. September 1974, weil, wie er schrieb, »andernfalls der Frieden, zu dem dieses Land nach den Ereignissen der vergangenen Wochen zurückgefunden hat, für immer verspielt werden könnte«. Diese Entscheidung wurde damals kontrovers aufgenommen, und zahlreiche Kritiker beschuldigten Ford, »einen schmutzigen Deal« eingegangen zu sein. Trotz Fords gegenteiliger Beteuerungen äußerte der Historiker Douglas Brinkley im September 2018 gegenüber der *New York Times*, die Begnadigung Nixons durch Ford habe »einen Präzedenzfall definiert, wonach Präsidenten über den Normalsterblichen stünden und sich im Gegensatz zu diesen nicht vor dem Gesetz verantworten müssen. Begnadigungen sollten dazu dienen, Justizirrtümer zu korrigieren«.

Aber die Zeit heilt noch immer die Wunden aller mächtigen Weißen Männer. 2001 wurde Ford der John F. Kennedy Profile in Courage Award verliehen für »seinen Mut, trotz der kontroversen Debatte den früheren Präsidenten Richard M. Nixon zu begnadigen«.

Bei der Verleihung des Preises an den früheren Präsidenten sagte Caroline Kennedy: »Mehr als ein Vierteljahrhundert lang hat Gerald Ford den Einwohnern von Michigan, dem Kongress und unserer Nation bewiesen, dass Politik durchaus ein hehres Berufsfeld sein kann. Als Präsident traf er die schwierige Gewissensentscheidung, den früheren Präsidenten Nixon zu begnadigen und somit das nationale Watergate-Trauma zu beenden. Auf diese Weise stellte er die Liebe zu seinem Land über die eigene politische Zukunft.« Und schuf damit auch den folgenschweren Präzedenzfall, der besagt, dass, wenn man als Präsident eine Straftat begeht, dies keine Konsequenzen hat. Ich denke, man kann mit Fug und Recht behaupten, dass die meisten von uns wünschten, diesen Präzedenzfall hätte es nie gegeben.

Es ist überaus bemerkenswert, dass bei derselben Zeremonie der Kongressabgeordnete John Lewis dafür, dass er im Kampf gegen rassistische Diskriminierung buchstäblich sein Leben riskierte, mit dem John F. Kennedy Profile in Courage for Lifetime Achievement ausgezeichnet wurde.

Dieses Nicht-zur-Verantwortung-Ziehen setzte sich bis ins einundzwanzigste Jahrhundert fort, es gibt Beispiele dafür, lange bevor Donald ins Amt kam.

Nach seiner Wahl zum Präsidenten deutete Barack Obama an, er werde eine Untersuchung der Folterpraxis der Regierung Bush gegenüber Terrorverdächtigen nicht genehmigen. Zu den Gründen, die Obama in einem Interview mit NBC News nannte, zählte, dass er nicht rachsüchtig habe erscheinen wollen (als hätte es etwas mit Rachsucht zu tun, wenn man durch die Verfolgung von Straftaten, die einen Verstoß gegen die Genfer Konvention darstellen, Gerechtigkeit walten lassen möchte); er habe die »Zeit und Energie der neuen Regierung nicht auf das Aufwärmen der Sünden der alten Regierung« vergeuden wollen; er habe Leute, die bei der CIA das Sagen hätten und die sich vehement gegen eine Untersuchung ihrer Foltermaßnahmen stemmten, beschwichtigen wollen, um ihnen nicht das Gefühl zu vermitteln, die neue Regierung wolle ihnen »über die Schulter schauen«; und, die unangebrachteste Begründung überhaupt, er habe »den Blick lieber nach vorn als zurück gerichtet«.

Obamas halsstarrige Zurückhaltung in dieser Angelegenheit hat, wie Adam Serwer im März 2018 in *The Atlantic* schrieb, dazu beigetragen, »einen Standard dafür zu setzen, wie Machthaber zur Rechenschaft gezogen werden, angefangen von prügelnden Cops bis zu CIA-Beamten, ein Standard, demzufolge ein Gesetzesverstoß im Rahmen des Dienstes nicht strafbar ist, während gegenüber mutmaßlichen Straftätern – vor allem, wenn es sich um Schwarze, Muslime oder illegale Einwanderer handelt – unsägliche Gewalt ausgeübt werden kann, ob sie nun eine Straftat begangen haben oder nicht«.

Das Versäumnis, diejenigen zur Rechenschaft zu ziehen, die mit Macht ausgestattet sind und denen Vertrauen entgegengebracht wird, stellt den Grundsatz »große Macht erfordert ein hohes Maß an Verantwortung« auf den Kopf. In Amerika trifft er so gut wie nie zu, mehr noch, er steht fast in diametralem Verhältnis zu den tatsächlichen Verhältnissen. Je mehr Macht man hat, umso weniger Konsequenzen muss man fürchten.

Genau wie Ford, der es versäumte, die Verantwortlichen für frühere Verbrechen zur Rechenschaft zu ziehen, machte auch Obama zwei ungeheuerliche Fehler hinsichtlich der Verfolgung früherer Straftaten. In den Jahren 2007 bis 2009 sank in den Vereinigten Staaten der Wert von Wohnimmobilien massiv, der Aktienmarkt brach ein, und die Arbeitslosenrate stieg auf 10 Prozent. Alles in allem verloren die Amerikaner 9,8 Billionen Dollar an Vermögen, während sich der Verlust an den Börsen auf 8 Billionen Dollar belief, sodass die Weltwirtschaft zu kollabieren drohte.

Auslöser dieser Krise war das Platzen der Immobilienblase, aber es gab weitere Ursachen, wie zum Beispiel die jahrzehntelange Deregulierung des Bankenwesens, etwas, das Menschen, die sich früher keine herkömmlichen Tilgungsdarlehen hätten leisten können, die Möglichkeit eröffnete, an riskantere reine Zinszahlungsdarlehen zu gelangen. Zwischen 2003 und 2007 stieg der Anteil dieser sogenannten Subprime-Darlehen von 6 auf 14 Prozent aller Immobiliendarlehen. Das steigende Angebot an billigen Darlehen führte zu einer steigenden Nachfrage nach Wohnimmobilien, eine Entwicklung, die 2006 ihren Höhepunkt erreichte.

Der Haken daran war, dass die US-Notenbank Fed 2004 die Zinsen zu erhöhen begann, womit die meisten neuen Wohnimmobilienbesitzer nicht gerechnet hatten. Betrug der Zinssatz 2003 noch 1 Prozent, war er 2006 auf 5,25 Prozent geklettert. Je höher die Zinsen stiegen, umso mehr sanken die Immobilienpreise, bis schließlich die Schulden bei neuen und umgeschuldeten Hypotheken den Wert ihrer Immobilien bei Weitem überstiegen. Hausbesitzer waren plötzlich gefangen zwischen Darlehenszinsen, die sie sich nicht länger leisten konnten, und Häusern, die sich nicht mehr verkaufen ließen. Als die Immobilienblase platzte, brach auch der Aktienmarkt kurz darauf ein.

Einkommenseinbußen, Produktivitätsverluste und das Zusammenschrumpfen der Vermögen führten zu einer Minderung des lebenslangen Pro-Kopf-Einkommens der Amerikaner um etwa 70 000 Dollar. 2010 gab es insgesamt 3,8 Millionen Zwangsvollstreckungen. Manche der Betroffenen erholten sich, andere wiederum kamen finanziell nie mehr auf die Beine, und zwar vor allem dank der Entscheidung der Regierung Obama, die Banken nicht haftbar zu machen.

JPMorgan Chase und die Bank of America bezahlten je 13 beziehungsweise 17 Milliarden Dollar Strafe, doch das Justizministerium unter Eric Holder verkündete, man könne keine Beweise für ein Fehlverhalten erkennen. Im Übrigen, so Holder weiter, seien diese Finanzinstitute inzwischen so groß geworden, dass es schwierig sei, sie strafrechtlich zu verfolgen. Der Umstand, den das berühmte Schlagwort »too big to fail« beschreibt, führte dazu, dass sich unzählige Amerikaner in einem System gefangen fanden, das *gegen* sie und *für* die Banken zurechtgestutzt wurde und das in den Jahren, seit diese um ein Haar die gesamte Weltwirtschaft zum Einsturz gebracht hätten und das Leben zahlloser Menschen buchstäblich zerstört haben, um weitere 2,4 Billionen Dollar angewachsen ist.

Einige der ungeheuerlichsten Verbrechen in der amerikanischen Geschichte waren zu der Zeit, als sie begangen wurden, keine Straftaten, sondern von der Regierung gebilligte Praxis, etwa die Zwangsumsiedlung von hunderttausend amerikanischen Ureinwohnern zur Zeit von Andrew Jacksons Trail of Tears* oder die Zweite Mittelpassage** in den Jahrzehnten, nachdem der internationale Sklavenhandel abgeschafft worden war. Aber nur indem wir uns mit diesen Gräueltaten aus-

* Der Pfad der Tränen bezeichnet die Vertreibung der Ureinwohner wie der Cherokee aus den fruchtbaren südöstlichen Waldgebieten der USA in das unwirtliche Oklahoma-Territorium, die 1838/39 stattfand. (A.d.Ü.)

** Als Second Middle Passage wird die nach dem Amerikanischen Unabhängigkeitskrieg einsetzende Verschleppung Hunderttausender afroamerikanischer Sklaven aus den Nordstaaten in die Südstaaten bezeichnet. (A.d.Ü.)

einandersetzen, ob sie seinerzeit nun unter Strafe standen oder nicht, können wir die Geschichte dieses Landes – und die Situation, in die sie uns geführt hat – ins rechte Licht rücken. Wenn wir nicht über dieses Wissen verfügen oder die Fakten gar zensieren, erweisen wir uns einen Bärendienst. Selbst scheinbar unbedeutende Akte der Schönfärberei verzerren die Geschichte auf eine Weise, die zu weiterem Scheitern beiträgt. Auf der Webseite von Monticello, Jeffersons Landgut, wird dieser als »Patriarch einer weitläufigen Familie aus Monticello« bezeichnet, »die sowohl aus Schwarzen als auch Weißen besteht« – eine recht sonderbare Art, auf die versklavten Kinder, die er mit Sally Hemings zeugte, einzugehen.

Die Geschichte kritisch zu betrachten heißt nicht, diejenigen, die Fehler machen, zu dämonisieren. Aber wenn wir es versäumen, die richtigen Fragen zu stellen, laufen wir Gefahr, noch ungeheuerlichere Fehler zu begehen, weil wir die vorausgegangenen nicht zur Kenntnis genommen haben. Wir sollten nicht über die Gründungsväter dieses Landes sprechen, ohne jene unter ihnen zu benennen, die Sklavenhalter waren und die die Vorstellung, andere Menschen zu besitzen, guthießen, aber genau das tun wir. Das ist das Erste, was wir über sie wissen sollten, erst dann können wir den Rest angemessen beurteilen.

Sogar Abraham Lincoln, der als unser größter Präsident gilt, tat sich schwer damit, die Gleichheit von Schwarzen Amerikanern anzuerkennen, obwohl er überzeugt davon war, dass sie freigelassen werden müssten. Wie der Schwarze Sozialreformer Frederick Douglass in seiner Denkschrift *Oration in Memory of Abraham Lincoln* schrieb, war dieser »gemessen an der unumwundenen Forderung nach Abschaffung der Sklaverei zögerlich, kalt, schwerfällig und gleichgültig; aber gemessen an der vorherrschenden Stimmung im Land, eine Stimmung, die er als Staatsmann zwangsläufig einbeziehen musste, war er behände, eifrig, radikal und entschlossen.« Während des Zweiten Weltkriegs ließ Franklin Delano Roosevelt, weil im Land eine zunehmende Ausländerfeindlichkeit grassierte, die sich vor allem gegen amerikanische Bürger japanischer Abstammung richtete, weil sie wie »der Feind« aussahen, deren Internierung zu. Sein New Deal schloss Schwarze Amerikaner weitgehend von den ökonomischen Hilfen aus, die Weißen Amerikanern gewährt wurden, und versperrte ihnen somit den Zugang zur Mittelschicht. Die unter seiner Präsidentschaft von einigen Regierungsbehörden betriebene rassistische Politik verschlimmerte die ohnehin schon miserablen und nach wie vor von Rassentrennung bestimmten Wohnverhältnisse, eine Situation, die Schwarze dazu nötigte, in überfüllten, unzulänglichen Quartieren zu leben.

Mit dem Versäumnis, die Verantwortlichen nicht für begangene Gräueltaten zur Rechenschaft zu ziehen, wenn auch nur im Rückblick, schaffen wir eine Situation, in der solche Gräuel oder Straftaten oder Übergriffe wieder geschehen werden. Zu versäumen, sie anzuprangern, heißt, sie stillschweigend gutzuheißen.

Ironischerweise führt die Angst davor, mit vergangenen Verfehlungen in Verbindung gebracht zu werden, häufig dazu, dass sie totgeschwiegen werden. Das lässt sich auch bei Fällen von Kindesmissbrauch, sexualisierter Gewalt und psychischen Krankheiten beobachten, über die häufig nichts nach außen dringt, wo Scham oftmals hartnäckiges Schweigen bewirkt.

Zu ignorieren, dass vorangegangene Sünden nicht gesühnt wurden, so zu tun, als läge die Verantwortung für deren Wiedergutmachung allein in der Vergangenheit, heißt, die Ungerechtigkeiten fortzuschreiben und künftigen Verfehlungen und Gewalt den Weg zu ebnen. Grausamkeit, blinder religiöser Eifer und die Tatsache, dass Weiße Straftäter häufig ungestraft davonkommen, sind systemimmanent. Und indem wir uns über historische Wahrheiten ausschweigen, sie schönfärben oder sie gar komplett neu schreiben, sorgen wir dafür, dass sich das System niemals ändert.

Nach der Ermordung Abraham Lincolns folgte die Präsidentschaft von Andrew Johnson, der das Momentum der Reconstruction, des Wiederaufbaus und der Erneuerung nach dem Bürgerkrieg, nicht nur nicht nutzte, sondern wild entschlossen schien, den Sinn und Zweck, um dessentwillen der Bürgerkrieg überhaupt ausgefochten worden war, zu unterlaufen. Auf die Reconstruction folgte die Gegenreaktion in Gestalt der in den Südstaaten erlassenen Jim-Crow-Gesetze und der Wiederversklavung von Schwarzen durch das System der Leibeigenschaft; der Civil Rights Act von 1964 mündete im »Krieg gegen die Drogen« und in der Masseninhaftierung Schwarzer Männer; auf Obamas Präsidentschaft folgte die Gegenreaktion in Gestalt der »Wahl« Donald Trumps zum Präsidenten (deren Ergebnis, selbst wenn die Geschichte beweisen sollte, dass er nicht aus eigener Kraft gewonnen hatte, dennoch sehr viel höher war, als dies je hätte der Fall sein dürfen).

Über Jahrhunderte und Jahrzehnte hinweg, Regierung um Regierung, wurden immer wieder Verbrechen begangen – gegen den Anstand, gegen die Demokratie und die Menschlichkeit – von Präsidenten, Beamten aller Regierungsebenen, Justizorganen und einfachen Amerikanern, ohne dass diese bestraft wurden, Repressalien fürchten mussten und ohne dass den Opfern Gerechtigkeit widerfahren wäre. Dann kam Donald des Weges und stellte alle anderen in den Schatten.

ZWEITER TEIL

Da gibt es Ungeheuer

Kapitel 3

Amerikanisches Gemetzel

Es passt, dass es am 20. Januar 2017 regnete. Es passt, dass Donald den Regen später leugnete. Die Düsternis, die von seiner »Amerikanisches Gemetzel«-Rede bei der Amtseinführung ausging, hörte sich an wie eine Drohung, wie eine Agenda für seine Regierung und weniger wie eine Einschätzung. Diese Drohung hatte bereits in seiner erschreckenden Erklärung beim Parteitag der Republikaner 2016 ihre Schatten vorausgeworfen: »Ich allein kann es richten.« Ich hatte ihn damals nicht ernst genommen (schließlich war es ja nur Donald), aber Leute, die die Gefahr viel deutlicher erkannten als ich – Leute wie Ruth Ben-Ghiat, Sarah Kendzior und Malcolm Nance –, taten das ganz bestimmt.

Dass er zum Anstoß seines ersten Tages im Amt über die Menge des Publikums bei seiner Vereidigung log, passte sowohl zu ihm als Mensch als auch zu der Gelegenheit. Die Lügen selbst, die mit der Zeit exponentiell zu wachsen schienen und auch innerhalb seiner Partei großenteils unwidersprochen blieben, fühlten sich an wie Angriffe – auf unser Gefühl für einen elementaren menschlichen Anstand, unsere Vorstellungen von Amerikas Platz in der Welt und den Glauben, dass uns unser System von Checks and Balances* schon über die Runden bringen würde. Von da an hätten wir erwarten sollen – haben es aber nicht –, dass wir auf Schritt und Tritt angelogen und mit gefälschten Fakten einer Gehirnwäsche unterzogen** werden.

Sobald er im Amt war, testete Donald seine Grenzen aus, probierte, wie immer, wie weit er gehen konnte. Und wenn er ungestraft davonkam, ging er noch weiter, denn er kannte keine Grenze – hatte nie eine gekannt. Was noch herauszufinden blieb, war, ob die Republikanische Partei, die sich während der Präsidentschaftswahl weitestgehend hinter ihn gestellt hatte, ebenfalls keine Grenze kannte. Außer, dass Donalds Versuche, das Gesetz zur Krankenversicherung zu versenken, dank der »Nein«-Stimmen von drei republikanischen Senatoren durchkreuzt wurden, gibt es herzlich wenige Beispiele dafür, dass er einmal nicht seinen Willen bekam – sei es nun beim Aufstellen von Richtlinien, beim Griff in die Staatskasse, um sich selbst zu bereichern, oder dabei, möglichst vielen Menschen möglichst viel Leid zuzufügen.

In den ersten zwei Jahren seiner Amtszeit waren die Schlimmsten von uns – die Nativisten, die Nationalisten, die reuelosen Weißen Suprematisten – zu hundert Prozent in der Regierung repräsentiert. Diese »Schlimmsten« gibt es in jeder Gesellschaft, aber eines der Ziele einer liberalen Demokratie ist es, solche Leute sowie ihre Fähigkeit, Hass zu verbreiten, in Schach zu halten. Zwischen 2017 und 2019 hat allerdings ihr Rassismus, ihre Misogynie und Homopho-

* gegenseitige Kontrolle; der Begriff für die Gewaltenteilung in der Verfassung der USA. (A.d.Ü.)

** gaslighting: psychische Manipulation mit falschen Fakten, die das Opfer gezielt verunsichert und desorientiert. (A.d.Ü.)

bie metastasiert. Der unangebrachte Glaube der Allgemeinheit an die innere Solidität des Systems und die Gutwilligkeit derer, die darin operierten, schuf eine Gelegenheit für die bösartigen Kräfte, die abgetaucht oder an den Rand unserer Zivilgesellschaft gedrängt worden waren, anzuschwellen und alle Aufmerksamkeit auf sich zu ziehen. Die republikanische Basis, deren Ansichten auf höchster Regierungsebene anerkannt und verfochten wurden, wurde in einem Maße mobilisiert wie schon seit Jahrzehnten nicht mehr. Die Botschaft, insbesondere an die Schwarzen Amerikaner, war klar: Die Schlimmsten von uns werden immer besser sein als die Besten von euch, und zweiundsechzig Millionen Donald-Wähler hatten sich genau für die richtige Person entschieden, diese Position zu vertreten.

Der Impetus für den Frauenmarsch in Washington und anderen Städten im ganzen Land und auf der ganzen Welt am Tag nach Donalds Amtseinführung war das Bestreben, eine Untersuchung der schmerzhaften Wunde zu erzwingen, die der Hälfte der Bevölkerung dadurch zugefügt worden war, dass man einen Mann gewählt hatte, der zum Teil wegen – nicht trotz – seiner zahlreichen mutmaßlichen Angriffe auf Frauen gewonnen zu haben schien. Rückblickend wirkt der Marsch auch wie ein letztes Luftschnappen zur kollektiven Heilung, dem es jedoch an Kraft fehlte, denn solange man noch traumatisiert wird, kann man nicht heil werden. Die Erwartung oder Hoffnung nach dem Marsch war die, dass die Republikanische Partei ihn aufhalten würde, doch Hoffnung zu hegen ist an sich schon eine Art von Normalisierung; die Hoffnung geht mit der Erwartung einher, dass sich etwas ändert. Viele Leute wurden dadurch fehlgeleitet, denn es änderte sich nichts. Und diejenigen, die hätten handeln können, ihn zwar nicht des Amtes entheben (das blieb ein Wunschtraum), aber doch wenigstens seine schlimmsten Impulse zügeln, profitierten allzu sehr davon, dass jemand, der dermaßen inkompetent, habgierig und desinteressiert an diesem Job war wie Donald, zu ihrer Verfügung stand. Es war ein Riesenglück für sie, jemanden fürs Oval Office gefunden zu haben, der noch manipulierbarer war als George W. Bush.

Die Demokraten, die an der Macht waren, verstanden den Charakter der Republikanischen Partei und deren extreme Verschiebung nach rechts weiterhin falsch, wie sie es schon jahrzehntelang getan hatten. Sie erkannten nicht, dass die Regeln nicht mehr galten; dass das Regelwerk in der Tat mit Benzin übergossen und in Brand gesteckt worden war.

Manchmal schien es so, als wäre eines der Hauptmotive für Donalds Handeln, diejenigen zu demoralisieren, die ihm ihre Unterstützung versagt hatten. Beinahe alles zielte darauf ab, die Machtlosigkeit der demokratischen Opposition zu unterstreichen, die nach November 2016 keinen einzigen Machthebel mehr in der Hand hatte.

Die Angriffe auf die Presse waren wohlüberlegt. Lesley Stahl berichtete, dass er in einem Gespräch im Mai 2018 zu ihr gesagt hatte: »Ich tue dies, um euch herabzuwürdigen und zu diskreditieren, sodass euch niemand mehr glaubt.« Und viele Journalisten und Nachrichtenkanäle verschlimmerten den Effekt, indem sie, obwohl er sie immer wieder als »fake news« und »Volksfeinde« abkanzelte, Donalds Verhalten weiterhin normalisierten – ganz so, als würde er jetzt jeden Augenblick anfangen, sich wie ein Präsident zu benehmen – und ihm Anerkennung zollten, wenn er auch nur ohne Zwischenfälle von einem Teleprompter ablas.

Während des Wahlkampfs hielten Ratings die Medien davon ab, Donald ernsthafte Fragen zu stellen. An einem Punkt behauptete er absurderweise, mehr über den Islamischen Staat zu wissen als die »Generäle«. Niemand machte sich auch nur die Mühe zu fragen, wie er denn mehr erfahren habe und was genau er wisse. Donalds Rassismus, sein Gebrauch von hetzerischer Sprache, sein Zerfetzen jeglicher Normen, seine atemberaubende und ganz offensichtliche Ignoranz sowie seine Arroganz zu glauben, er stehe über jeglicher Frage nach der Sinnhaftigkeit seines Tuns, wurden als selbstverständlich hingenommen. Als Kandidat stellte der Republikaner wiederholt unter Beweis, dass er die Gründungsurkunde des Landes, das er führen wollte, nicht gelesen, geschweige denn verstanden hatte; doch die Medien sprachen ihn selten darauf an. Natürlich ist dies von den Kandidaten nie verlangt worden, aber kein Kandidat in der Geschichte der amerikanischen Präsidentschaftswahlen hat je eine solche Unkenntnis von elementarer Staatsbürgerkunde an den Tag gelegt. Die Medien forderten Donald während der Vorwahlen und der eigentlichen Wahl gelegentlich heraus, doch damit verliehen sie seinem Wahlkampf eine Aura von (unverdienter) Wichtigkeit, indem sie ihre Kameras auf leere Podien und müßig rollende Flugzeuge richteten, als ob auf Donald zu warten wichtiger wäre, als dem zuzuhören, was einer der anderen Kandidaten zu sagen hatte. Die schmerzhafte Ungleichheit im Umgang mit ihm und seinen Gegnern – insbesondere bei der eigentlichen Wahl – wurde ignoriert oder heruntergespielt.

Aus »Respekt« für das Amt oder aus dem Wunsch heraus, den Zugang zum Weißen Haus nicht zu verlieren, stellten die Reporter weiterhin die falschen Fragen. Anstatt zum

Beispiel zu fragen, welcher Demokrat Donald 2020 schlagen könnte, hätten sie fragen sollen: Warum ist es jemandem, der derart ungeeignet ist, überhaupt erlaubt zu kandidieren, jemandem, der das amerikanische Volk mehrmals am Tag belügt, der ständig seinen Eid verletzt, die Verfassung zu ehren und zu verteidigen, und der seine eigenen Interessen auf zunehmend alarmierende Weise über das Interesse der nationalen Sicherheit stellt?

Während seiner Amtszeit haben die Medien dabei versagt, die Maßnahmen seiner Regierung im Besonderen und die der Republikanischen Partei im Allgemeinen richtig einzuordnen. Donald war nicht nur inkompetent, lächerlich und grausam – auch wenn er all dies war –, durch seine Rhetorik, seine Politik und seine Perversion demokratischer Normen und Institutionen schuf er aktiv die Grundlage für eine Autokratie. Die Republikanische Partei übte nicht einfach ihre Macht aus, um ein Mandat zur Förderung der Demokratie durchzudrücken; sie beteiligte sich an antidemokratischen, gegen das Mehrheitsprinzip gerichteten Taktiken in Übereinstimmung mit ihrem Ziel, an der Macht festzuhalten und eine Minderheitsherrschaft zu errichten. Sowohl die Exekutive als auch die Legislative tendierten zum Faschismus, aber auf Massenmedien, denen es während der ersten drei Jahre, in denen Donald im Oval Office war, widerstrebt hatte, einen Lügner als Lügner oder einen Rassisten als Rassisten zu bezeichnen, konnte man gewiss nicht zählen, wenn es darum ging, die nötige Sprache zur Beschreibung der Wirklichkeit unserer zunehmend angespannten politischen Zeit zu finden.

Die politisch motivierten, durch Donalds Rhetorik und sein Vorbild inspirierten Anschläge trugen zu dem wachsenden Gefühl von Chaos bei. Von dem Massenmord in zwei neuseeländischen Moscheen, bei dem einundfünfzig Menschen getötet wurden, über den Angriff auf die »Tree of Life«-Synagoge in Pittsburgh, bei dem elf Menschen getötet wurden, bis hin zu der Schießerei in El Paso, bei der dreiundzwanzig Menschen getötet wurden, lässt sich eine Linie zu Donalds hemmungslosem Antisemitismus und Fremdenhass ziehen, die in seiner Rede von den mexikanischen »Horden« und seiner Beschreibung von Neonazis als »guten Menschen« Ausdruck fanden. Er twitterte seine Boshaftigkeiten und benutzte die mächtigste Plattform auf diesem Planeten, um die einen zu dämonisieren und die anderen zu unterstützen. Auf diesem Weg versprühte er sein Gift ganz unverhohlen, was den kontraintuitiven Effekt hatte, dass seine Ansichten für Dutzende von Millionen Leuten akzeptabler wurden. Wenn das, was er sagte, so schlimm war, würde er es dann nicht für sich behalten?

Frauen wurden zur Zielscheibe. Muslime wurden zur Zielscheibe. Die LGBTQ-Gemeinschaft wurde zur Zielscheibe. Arme Leute wurden zur Zielscheibe. Puerto Ricaner wurden zur Zielscheibe. Und dann wurden auch Kinder zur Zielscheibe.

Die Grausamkeit der ersten drei Jahre erreichte ihren Höhepunkt mit der Umsetzung der Praxis der Familientrennung (sogenannte Null-Toleranz, die im April 2018 beschlossen wurde). Jede andere seiner Taten, die einer moralischen Bankrotterklärung gleichkamen – vom Einreiseverbot für Bürger überwiegend muslimischer Länder über den Ausschluss von weiteren Transgenderpersonen vom Militär bis hin zur Aufnahmesperre für syrische Flüchtlinge –, schien plötzlich wie ein Präludium zu diesem ganz besonderen Schrecken. Es fühlte sich an wie der Amoklauf an der Sandy-Hook-Grundschule, der das Leben von zwanzig Erstklässlern forderte, nur mit einem Unterschied: Unsere Regierung war der Täter. Zur Rechtfertigung der Maßnahmen sagte Justizminister Jeff Sessions: »Wenn Sie nicht wollen, dass Ihr Kind von seiner Familie getrennt wird, dann bringen Sie es nicht illegal über die Grenze. Es ist nicht unsere Schuld, dass die Leute das tun.« Das war die Sprache des Täters. Die Regierung der Vereinigten Staaten entführte die Kinder, sogar diejenigen, die Familienmitglieder hatten, die legal in den USA lebten, steckte sie in Sammellager und war anschließend nicht in der Lage, sei es aus Inkompetenz, Nachlässigkeit oder Verderbtheit, viele dieser Kinder wieder mit ihren Familien zusammenzuführen, weil die Regierung sich nicht die Mühe gemacht hatte, den Überblick zu behalten.

Als Nächstes nahm er unsere Institutionen ins Visier.

Am 1. September 2019 twitterte Donald, dass der Hurrikan Dorian Kurs auf Alabama nehme. Es war ein Fehler – ein einfacher Fehler, der jedem hätte unterlaufen können. Als das Birmingham-Büro des Nationalen Wetterdienstes ihn in einem Tweet korrigierte (»Alabama wird von Dorian NICHT betroffen sein«), brachte ihn seine krankhafte Aversion gegen das Eingestehen eigener Fehler dazu, absurderweise noch eins draufzusetzen. Er schuf ein falsches Beweisstück, indem er eine Karte, die den Verlauf des Hurrikans zeigte, ausgerechnet mit einem Filzstift bearbeitete. Es war offensichtlich und peinlich, und die meisten nahmen es (oder ihn) nicht ernst. Ein paar Leute aus Alabama glaubten ihm vielleicht und dachten, Dorian stürme in ihre Richtung. Aber dem war nicht so, und letztendlich war diese Lüge harmlos.

Wirklich harmlos? Was, wenn es andersherum gewesen wäre und der gefährliche Hurrikan tatsächlich Kurs auf Alabama genommen hätte und Donald fälschlich getwittert hätte, Alabama würde verschont bleiben? Was, wenn er bei dieser Behauptung im Falle einer Korrektur nachgelegt und die Karte geändert hätte, sodass Alabama vom Weg, den der Hurrikan nahm, ausgeschlossen gewesen wäre? Hätten einige Einwohner, in dem Glauben, außer Gefahr zu sein, sich dann nicht darauf eingestellt? Was, wenn Leute gestorben wären, weil sie, anstatt den Experten zu vertrauen, auf den Mann im Oval Office gehört hätten? Die National Oceanic and Atmospheric Administration (NOAA), bis dahin eine Spitzen-Regierungsbehörde, tat sich keinen Gefallen, als sie fünf Tage später ein nicht unterzeichnetes Statement veröffentlichte, in dem es unter anderem hieß, »Hurrikan Dorian könnte Alabama beeinträchtigen«, was Donalds Lüge stützte und die Wahrheit des Nationalen Wetterdienstes untergrub. Die Frage ist, warum?

Beinahe alles, was Donald von seiner Amtseinführung im Jahr 2017 an tat – die willkürliche Grausamkeit, die internationalen Fauxpas, die Gesetzesbrüche, das Mobbing, die zahllosen Ausflüge zu seinen Golfplätzen –, forderte von uns als Individuen und als Gesellschaft seinen Tribut. Unsere politische Kluft schien sich über den Kohärenzpunkt hinaus zu vergrößern, doch abgesehen davon schien nichts, was passierte, die fundamentale Landschaft der amerikanischen Demokratie zu bedrohen. Nein, nicht da entstand der wahre Schaden.

Rückblickend bewirkten die Geschichten, die unsere größte Aufmerksamkeit verlangten (und am meisten an unseren Kräften zehrten), genau das, was sie sollten: Sie hielten uns davon ab, uns auf das zu konzentrieren, was unterhalb des Radars geschah. Die Konturen unserer Regierung verschoben sich. Nur der geübteste (oder besessenste) Beobachter hätte das Stückwerk zu einem Bild zusammenfügen können, wie der Ansturm gegen außenpolitische Fehltritte und Lügen und die Offenbarung von Inkompetenz und Vetternwirtschaft und Gaunereien uns von der wahren Bedrohung, die diese Regierung darstellte, ablenkten – nämlich die systematische Zerlegung genau der Institutionen, die zu unserem Schutz eingerichtet sind für den Fall, dass es Leuten wie Donald gelingt, die Macht zu übernehmen.

Fragile Systeme sind auf die Dysfunktion des psychologisch gestörtesten Mitglieds ausgerichtet, insbesondere wenn dieses Mitglied unverhältnismäßig mächtig ist. Die amerikanischen Institutionen sind so angelegt, dass sie unempfindlich gegen die Verwüstungen irgendeines Individuums sind, unabhängig davon, wie dysfunktional es auch sein mag; doch in einem Land, das derart stark auf Traditionen und Normen beruht, müssen der Senat, die Kabinettsmitglieder und Berater als Beschützer auftreten und nicht als Komplizen. Wenn es ihnen nicht gelingt – oder sie sich dagegen entscheiden –, das dysfunktionale Individuum in Schranken zu halten, stehen diesem (mithilfe seiner Wegbereiter) alle Ressourcen seiner Position zur Verfügung, um jede Institution unter seiner Kontrolle zu pervertieren, bis sie sein Schlimmstes potenzieren und exemplifizieren.

In buchstäblich jeder einzelnen Behörde auf Kabinettsebene in unserer Regierung gab es erhebliche Brüche während der vier Jahre von Donalds Regierung, sowohl in struktureller als auch in personeller Hinsicht. Es ist nicht so, als wären diese Behörden mit Donalds Einzug ins Oval Office erstmals verwundbar geworden, und es ist auch nicht so, als ob Donald der erste Bewohner des Weißen Hauses gewesen wäre, der das Justizministerium für seine eigenen Zwecke vereinnahmte. Er war einfach nur der Erste, der Glück genug hatte, dass seine Partei in sämtlichen Regierungsgremien die Mehrheit hatte und – auch angesichts ihrer sich abzeichnenden demografischen Irrelevanz – verzweifelt genug war, ihn zerstören oder ausbeuten zu lassen, was auch immer ihm in die Finger kam, solange die Partei ihre originalistischen Richterinnen und Richter*, ihre Steuersenkungen, ihre Unterdrückung von Wählerstimmen und ihre Wahlkreisschiebungen bekam. Donald war das wahre Gesicht der Republikanischen Partei.

Auch Barack Obama und George W. Bush hätten sich die Justiz und den Staat zurechtbiegen können, wenn sie es darauf angelegt hätten, wenn sie auf den Gedanken gekommen wären, solange ihre Partei an der Macht war und willens, sich mitschuldig zu machen. Künftig liegt die Gefahr darin, dass dieser Weg nun schon einmal begangen worden ist. Alles, was zu einer vollständigen Zerstörung noch fehlt, ist, dass eine andere autoritäre Person ins Weiße Haus einzieht samt einer Legislative, die ihr willfahrt.

Was viele von uns sich nicht klarmachten, ist, dass unser Regierungssystem zu einem großen Teil auf dem Glauben beruht, veraltete Begriffe wie Ehre und Scham motivierten unsere gewählten Amtsträger hinreichend, auf den Spuren ihrer Vorgänger zu bleiben. Wie inkompetent die meisten

* Die Originalisten unter den Juristen vertreten die Ansicht, dass der Text der amerikanischen Verfassungsnormen von 1787 gemäß der Bedeutung, die die Worte zu jener Zeit hatten, auszulegen sei. (A.d.Ü.)

Leute in Donalds innerem Kreis auch waren, einige von ihnen waren doch schlau genug, die Schwächen im System aufzuspüren und auszunutzen. Es ist einfach, Sachen zu zerschlagen, besonders wenn man denkt, es sei zum eigenen Vorteil. Donalds gesamte Karriere stellte unter Beweis, dass er viel besser darin ist, etwas niederzureißen, als etwas aufzubauen. Es hätte also nicht überraschen sollen, dass dasselbe für seine Regierung galt.

Die einzigartige Bedrohung, die Donald darstellte, wurde noch verstärkt durch die beinahe vollständige Abwesenheit von Transparenz in seiner Regierung. Es wäre Aufgabe der Medien, der Gerichte und des Kongresses, uns informiert zu halten und uns davor zu beschützen, dass die Exekutive übers Ziel hinausschießt. Seit der Amtseinführung haben diese Institutionen uns gegenüber versagt (am meisten der Kongress), indem sie Donald nicht ernst nahmen, indem sie es versäumten, sein Handeln ungeschminkt zu beschreiben, indem sie ihn für ihre eigenen Zwecke ausnutzten (Ratings, Ideologie oder rohe Gewalt), egal zu welchem Preis für das amerikanische Volk oder das amerikanische Experiment.

Solange niemand Buch darüber führte, stand es Donald frei, Kabinettsnominierungen wie Botschafterposten zu behandeln, als eine Möglichkeit, sich bei Kumpanen und Verbündeten erkenntlich zu zeigen. Es gibt keine andere Erklärung dafür, dass der ehemalige Gouverneur von Texas Rick Perry im Energieministerium, der Neurochirurg Ben Carson im Ministerium für Wohnungsbau und Stadtentwicklung oder die wohlhabende Betsy DeVos (die Schwester des Söldners Erik Prince) im Bildungsministerium unterkamen. Keiner von ihnen hatte einschlägige Erfahrung. Perry hatte sich ehemals als Präsidentschaftskandidat aufstellen lassen, und zwar mit einem Wahlprogramm, das auch die Abschaffung des Energieministeriums enthalten hätte, wenn er in der Lage gewesen wäre, dessen Namen zu erinnern. Was DeVos anbelangt, so waren ihre Rolle als unbeirrbare Befürworterin des »School Choice«-Programms* (Lehrergewerkschaften übten an ihrer Nominierung Kritik) sowie ihre öffentlichen Äußerungen zum Verhältnis zwischen Schulen und Christentum (sie beschrieb Bildungsaktivismus und Reformversuche als Mittel zur »Förderung des Reichs Gottes«) sogar noch alarmierender. Ein umfassender, im September 2020 online auf *Just Security* veröffentlichter Bericht von Becca Damante stellte fest, dass fünfzehn von Donalds »kommissarischen«** Regierungsbeamten ihre Posten illegal bekleideten. Andere Positionen wurden absichtlich nicht besetzt. Es ist viel einfacher, sein Programm durchzusetzen und mit einer Umfunktionierung der Ministerien auf Kabinettsebene durchzukommen, wenn man bereit ist, das Gesetz zu brechen, und niemand es für der Mühe wert befindet, einen davon abzuhalten.

Der größte Schaden während Donalds Amtszeit entstand jedoch in Behörden, wo die nun zuständigen Leute bewusst die Kultur und den Zweck der Organisationen änderten, die sie leiteten. Die Ministerien, die hinsichtlich der kurzfristigen Folgen und der langfristigen Auswirkungen am stärksten negativ beeinträchtigt waren, waren das Außenministerium und das Justizministerium. (Die CDC – Centers for Disease

* Dieses Programm basiert auf der Idee, dass die Grundsätze des freien Marktes – insbesondere das Prinzip von Angebot und Nachfrage sowie der Wettbewerb – auch für Schulen gelten sollen. (A.d.Ü.)

** »kommissarisch« d.h. noch nicht vom Senat genehmigt. (A.d.Ü.)

Control and Prevention* – litten auch unter der Regierung, doch in welchem Ausmaß, wurde erst offenbar, nachdem Corona zugeschlagen hatte.)

Der Auftrag des Justizministeriums ist klar genug: die Durchsetzung der Gesetze und die Verteidigung der Interessen der Vereinigten Staaten im Einklang mit dem Gesetz; der Schutz der öffentlichen Sicherheit vor Gefahren aus dem In- und Ausland; Übernahme von Führung auf Bundesebene bei der Abwehr und Kontrolle von Verbrechen; das Bemühen um eine gerechte Strafe für diejenigen, die sich eines rechtswidrigen Verhaltens schuldig gemacht haben; sowie die Gewährleistung einer gerechten und unparteiischen Rechtsprechung für alle Amerikaner. Er beinhaltet nicht die Vertretung der Interessen von bestimmten Individuen. Nichtsdestotrotz ging Donald, immer auf der Suche nach seinem Roy Cohn,** davon aus, dass die Leute tun würden, was er wollte, selbst wenn sie für die Regierung arbeiteten und nicht für ihn. Als James Comey beim FBI und Sally Yates in der Justiz diesen Anspruch nicht erfüllten, wurden sie beide entlassen.

Jeff Sessions schien der perfekte Mann für die Leitung des Justizministeriums – im Februar 2016 war er der erste Senator gewesen, der Donald unterstützte, ein politisch möglicherweise riskanter Zug. Aber diese Stelle zu bekommen war schon immer sein Ziel gewesen, und es zahlte sich aus. Im Jahr 1986, als Sessions von Präsident Ronald Reagan für ei-

* Zentren für Krankheitskontrolle und -prävention. (A.d.Ü.)

** Roy Cohn (1927–1986) war ein antikommunistischer Anwalt und Mitarbeiter von Joseph McCarthy. Die Formulierung spielt auf den Titel eines Dokumentarfilms von 2019 an (*Where's My Roy Cohn?*), der insbesondere Cohns Beziehung zu Trump thematisiert. (A.d.Ü.)

nen Richterposten am US-Bezirksgericht für den südlichen Bezirk von Alabama ausgewählt worden war, lief es nicht glatt. Seine Nominierung konnte den Rechtsausschuss nicht passieren. Das parteiübergreifende Votum war 10 zu 8 Stimmen dagegen, ihn dem gesamten Senat zur Abstimmung zu empfehlen. Zahlreiche Rassismus-Vorwürfe zusammen mit seiner lausigen Bilanz im Bereich der Bürgerrechte torpedierten seine Chancen. Justizminister Edwin Meese nannte das Versagen des Ausschusses, dieser Nominierung zuzustimmen, »eine erschreckende Kapitulation« vor der Ideologiepolitik, als ob Anti-Rassismus eine Ideologie wäre, der man sich nicht unterwerfen sollte. Der Richterposten ging jedenfalls an jemand anderen.

Dieses Mal passierte Sessions' Ernennung zum Justizminister den Rechtsausschuss, und es folgte ein erbitterter Kampf im Senat. Viele der Rassismus-Anschuldigungen von seiner Nominierung 1986 wurden erneut erhoben, und einige davon, einschließlich eines Briefes von Coretta Scott King, den die Senatorin Elizabeth Warren zu Protokoll zu geben versuchte, wurden von dem damaligen Mehrheitsführer Mitch McConnell zum Schweigen gebracht. Das Wahlergebnis, mit dem Sessions bestätigt wurde, war 52 zu 47, was beinahe genau den Parteilinien entsprach; mit Ausnahme von Joe Manchin, einem Demokraten aus West Virginia, der auch mit ›Ja‹ stimmte. Rassismus war kein Hindernis mehr in der heutigen Republikanischen Partei.

Es war keine Überraschung, dass Sessions die Praxis der sogenannten Consent Decrees*, ein wichtiges Instrument des Justizministeriums zur Unterstützung der Durchsetzung

* Richterlich genehmigte Vergleiche, Prozessvergleiche. (A.d.Ü.)

von Bürgerrechten, einschränkte. Das Justizministerium, Department of Justice (DOJ), war 1870 gegründet worden, und eine seiner ursprünglichen Aufgaben nach dem Bürgerkrieg war der Schutz von Freigelassenen vor möglichen Übergriffen. Sessions erschwerte es seinem eigenen Ministerium, in direktem Widerspruch zu seinem Mandat, die Integrität der Polizei zu gewährleisten.

Sessions beging jedoch einen Fehler – er vergaß, wem er zu Loyalität verpflichtet war. Nachdem herauskam, dass er sich während des Wahlkampfs 2016 zweimal mit dem russischen Botschafter Sergej Kisljak getroffen hatte (was seiner Aussage unter Eid bei der Anhörung zu seiner Bestätigung im Amt widersprach), zog Sessions sich wegen Befangenheit zurück von der Sonderermittlung zur Untersuchung der schwerwiegenden Vorwürfe, Russland habe sich in die Wahl eingemischt, um das Ergebnis zu Donalds Vorteil zu beeinflussen, und Donald und seine Berater hätten diese Hilfe begierig angenommen. Als der Sonderermittler Robert Mueller eingesetzt wurde, soll Donald laut Muellers Abschlussbericht ausgerufen haben: »Mein Gott, das ist ja furchtbar. Das ist das Ende meiner Präsidentschaft. Ich bin im Arsch.« Obwohl Donald Sessions' Rücktrittsangebot nicht annahm, kam er nie über das Gefühl, betrogen worden zu sein, hinweg – er wollte, dass ein Getreuer die Russlanduntersuchung in die Hand nahm, aber Sessions versagte seinen Dienst. Donald hörte nicht auf, seinen Justizminister zu quälen, zum großen Teil über Tweets, bis Sessions im November 2018 schließlich zurücktrat und – ohne Erfolg – wieder für seinen früheren Senatssitz kandidierte.

Nach jahrzehntelanger Suche (und drei Monaten unter dem kommissarischen Justizminister Matthew Whitaker) fand Donald schließlich seinen Roy Cohn in der Person eines William Barr. Barr ließ schon, bevor er sein Amt antrat, keinen Zweifel daran, wem er Gefolgschaft leisten würde, als er unaufgefordert eine Notiz an den Stellvertretenden Justizminister Rod Rosenstein schickte, in der er seine Ideen zur Justizbehinderung bezüglich der Untersuchung Muellers klipp und klar darlegte. Dieses Dokument las sich eher wie ein Text für ein Vorsprechen, insofern überrascht es nicht, dass Donald, der alles darauf anlegte, die Untersuchung seiner vermeintlichen Verschwörung mit einer ausländischen Macht zu behindern, wenn nicht ganz und gar zu zerschlagen, Barr die Rolle gab.

Barr erhob während seiner Amtszeit keinen Anspruch auf Objektivität. Die Liste seiner ungeheuerlichsten Treuebrüche gegenüber dem Justizministerium ist lang. Sie enthält unter anderem die Vereitelung der Anzeige von Straftaten durch Whistleblower; den Versuch der Verfolgung von Donalds politischen Feinden; die Übernahme von Donalds Verteidigung in der Verleumdungsklage von E. Jean Carroll, denn Donald handelte gemäß den vom Justizministerium eingereichten Unterlagen in seiner »amtlichen Funktion«, als er ihren Vorwurf der Vergewaltigung dementierte; und die Berufung des Bundesanwalts in Connecticut, John Durham, um den *Ursprung* der FBI-Untersuchung der russischen Einmischung in die Wahl 2016 zu untersuchen (eine Untersuchung der Untersuchung). Barr tätigte seine wichtigste Amtshandlung kurz vor der Veröffentlichung des zensierten Berichts von Mueller, als er fälschlich behauptete, dass keine Komplizenschaft zwischen Trumps Wahlkampfteam und russischen Funktionären entdeckt worden sei und Mueller und sein Team hinsichtlich des Vorwurfs der Justizbehinderung zu keinem Ergebnis gekommen seien. Mueller wandte sich in einem privaten Schreiben an Barr, das anschließend an die *Washington Post* weitergeleitet wurde, entschieden gegen diese Darstellung, doch der Schaden war bereits entstanden.

Während das Justizministerium gegen den Schutz des Stimmrechts und gegen rassenbewusste Zulassungsrichtlinien an einer Universität Stellung bezog, hatte Barr kein Interesse daran, den Vorwurf der Unterdrückung des Wahlrechts zu untersuchen. Er ignorierte darüber hinaus die zunehmende Gefahr von inländischen Terrorattacken durch Weiße Suprematisten und konzentrierte sich stattdessen, wie er bei einer Ansprache vor der juristischen Fakultät der University of Notre Dame sagte, auf die »militanten Säkularisten« hinter einer »Kampagne zur Zerstörung der traditionellen moralischen Ordnung«, die es, soweit ich weiß, überhaupt nicht gibt.

Donald Ayer, ein früherer Stellvertretender Justizminister der Regierung George H. W. Bush, sagte, Barr, der für ihn gearbeitet hatte, »stellt in meiner Lebenszeit die größte Gefahr für unsere Rechtsprechung und das öffentliche Vertrauen darein dar«.

Nach der Ermordung von George Floyd und den darauf folgenden »Black Lives Matter«-Protesten verkündete Barr seine Absicht, eine »unabhängige Untersuchung der möglichen Verletzung von Bundesbürgerrechten« im Zusammenhang mit der Tötung von Floyd durchzuführen. Barrs Versprechen klang hohl vor dem Hintergrund des ungeheuerlichen Versagens der Bürgerrechtsabteilung seines Ministeriums bei der Verfolgung von Rassendiskriminierungsfällen. Wie sich herausstellte, plante das Justizministerium, den Mord von Derek Chauvin an George Floyd unabhängig von einer Überprüfung korrupter Praktiken und Übergriffe innerhalb der Polizeibehörde von Minneapolis zu untersuchen, und dehnte dabei die Praxis aus, mit der Jeff Sessions 2018 begonnen hatte, nämlich die Verwendung von richterlich genehmigten Vergleichen, die eigentlich die Integrität der Polizei gewährleisten sollten, einzuschränken.

Anstatt korrupte Polizeipraktiken zu untersuchen, konzentrierte Barr sich darauf, Protesthandlungen zu unterdrücken, wenigstens die Art von Protest, die er nicht guthieß. Er machte keine Anstalten, einzuschreiten oder Untersuchungen einzuleiten, als Mobs von schwer bewaffneten Weißen Männern Staatskapitole stürmten, um die Regierungen der Bundesstaaten einzuschüchtern, damit diese die Coronamaßnahmen lockerten.

Nachdem Barr zu dem Schluss gekommen war, dass die »Black Lives Matter«-Demonstranten nicht friedlich waren, sanktionierte er, wenn er es nicht gar direkt anordnete, den Gebrauch von Pfefferspray und Gummigeschossen sowie den Einsatz von anscheinend nicht identifizierten Sturmtruppen in Portland, Oregon. Wenn man die eigenen Interaktionen in Begriffe wie »das Schlachtfeld beherrschen« (was Verteidigungsminister Mark Esper damals tat) fasst, dann beeinflusst man seine Herangehensweise durch diese Bezeichnung, auch wenn die Leute, die man letztendlich angreift, nur ihre Rechte gemäß dem Ersten Verfassungszusatz* ausüben.

Bevor Barr das Justizministerium leitete, hatte dessen Bürgerrechtsabteilung die Führung in Sachen Affirmative

* Das First Amendment von 1789/91, das Religions- und Meinungs-, Presse- und Versammlungsfreiheit garantieren soll. (A.d.Ü.)

Action,* Wahlrechte sowie Bekämpfung von Rassentrennung und räuberischen Kreditvergaben übernommen. Unter seiner und Sessions' Leitung lautete die Botschaft der Regierung Trumps, in den Worten von Vanita Gupta, der stellvertretenden Generalstaatsanwältin von Präsident Biden, dass »die Durchsetzung von Bürgerrechten überflüssig ist und leicht reduziert werden kann. Im schlimmsten Fall ist das tatsächlich Teil einer systematischen Agenda, Bürgerrechte zurückzunehmen.« In den Worten von Kristen Clarke, der neuen Leiterin der Abteilung für Bürgerrechte unter Präsident Biden: »In den 63 Jahren ihres Bestehens hat keine Regierung mehr getan, um den Auftrag der Abteilung zu behindern und sich über ihn hinwegzusetzen.«

Es sei darauf hingewiesen, dass Jeff Sessions, ein Rassist, der gegen Bürgerrechte auftritt und dessen extreme Ansichten ihn einst den Posten eines Bundesrichters kosteten, bei seiner Bestätigung als Justizminister im Jahr 2017 einundfünfzig Stimmen von Republikanern erhielt. Kristen Clarke, die ihr berufliches Leben dem Kampf gegen Rassismus und dem Schutz von Bürgerrechten gewidmet hat, erhielt 2021 bei der Abstimmung zu ihrer Bestätigung im Amt nur eine republikanische Stimme.

Es mag eine einzigartige Errungenschaft in der Geschichte der amerikanischen Regierung sein, dass zwei der schlimmsten, wenn nicht die zwei allerschlimmsten Außenminister aus derselben Regierung kamen. Sowohl Rex Tillerson, der ehemalige CEO von ExxonMobil, der von 2017 bis 2018

* Staatliche Maßnahmen zum Ausgleich von Benachteiligungen von Minderheiten. (A.d.Ü.)

im Amt war, als auch Mike Pompeo, der ehemalige Direktor der CIA, der für den Rest von Donalds einziger Amtszeit diente, kommt diese Ehre zu. Ironischerweise erlangten sie diese Auszeichnung auf sehr unterschiedlichen Wegen – Tillerson, weil er nie in der Lage war, ein Bündnis mit Donald oder seiner Regierung zu schmieden, und Pompeo, weil zwischen ihn und seinen Boss kein Lichtstrahl mehr passte.

Wir werden nie wissen, was Tillerson dazu bewog, Außenminister werden zu wollen, und wir werden nie wissen, was seine Agenda war. In dem einen Jahr im Amt übte er keinen Einfluss in der Regierung aus, und was er erreichte, ist nicht der Rede wert. Unter ihm gab es allerdings den größten Schwund an Expertise und Erfahrung in der Geschichte des Ministeriums – massenhaft Rücktritte, die Zahl an neuen Bewerbern sank drastisch, und der Kern des Stabs an Berufsdiplomaten war ausgeweidet, als 60 Prozent von ihnen gegangen waren. Nur etwa 40 Prozent der aus politischen Gründen Ernannten wurden im Amt bestätigt, während wichtige Posten, wie der des Botschafters für Südkorea und die von Unterabteilungsleitern, die bedeutende Regionen wie z. B. Asien sowie den Nahen und Mittleren Osten überwachten, unbesetzt blieben. Insgesamt verdarben diese unermesslichen Veränderungen in der Personalausstattung die Moral und schwächten das Außenministerium für eine ganze »Generation«, wie Elizabeth Saunders von der George Washington University in einem Beitrag in *Vox* zitiert wurde.

Kontinuität des Personals ist wesentlich für das Bewahren eines institutionellen Gedächtnisses, und egal ob Tillerson dies explizit beabsichtigte, er gefährdete diese Kontinuität, während er gleichzeitig die Hauptaufgabe der Diplomatie untergrub. Ohne Diplomatie wird Aggression zum Normalfall, was seinem Nachfolger, Pompeo, leider sehr gelegen kam.

Wären seine Fähigkeiten als Führungskraft proportional zu seinem aufgeblasenen Selbstgefühl gewesen, hätte Pompeo vielleicht eine Wende im Außenministerium herbeiführen können. So aber war die Herangehensweise des dünnhäutigen und streitlustigen Ministers eher muskelbetont, egal ob er mit unseren Verbündeten oder mit unseren Feinden zu tun hatte. Am Ende von Pompeos Amtszeit hatte Nordkorea mehr nukleare Waffen als zuvor (trotz Donalds Behauptung von ihrer großen Liebe wollte Kim Jong-un nicht zu dem 2005 gegebenen Versprechen stehen, sein Atomprogramm aufzugeben), und der Iran war noch dichter daran, ein solches aufzubauen. Pompeo und sein Stil waren im Ausland so unbeliebt, dass er seine Ehrenrunde in Europa im Januar 2021 absagen musste, weil niemand ihn treffen wollte.

Tillerson und Pompeo hatten beide einen negativen und weitreichenden Einfluss auf das Außenministerium; doch der wahre Grund, warum Amerikas Ansehen in der Welt tiefer und schneller fiel als je zuvor, war Donald. Seine Doppelzüngigkeit, sein doppeltes Spiel sowie seine Unfähigkeit, die Dinge von einer anderen als seiner eigenen Perspektive zu sehen, machten unsere Verbündeten argwöhnisch und unsere Feinde aufmerksam – durch Schmeicheleien und Köder ließ Donald sich gefügig machen.

Inwieweit sich diese Institutionen unter der Regierung Bidens und darüber hinaus erholen werden, bleibt abzuwarten. Die Frage ist, wie wir verhindern können, dass etwas derart Verheerendes sich wiederholt.

Donalds einseitiger Rücktritt vom Atomabkommen mit dem Iran und vom Pariser Klimaabkommen untergrub die

Glaubwürdigkeit, die wir über Jahrzehnte bei unseren Verbündeten aufgebaut hatten, und führte zu einem Vertrauensverlust, der uns immer noch quält.

Wie die stellvertretende Verteidigungsministerin für Cybersicherheit in der Biden-Regierung, Mieke Eoyang, betont, sehen wir, wenn wir durch die Linse von »Selbstsucht und Missachtung von Wahrheit« einen Blick auf Donalds außenpolitische Herangehensweise werfen, dass seine Versuche, unser nationales Sicherheitspersonal seinen persönlichen Interessen gegenüber zu Treue zu verpflichten, sowie »sein erratischer Charakter die Fähigkeit anderer Länder, bei einem Abkommen auf das Wort Amerikas zu vertrauen, unterminierten«.

Am 18. Dezember 2019 stimmte das Repräsentantenhaus, fast genau entlang der Parteilinien, für ein Amtsenthebungsverfahren gegen Donald wegen Justizbehinderung und Machtmissbrauchs, nachdem herausgekommen war, dass er den Präsidenten der Ukraine, Wolodymyr Selenskyj, unter Druck gesetzt hatte, Belastendes über seinen vermutlichen Gegner in der Wahl 2020 zu finden im Austausch gegen die Freigabe dringend benötigter Hilfsleistungen. Dieser Bruch seines Amtseides wurde dadurch verschlimmert, dass Donald gegen die Nachforschungen des Repräsentantenhauses zu diesem Sachverhalt mauerte, indem er Amtsträger seiner Regierung anwies, Vorladungen zu ignorieren und sich zu weigern, Dokumente auszuhändigen.

Noch ehe der Prozess überhaupt begann, stellte der Mehrheitsführer Mitch McConnell klar, dass das eine Farce sei. »Ich bin kein unparteiischer Juror«, sagte er. »Das ist ein politischer Prozess. Nichts daran ist juristisch. Ein Amtsenthebungsverfahren ist eine politische Entscheidung.« Lindsey Graham, Senator von South Carolina, der sich seit seiner Amtseinführung bei Donald eingeschleimt hatte, obwohl er noch während der Vorwahlen sagte: »Ich glaube, er ist ein Spinner. Ich glaube, er ist verrückt. Ich glaube, er ist für das Amt ungeeignet«, folgte McConnells Beispiel: »Ich versuche, ein ganz klares Signal dafür zu geben, dass ich mich entschlossen habe. Ich versuche nicht, so zu tun, als wäre ich hier ein fairer Geschworener ... Ich werde alles tun, was ich kann, um [das Amtsenthebungsverfahren] schnell zu ersticken.« Genau das tat die Mehrheit der Republikaner im nächsten Schritt, als der Senat am 31. Januar 2020 mit 51 zu 49 dagegen stimmte, Zeugen in dem Verfahren aussagen zu lassen. Fünf Tage später wurde Donald freigesprochen. Die Abstimmung hatte 52 zu 48 für einen Freispruch vom Vorwurf des Machtmissbrauchs und 53 zu 47 für einen Freispruch vom Vorwurf der Kongressbehinderung ergeben.

Susan Collins, republikanische Senatorin aus Maine, sagte nach dem Freispruch ominös: »Ich denke, der Präsident hat aus diesem Fall gelernt. Der Präsident hat ein Amtsenthebungsverfahren durchlaufen. Das ist eine ziemlich umfassende Lektion.«

Das Urteil kam nicht überraschend. Dennoch war es ein weiterer Tiefschlag. Schon nach drei Jahren waren wir am Boden.

Und dann kam die Heimsuchung.

Kapitel 4

Die ihr hier eintretet, lasst alle Hoffnung fahren

Anfang März 2020 gab mein Onkel Donald folgende Kommentare ab:

»Es ist auch noch tödlicher als die schlimmste Grippe. Das ist tödliches Zeug.«

»WIR KÖNNEN NICHT ZULASSEN, DASS DIE BEHANDLUNG SCHLIMMER IST ALS DAS PROBLEM SELBST.«

Ersteres sagte er nicht öffentlich, sondern im Februar zu Bob Woodward. Im selben Gespräch sagte er auch: »Ich wollte es immer herunterspielen. Ich spiele es immer noch gerne herunter, weil ich keine Panik auslösen möchte.« Der Satz in Großbuchstaben war eine Twitter-Nachricht für seine zig Millionen Anhänger am 22. März. Von seinem Gespräch mit Woodward erfuhr die Öffentlichkeit erst im September 2020.

Anfang Februar hatte Donald sein erstes Impeachment-Verfahren ungeschoren überstanden. Es war um seine Versuche im Sommer 2019 gegangen, Druck auf den neuen Präsidenten der Ukraine auszuüben, um irgendetwas Schmutziges über Joe Biden zu finden, den er als seinen gefährlichsten Gegner bei der Präsidentenwahl 2020 einschätzte. Dank dieses Freispruchs und der stillschweigenden Ermutigung durch die republikanische Kongressmehrheit, die (illegale) Hilfe ausländischer Mächte anzunehmen – durch Zwang oder einen schlichten Satz wie: »Russland, falls du gerade zuhörst …« –, konnte er seine Aufmerksamkeit wieder mit voller Kraft den Aktivitäten für seine Wiederwahl widmen.

Ein paar Tage vor dem Tweet beobachtete ich das Chaos in Italien, zwar aus der Ferne, aber zunehmend entsetzt. Die Kliniken dort waren völlig überfordert und konnten keine volle Versorgung mehr leisten. Und ich wollte mir nicht vorstellen, dass etwas derart Verheerendes auch hierzulande passieren könnte, dass wir so etwas zulassen würden, aber ich musste mich schließlich der Realität beugen, selbstverständlich konnte so etwas auch hier passieren – Donald hatte das Sagen.

Beinah über Nacht wurde aus dem zunehmenden Entsetzen ein tiefinnerer Schrecken, der meinen Schlaf durcheinanderbrachte und meine – und unsere – innerste Zeiterfahrung veränderte. Ich erfuhr, dass ich mit zwei Menschen Kontakt gehabt hatte, die schwer an Covid erkrankt waren, und musste mich mittels zweier Treppen und einer im örtlichen Baumarkt gekauften und schnell aufgehängten Plastikplane von meiner Tochter isolieren, die gerade aus ihrem abrupt dichtgemachten College nach Hause geschickt worden war. Ich saß während der zwei Wochen Quarantäne in meinem Keller fest und fand es sehr schwer, die Nachrichten über den qualvollen Erstickungstod zu verarbeiten, der auf viel zu viele Menschen wartete. Ich dachte oft an meinen Vater, denn Hunderte und dann Tausende Menschen mussten sterben wie er, ohne jemanden bei sich, der ihnen die Hand hielt.

Der Landkreis, in dem ich lebte, hatte die dritthöchste Quote des Landes und später der Welt, was Infektionen, Klinikaufenthalte und Todesfälle betraf, gleich nach New York City und Westchester County. Von uns aus gesehen war, was Donald als »Problem« bezeichnete, ein lebensbedrohliches, aus der Kontrolle geratenes Virus und das Massensterben, das es verursachte. Meine Freunde in Manhattan erzählten vom ununterbrochenen Sirenengeheul der Rettungswagen, vierundzwanzig Stunden am Tag, und dem unheimlichen Brummen der Kühl-Lkw, die in Schlangen vor Krankenhäusern, Leichenhallen und Beerdigungsunternehmen standen und die Flut von Toten bargen.

Dass irgendeine »Behandlung« schlimmer sein könnte, war kaum vorstellbar.

Das einzig Positive war das Gefühl, ein solcher Ausnahmezustand könne nicht länger als ein, zwei Monate dauern. Natürlich ahnten wir nicht, dass noch lange kein Ende in Sicht war. Es wurde immer schlimmer. Und dann noch schlimmer.

Angesichts des Klimawandels, der zum immer schlimmeren Albtraum wurde, und des Umstands, dass wir jemanden ins Oval Office geschickt hatten, der selbst zu diesem womöglich nicht mehr einholbaren Zeitpunkt noch behauptete: »Ich glaube nicht daran«, ging mir schon länger durch den Kopf, ob der Planet uns vielleicht einfach loswerden wollte; jetzt war ich sicher. Über Religion oder Wirtschaftspolitik kann man diskutieren. Über Klimawandel und Corona zu diskutieren heißt nicht mehr und nicht weniger, als über die Schwerkraft oder die Evolution zu diskutieren. Was man diesbezüglich glaubt, ist irrelevant, denn Klimawandel und Corona wird es weiterhin geben, und sie bleiben eine Heimsuchung für unseren Planeten und unsere Bevölkerungen, ob man daran glaubt oder nicht.

Ein Jahrhundert war vergangen seit der letzten Pandemie – warum kam jetzt wieder eine? Warum nicht während der Obama-Regierung, einer der kompetentesten in der modernen Geschichte? Obamas Leute hatten schon 2016 Pandemie-Leitlinien erarbeitet, nach denen die Bundesregierung im Falle einer »Bedrohung durch eine Krankheit mit schweren Folgen weltweit« koordiniert reagieren können sollte. Die uns, mit anderen Worten, auf so etwas wie diese SARS-CoV-2-Pandemie vorbereiten würden. Als Donalds Leute das Weiße Haus übernahmen, wurden diese Leitlinien fast als Erstes ausrangiert. Mitch McConnell behauptete, sie hätten keinerlei Einweisung oder sonstige Informationen darüber erhalten, aber das war ganz und gar nicht wahr. In einem Gespräch auf CNN sagte Jeremy Konyndyk, der zu Obamas Ebola-Response-Team gehört hatte, die neuen Regierungsmitglieder seien »ausführlich gebrieft worden, jedenfalls soweit sie dem Thema während der Übergangszeit überhaupt Aufmerksamkeit widmeten«.

Wäre Hillary Clinton, die 2016 die meisten Wählerstimmen bekommen hatte, im Amt gewesen, als das Coronavirus auftauchte, sie hätte alle Hebel in Bewegung gesetzt, die Ausbreitung einzudämmen. Das hätte jeder getan, außer Donald. Und jeder andere hätte dreierlei unterlassen: die Politisierung von lebensrettenden Maßnahmen wie dem Maskentragen, die Propagierung eines falschen Gegensatzes von Wirtschaft und Wert des menschlichen Lebens und schließlich das Kalkül, die Gefährdung von Millionen und der Tod von Hunderttausenden von Menschen könnte als siegreiche Wahlkampfstrategie taugen. Zum Memorial Day 2020 wurden zwar die Flaggen des Weißen Hauses auf halbmast gesetzt, aber das war auch die einzige Geste der Anerkennung, ein blasser Abklatsch von Solidarität.

Im weiteren Verlauf des Coronajahres 2020 wurde klar, dass wir von unserer eigenen Bundesregierung verraten wurden. Und teilweise obendrein von unseren Nachbarn, von Leuten, die an gefährliche Dinge glaubten und die bis dato nur am Rand der Gesellschaft agiert hatten, jetzt aber in den Vordergrund geholt und gestärkt wurden. Unverhohlen ermutigt von Donald – »BEFREIT MICHIGAN! BEFREIT MINNESOTA!« –, hantierten sie in staatlichen Gebäuden quer durchs Land mit Sturmgewehren im Namen der Rückeroberung ihrer Freiheit von den Einschränkungen, die eigentlich auch ihr Leben schützen sollten. Sie bedrohten Parlamentarier und verbreiteten das Virus. Ihr »Freiheitsrecht« war frei von aller Verantwortung, außer der für ihre eigenen irregeleiteten Interessen.

Donalds Verhalten war funktionell gefühllos und entsprang seiner Angst, er könne mit Schwäche assoziiert werden. Durch mehr Coronatests würde das ganze Ausmaß der Pandemie deutlich. In Donalds Verständnis würde dies seine privat und öffentlich geäußerte Überzeugung, er sei für nichts davon verantwortlich, torpedieren. Also log er, genau wie in den drei Jahren zuvor, richtete Chaos an und betrieb Spaltung auf eine Weise, die wir nicht hatten kommen sehen.

Ironie der Geschichte – genau wegen seiner Untätigkeit und seiner Vertuschungsversuche danach war er dann für alles verantwortlich, was folgte: den wirtschaftlichen Kollaps, die Risse im sozialen Zusammenhalt und das Massensterben.

2017 schenkte Donald großen Unternehmen Steuersenkungen in Milliardenhöhe. Sie sollten, so wurde geworben, Geld für Investitionen in neue Jobs lockermachen, wurden in Wahrheit aber in den Rückkauf von Aktien investiert, steigerten also den Reichtum der Unternehmer und taten nichts für Arbeiter. Drei Jahre später wurde ein Paycheck Protection Program (Lohntütenschutzprogramm) aufgezogen, das noch mehr Geld in Unternehmerkassen spülte; die Republikaner im Kongress wollten offensichtlich die breite Mehrheit der Amerikaner im Regen stehen lassen, eingeschlossen die »systemrelevanten«, die ihr Leben bei Dienstleistungen riskierten, damit wir anderen sicher zu Hause bleiben konnten. Menschen, die ihr Bestes gegeben hatten und ihre Jobs verloren, weil Geschäfte dichtgemacht wurden, lebten jetzt ohne Sicherheitsnetz und bekamen gesagt, es dürfe keine Fördergelder für sie geben, nicht mal in einer Pandemie, denn die würden ihre Abhängigkeit von der Regierung ungehörig verstärken. Das sei »Sozialismus« oder »Wohlfahrtsstaat«, hieß es. Darüber, dass die Steuersenkungen und der angebliche Lohntütenschutz Wohlfahrt für Großunternehmen waren, wurde nicht geredet. Die Botschaft war klar: Die Wirtschaft musste wieder aufmachen, Arbeiterleben waren entbehrlich. Donald ordnete an, dass die Fleischverarbeitungsbetriebe trotz ihrer massiven Infektionsraten offen blieben. Der Gedanke, dass all das weniger auf Inkompetenz als auf Vorsatz beruhte, war schwer zu vermeiden. Und im Laufe der Monate kamen jede Menge Beweise ans Licht, dass tatsächlich Absicht dahintersteckte.

Eine Woche vor der Präsidentschaftswahl 2020 erklärte der Stabschef des Weißen Hauses Mark Meadows: »Wir wollen keine Kontrolle über die Pandemie, wir wollen die

Kontrolle darüber, dass wir Impfstoff, Medikamente und Mittel zur Linderung bekommen.« Ein erschütterndes Eingeständnis, aber Meadows hatte nur in Worte gefasst, was die Regierung durch ihr Handeln die ganze Zeit deutlich machte – sie würde nichts dafür tun, dass die Amerikaner Schritte unternahmen, die, auch Mitgliedern der eigenen Regierung zufolge, die Ausbreitung des Virus abschwächen könnten. Donald seinerseits gefährdete wissentlich Menschen bei seinen überfüllten Wahlkampfveranstaltungen ohne Maskenpflicht, wo er tönte: »Wir leben in einer freien Gesellschaft.« Sein Bedürfnis nach Aufmerksamkeit und Anbetung war weitaus wichtiger als die Sicherheit und das Leben seiner Anhänger. Die von Donald und seinen Steigbügelhaltern geführte Republikanische Partei des einundzwanzigsten Jahrhunderts hat der Freiheit eine neue Bedeutung verpasst – man darf Waffen besitzen und sich über Maßnahmen gegen eine Pandemie hinwegsetzen, man darf tun, was man will, ohne Rücksicht auf die Folgen für andere. Diesen Impuls hat sich Donald im Laufe seiner einen Amtszeit im Oval Office mehr als alles andere zunutze gemacht.

Die mit einem Pulitzerpreis ausgezeichnete Wissenschaftsjournalistin Laurie Garrett stellt diesen Trend am Beispiel der Reaktion der Regierung Trump auf das Virus in einen größeren Zusammenhang: den lang gehegten Wunsch der Republikanischen Partei, die Macht der Bundesregierung einzuschränken und ihre regulatorischen Möglichkeiten zu eliminieren. Dazu gehörte die drastische Verkleinerung der Gesundheitsbehörden, was einen Zusammenbruch von deren Fähigkeit, die Gesundheit und Sicherheit der Amerikaner zu schützen, herbeigeführt hat.

Dabei wäre das alles gar nicht nötig gewesen. Niemand von Donalds Basis wäre abgesprungen, wenn er Corona mit gesundem Menschenverstand behandelt hätte. Das hätte Zigtausende Menschenleben verschont, und die Wirtschaft hätte sich nach einem kurzen Schock wieder erholt. Dafür hätten ihn selbst seine gestörtesten Anhänger als Held gefeiert – und etliche seiner Kritiker obendrein. Aber Donald ist konstitutionell führungsunfähig. Er ist konstitutionell unfähig, die richtige Entscheidung zu treffen, wenn das irgendwie – tatsächlich oder in seiner Einbildung – in Konflikt mit seinem Eigeninteresse geraten könnte. Dass Corona zuerst vor allem die blauen Bundesstaaten und disproportional heftig nicht-Weiße Bevölkerungsgruppen getroffen hatte, machte ihm die falsche Entscheidung leichter. Es sorgte auch dafür, dass ihm seine Basis das Narrativ »das China-Virus ist eine Ente« gern abnahm, denn es verstärkte ihren Glauben an die Überlegenheit von Weißen und war Futter für ihre eigenen spalterischen Bedürfnisse.

Donald hat sich bewusst entschieden, nur danebenzustehen und nichts zu tun, als das Virus in unser Land einfiel und Verwüstungen an unseren Körpern, unserem Sozialleben und unserer Wirtschaft anrichtete.

Einzelne Bundesstaaten mussten lebenswichtige Güter bei privaten Firmen kaufen und dabei miteinander konkurrieren. Donalds Regierung setzte dem Ganzen dann noch die Krone auf, indem sie ebendiese Güter abfing und durch die FEMA zurück an die privaten Lieferanten beorderte, die sie wiederum profitabel weiterverkauften, während in den Bundesstaaten die Steuereinnahmen schrumpften und deren Regierungen Mühe hatten, das Licht nicht ausgehen zu lassen.

Am 3. August 2020, einen Tag bevor die Zahl der Covid-Toten in den Vereinigten Staaten auf über 150 000 stieg, gab Donald bei HBO dem Axios-Journalisten Jonathan Swan ein Interview. »So ist das eben«, antwortete er auf dessen Hinweis, dass Tag für Tag Tausende Amerikaner starben. Das war ein beliebter Spruch in meiner Familie, ihn hier zu hören jagte mir einen Schauer über den Rücken. Immer wenn mein Großvater, meine Tante oder einer meiner Onkel das sagte, schwang eine grausame Gleichgültigkeit gegenüber jemand mit, der in furchtbarer Not war. Donald hatte mit genau dem Spruch geantwortet, als ich ihn im Haus meiner Großeltern in Queens gefragt hatte, wieso mein Großvater darauf bestand, die Asche meines Vaters auf dem Familiengrundstück beizusetzen und nicht, wie er sich gewünscht hatte, an der Küste in Montauk zu verstreuen. »So ist das eben, meine Süße.«

Im Herbst präsentierte die Regierung die langsam anwachsenden Beschäftigungszahlen in der monatlichen Statistik als Beweis für Wirtschaftswachstum, dabei wurden doch nur Schrittchen für Schrittchen die Millionen Arbeitsplätze zurückgeholt, die im Frühjahr ausgeblutet worden waren.

Die katastrophale Reaktion auf die Pandemie war Donalds Führungsversagen und eine Pflichtverletzung, die es dringend nötig machte, ihn aus dem Amt zu entfernen. Und es war eine bewusste Entscheidung seiner Steigbügelhalter in der Republikanischen Partei, ihn zu halten und weitere Verheerungen möglich zu machen.

Und uns Bürgern draußen im Land wurde es einfach zu viel, auf jede einzelne seiner Verfehlungen zu reagieren.

Am 17. Juli 2020 hatte Donald dem Moderator Chris Wallace auf Fox News erklärt: »Ich bin nicht der Meinung, dass alles verschwindet, wenn jeder eine Maske trägt.« Nein, denn so viel Vertrauen in ein Stück Stoff würde ihm irgendwie etwas wegnehmen.

Es geht hier nicht um das Pech, in einer Zeit zu leben, in der sich eine Pandemie ereignet, es geht darum, dass diese Pandemie sich ausbreitet und schlimmer wird. Wahrscheinlich hätte niemand ihren Ausbruch verhindern können, aber unendlich viele Menschenleben wurden willentlich geopfert auf dem Altar namens Donalds Wiederwahl, und es wurde zugelassen, dass die Wirtschaft für die meisten von uns versagte, weil sie für die sehr sehr wenigen blendend funktionierte und den amerikanischen Milliardären beim Höhenflug der Aktienmärkte über eine Billion Dollar einbrachte, während gleichzeitig Millionen ihre Lohnarbeitsplätze verloren und mit ihren Familien auf Lebensmittel von Tafeln angewiesen waren. Man kann nicht wissen, was Donald gemacht hätte, wenn der Aktienmarkt nicht auf die frühen Warnungen vor Corona reagiert hätte, aber wenn er erst mal von einem Zusammenhang zwischen Virus und Dow-Jones-Index – dem einzigen Wirtschafts-Indikator, der je für ihn zählte – überzeugt war, würde er von da an davon ausgehen, dass jedes ehrliche Wort über Corona negative Auswirkungen für die Wirtschaft hätte.

Sobald er zu dem – atemberaubend dummen, zynischen – Entschluss gekommen war, die Wirtschaft sei bei Weitem wichtiger als die Gesundheit von Menschen, wurden Wirtschaft und Corona derart voneinander abgekoppelt, wie es nie hätte passieren dürfen.

Donald fand noch eine verlogene Rechtfertigung für die Öffnung der Wirtschaft trotz des Wütens von Corona: »Meine Regierung tut alles, um die Tragödie der Selbsttötungen zu verhindern, die Opioidkrise zu beenden und die geistige und psychische Gesundheit zu verbessern. … Auch die Bedingungen für geistige und psychische Gesundheit haben sich wegen der Pandemie verschärft durch die Verordnung von langen Lockdowns, Arbeitsplatzverlust und soziale Isolation.« In Anbetracht der Tatsache, dass er mit seinem Verhalten für einen längeren Lockdown sorgte, war das bestenfalls Heuchelei und schlimmstenfalls übelste Gehirnwäsche.

Die bösartig-mutwillige Inkompetenz untergrub unser Vertrauen in den Staat. Doch Donald hat die Menschen verraten, die er belogen hat. Die von ihm begonnene, von seinen lautstärksten Unterstützern wiedergekäute und von rechten Medien verstärkte öffentliche Verleumdung sollte zum gefährlichsten Zeitpunkt die Autorität seiner infektiologischen Experten unterhöhlen, allen voran die von Dr. Anthony Fauci, dem langjährigen Direktor des National Institute of Allergy and Infectious Diseases (Forschungszentrum für Infektionskrankheiten und Allergien). Donald hat Millionen amerikanischer Bürger dazu gebracht, Faucis fachmännische Empfehlungen in Sachen Masken und Abstandhalten zu ignorieren. Bis heute erschweren die Zweifel, die Donald ausgerechnet zu dem einen Werkzeug gesät hat, das die Pandemie ein für alle Mal zum Stillstand bringen kann, eine wirklich heroische Impfkampagne.

Auf die Maskenverweigerer sauer zu sein ist nicht schwer, aber sie taten nur, was vielen Amerikanern von Kindheit an eingepflanzt wird – sie hörten auf ihre gewählten Vertreter. Sie hörten auf Leute, denen sie an der Wahlurne ihr Vertrauen geschenkt hatten – ihren Bürgermeister, ihren Abgeordneten, ihren Senator, ihren Gouverneur, Männer wie

Frauen, oder eben auf den Mann im Oval Office. Das kann man ihnen nicht vorwerfen. Wer in Amerika konservativ ist und von einem führenden Politiker gesagt bekommt, eine Maske aufzusetzen mache einen zu einem Linken oder lasse einen schwach aussehen, der will beweisen, dass er knallhart ist, indem er sie nicht trägt, selbst wenn er dadurch sich und seine Lieben einem potenziell tödlichen Virus aussetzt.

Die CDC, die dem Gesundheitsministerium untersteht, hatte in der Vergangenheit das Recht, unabhängig von der Politik zu handeln. Das änderte sich, als Michael Caputo, ein Mann ohne gesundheitspolitische Erfahrung, mit der Aufsicht über die Kommunikation innerhalb des Gesundheitsministeriums betraut wurde. Er holte seinerseits den Teilzeitmedizinprofessor Paul Alexander dazu und machte ihn zu seinem wissenschaftlichen Berater ohne Gehalt. Ab Mai 2020 setzten politische Funktionäre die CDC unter Druck, denn die hatte in einem Gutachten festgestellt, dass restriktive Maßnahmen auf Gemeindeebene nötig waren, wenn man die Ausbreitung des Virus verlangsamen wollte. Der CDC-Direktor Robert Redfield, ein Virologe, gab schließlich klein bei, und damit bekamen politische Interessen den Vorrang vor wissenschaftsbasierten Empfehlungen, die die Gesundheit und die Sicherheit des amerikanischen Volkes schützen sollten. In Krankenhäusern war es bis dato übliche Praxis, Patientendaten und sonstige relevante Statistiken an die CDC zu übermitteln, die sie in einer öffentlich zugänglichen Datenbank verarbeitete. Jetzt wurden die Kliniken ohne Vorwarnung angewiesen, die Daten direkt ans Gesundheitsministerium zu schicken, das sogar Forschern und Gesundheitsfunktionären, die für ihre Entscheidungen auf die Daten angewiesen waren, den Zugang verwehrte.

So etwas war seit der Gründung der CDC 1946 noch nicht vorgekommen.

Das Covid Tracking Project (CTP) war ein Projekt der Monatszeitschrift *The Atlantic* und sollte den potenziell verheerenden Politikwechsel auffangen. Der Journalist Josh Marshall, Gründer des Blogs *Talking Points Memo*, schrieb dazu: »Das Projekt … war die vielleicht bedeutendste journalistische Einzelleistung der Coronapandemie, ein wahres Juwel an Synthese, bildlicher Darstellung von Daten und Fact-Checking. Aber gleichzeitig war es eine echte Schande, dass es überhaupt existieren musste. Ein solcher Aufwand ist eigentlich die Grundlagenarbeit staatlicher Politik und Gesundheitsversorgung. Die CDC hat sie schlicht nicht geleistet.«

Im September 2020 verkündete Paul Alexander stolz, er habe die CDC unter Druck gesetzt, ihre Gutachten so umzuformulieren, dass sie mit der politischen Linie der Regierung und nicht mit der Wissenschaft konform gingen, alles in allem also zu Donalds »Talking Points« passten.

Wie kann man eine Einrichtung, die vollkommen unpolitisch sein und von Menschen mit der größten Expertise und den besten Aussichten auf Problemlösung geleitet werden müsste, so aus dem Rennen nehmen und die Experten feuern, also alles Handeln zum Schutz von Menschen hintertreiben?

Wieso darf eine einzelne Person so viel Kontrolle über die CDC oder den Defense Production Act* oder über die Entscheidung haben, welche Bundesstaaten Impfstoff oder Schutz-

* Defense Production Act: Gesetz von 1950, das den Präsidenten ermächtigt, Firmen zur Herstellung kriegs(»verteidigungs-«)wichtiger Produkte zu verpflichten. (A.d.Ü.)

ausrüstungen bekommen? Wie kann das erlaubt sein? Caputo ist kein Wissenschaftler, weder Mediziner noch Virologe. Trotzdem mischte er sich andauernd in alles ein und machte alles falsch; dabei hätte er auf die geballte wissenschaftliche Expertise zurückgreifen können, die es dafür brauchte. Aber er beschuldigte die CDC sogar, eine interne »Widerstandstruppe« gegen Donald in ihren Reihen zu haben.

Schikaniert, bedroht oder zum Rücktritt gezwungen wurden auch andere Staatsdiener, just zu der Zeit, als sie am dringendsten gebraucht wurden.

Es ist erst eine Generation her, dass aus den Terroranschlägen des 11. September 2001 ein Moment großer Einigkeit entstand – nicht nur hierzulande, sondern überall in der Welt. Wir waren alle traumatisiert, wenn auch in verschiedenem Ausmaß, aber unser gemeinsames Entsetzen erzeugte Solidarität. Wir begriffen die Botschaft, dass es uns alle gemeinsam getroffen hatte, egal wie weit von den Anschlägen entfernt wir lebten.

Im Januar 2021 starben fast jeden Tag mehr Menschen als beim Anschlag auf das World Trade Center, und trotzdem führte Corona zur tragischsten Spaltung in der amerikanischen Geschichte – nur weil ein einzelner Mann nicht den Anstand besaß, eine Maske aufzusetzen.

Das Coronavirus hat direkte Auswirkungen für jeden Menschen auf dem Planeten, was eigentlich die Chancen vergrößern müsste, dass wir uns für ein gemeinsames Ziel zusammenschließen. Stellen wir uns vor, Donalds Regierung hätte einen globalen Kampf gegen das Virus angeführt. Stellen wir uns vor, wir hätten anderen Ländern geholfen – auch das hätte zu mehr Einigkeit beitragen können. Eine wirkliche Führungspersönlichkeit hätte gesagt: »Politik oder meine Wiederwahl sind mir jetzt egal. Ich habe nur die eine Pflicht, alles in meiner Macht Stehende zu tun, um Leben zu retten.« Donald und seine Spießgesellen dagegen waren nicht mal bereit, auch solchen Bundesstaaten Hilfe zu gewähren, die Donald nicht genug den Arsch küssten.

Donald selbst kletterte, kaum entlassen aus dem Walter Reed Hospital, wo er wegen schwerer Coronasymptome eingeliefert worden war, die große Außentreppe zum Truman-Balkon des Weißen Hauses hoch. Dort riss er sich in schönster Mussolini-Imitation und machohafter Demonstration seiner Unverwundbarkeit die Maske vom Gesicht. Da stand er, mit zusammengebissenen Zähnen und vorgerecktem Unterkiefer – genau so hat meine Großmutter immer ihren Zorn weggebissen oder einen Schmerz niedergedrückt. Ich sah bei Donald das Letztere. Ich habe Asthma, ich weiß ganz genau, wie jemand aussieht, der nach Luft ringt. Er hatte Schmerzen, und er hatte Angst, aber beides würde er nie zugeben, gegenüber niemandem – nicht mal sich selbst. Wie immer bei ihm überwog die Angst vor den Folgen einer eingestandenen Verwundbarkeit die Ehrlichkeit.

Noch Ende September während der Debatte der Präsidentschaftskandidaten, kurz bevor er positiv getestet wurde, hatte er Joe Biden verhöhnt, weil der ständig eine Maske trug. Der Hohn war verantwortungslos, kontraproduktiv und gefährlich im Sinne der öffentlichen Gesundheit.

In den gut zwei Monaten zwischen der Wahl und Joe Bidens Amtsantritt hüllte sich Donald in Schweigen zur Pandemie, abgesehen von einer Handvoll Tweets, in denen er meist die Operation Warp Speed genannte Impfkampagne und die Entwicklung eines Impfstoffs durch Pfizer für sich reklamierte (die keineswegs von Operation Warp Speed finanziert worden war, auch wenn die Bundesregierung sich verpflichtete, hundert Millionen Impfdosen zu kaufen).

Donalds Wahlniederlage führte in den noch verbleibenden Monaten seiner Amtsführung zum Abbruch der Gespräche über die Pandemie innerhalb der Bundesregierung. Es gab weder Richtlinien noch Informationen, niemand übernahm Führung, nichts wurde weiterentwickelt, und es gab keine Pressekonferenzen mehr (was allerdings nicht weiter schlimm war, sie waren allzu oft faktenfrei und gefährlich gewesen). Aber Donald saß noch immer im Oval Office, das Land litt weiter Tag für Tag unter massenhaften Todesfällen, und er hatte noch weitere fünfundsiebzig Tage Zeit, eine Menge Schaden anzurichten.

Den Schwenk zur Großen Lüge inszenierte er am frühen Morgen nach dem Wahltag, noch bevor die Ergebnisse verkündet worden waren. Er war absolut überzeugt, die ganze Sache drehen zu können. Er sah keinen Grund, das nicht zu tun – er hatte es immer getan. Und machen wir uns nichts vor: Wenn die Wahlergebnisse von 2020 irgendetwas aussagen, dann, dass vierundsiebzig Millionen von uns nie das Gefühl hatten, betrogen worden zu seien. Noch schlimmer, diese Wähler scherten sich nicht groß um Betrügerei, weil sie begriffen, wie sehr sie selbst von einem Repräsentanten der Ideologie Weißer Überlegenheit im Weißen Haus profitierten.

Jemand, der nicht aus dem Drang, um jeden Preis zu gewinnen, sondern aus Gekränktheit und Rachsucht heraus handelt, ist gefährlicher als ein simpler Soziopath. Donald ist viel schlimmer – er ist jemand, der da, wo seine Seele sitzen sollte, eine klaffende Wunde hat.

In einem der letzten Tweets, bevor sein Twitter-Account komplett gesperrt wurde, prügelte Donald auf die CDC ein: Sie – seine CDC – habe die Fallzahlen und Todesraten übertrieben. Doch trotz all seinem Leugnen sollte, seit sich das Virus ein Jahr zuvor in den Vereinigten Staaten ausgebreitet hatte, der Januar 2021 der tödlichste Monat werden, alle achtundzwanzig Sekunden starb ein Mensch.

DRITTER TEIL

Die Sonderrolle Amerikas

Kapitel 5

Stilles Leiden

Es ist ein Gemeinplatz, dass die Sieger die Geschichte schreiben. Im Herzen des amerikanischen politischen Systems befinden sich ein uneingestandener Widerspruch und ein falsches Paradigma. Der Widerspruch ist das unauflösbare Spannungsverhältnis zwischen Freiheit und Gleichheit, das in der Unabhängigkeitserklärung einerseits und der Akzeptanz von Sklaverei durch die Verfassung andererseits schon angelegt war. Das Paradigma ist der Mythos, dass es erstens so etwas wie »Rassen« und zweitens eine feste Hierarchie zwischen ihnen gäbe, mit den Weißen oben und den Nicht-Weißen unten.

Aufgrund dieses Paradoxes und dieses falschen Paradigmas hat sich das Land entlang zweier Wege entwickelt, die sich zwar nicht berühren, aber fortwährend aufeinander auswirken. Der eine Weg, der auf historischen Fakten beruht, ist der Genozid an amerikanischen und afrikanischen Menschen und die Versklavung der Letzteren. Der andere Weg ist der Mythos von der Überlegenheit der Weißen, den das Weiße Amerika von Beginn an verbreitet hat und der die soziale Ungleichheit zwischen Menschen unterschiedlicher Hautfarben aufrechterhält. Das Verleugnen dieser Ideologie und die Notwendigkeit dieses Verleugnens haben dafür gesorgt, dass die Traumata, auf denen dieses Land gegründet ist, niemals heilen. Mit der Zeit verschlimmern sie sich sogar aufgrund der fortgesetzten Vernachlässigung unserer demokratischen Ideale und des zwingenden Bedürfnisses der Weißen Mehrheit, so zu tun, als hätte es die Traumata nie gegeben.

Unser Land wurde geboren aus der Flucht vor Verfolgung und mit der Hoffnung im Blick, aufgebaut aber wurde es auf den Rücken und mit dem Blut der Native Americans und versklavter afrikanischer Menschen. Als der Bürgerkrieg vorbei war, hätten die Weißen Amerikaner eine Chance gehabt, zumindest bis zu einem gewissen Grad Abbitte zu tun, wenn sie für die Gleichheit aller Völker gesorgt hätten – indem sie geraubtes Land und geraubte Souveränität an die Native Americans zurückgegeben hätten und die Rechte der befreiten Sklaven und Sklavinnen als vollwertige Bürger und Bürgerinnen garantiert und geschützt hätten.

Die bittere Ironie ist, dass die Ideologie der Überlegenheit der Weißen verlangte, dass die Schwarzen trotz ihrem Wunsch nach voller Integration aus der Gesellschaft ausgeschlossen würden, während die Native Americans zur Assimilation um jeden Preis gezwungen wurden, obwohl sie nichts anderes wollten als die Rückgabe ihrer Gebiete und ihrer Souveränität.

Wir können uns die traumatischen Reaktionen nur vorstellen, die nicht nur durch die körperlichen Schmerzen ausgelöst wurden, sondern auch durch den Schmerz der Isolation und der Verzweiflung und den traumatischen Verlust der Würde, nachdem sie in die feindliche Welt der Sklavenhändler und Plantagen gezwungen wurden.

Man muss sich in Erinnerung rufen, dass viele Nordstaatler trotz ihrer Ablehnung der Sklaverei tief sitzende rassistische Vorstellungen von Schwarzen hatten. Immerhin wurden zweieinhalb Jahrhunderte Sklaverei von zweieinhalb Jahrhunderten der Rechtfertigung der Sklaverei begleitet. Unabhängig davon, ob sie andere Menschen besaßen oder nicht, wuchsen alle in einer Gesellschaft auf, die die Sklaverei guthieß und größtenteils die Überzeugung vertrat, Schwarze Menschen seien minderwertig und der christliche Glaube befürworte ihre Versklavung. Für die, die im Norden lebten, war die Sklaverei zwar inakzeptabel, genauso inakzeptabel war jedoch die uneingeschränkte Gleichstellung von Schwarzen.

In der Phase der Reconstruction erreichten die Schwarzen Außergewöhnliches. Die Sozialpsychologin Susan Opotow schreibt jedoch: »Lokale Fortschritte bei der Integration können ins Leere laufen, wenn die breite Gesellschaft sie nicht anerkennt, akzeptiert und übernimmt. Es gibt mehr Wege, partielle Integration zu erreichen, als vollständige Integration. Und es gibt mehr Wege zu scheitern, als Erfolg zu haben. Nur erhebliche und mit Nachdruck verfolgte Integrationsbemühungen können die Zukunft von Nachkriegsgesellschaften beeinflussen.«

Die Herausforderungen der Nachkriegsjahre waren jenseits aller Vorstellung selbst derer, die das Wahlrecht und die Gleichheit der Schwarzen am stärksten befürworteten. In zwölf kurzen Jahren sollten Schwarze ihren Wert unter Beweis stellen, obwohl sie keine Wiedergutmachung und kaum Hilfeleistungen erhielten. Und das, während sie in einer Gesellschaft lebten, die aktiv jegliche Versuche von Schwarzen, ihre neu gewonnenen Rechte auszuüben, zu unterbinden suchte. Die Grundvoraussetzung dafür wäre gewesen, dass die Weißen ihre Einstellung gegenüber den Schwarzen – die das direkte Resultat eines tief sitzenden und häufig uneingestandenen Rassismus und der Ideologie der Weißen Überlegenheit waren – komplett umkehrten. Unter diesen Bedingungen war das Scheitern unausweichlich. Am Ende der Reconstruction waren die meisten Schwarzen im Süden faktisch wieder versklavt. Der Jurist und Bürgerrechtler Bryan Stevenson stellte fest: »Die Sklaverei endete 1865 nicht, sie änderte sich nur.«

In der Jim-Crow-Ära wuchs der Druck der Demokratischen Partei der Südstaaten auf Schwarze, sich regelkonform zu verhalten; ebenso verstärkten sich Bemühungen, die Schwarzen in Schach zu halten. Schwarze, die am Anfang der Reconstruction ein gewisses Maß an Autonomie und Handlungsfähigkeit erlangt hatten, mussten auf einmal wieder jeden ihrer Schritte mit Bedacht wählen. Die Angst davor, etwas »falsch« zu machen, durchdrang das Leben von Schwarzen und nahm ihnen jedes Gefühl von Sicherheit. Denn das »Falsche« war letztlich das Schwarzsein. Weiße schufen diese Atmosphäre extremer Vorsicht unter anderem, indem sie jede noch so alltägliche Begegnung von Schwarzen und Weißen mit Unsicherheiten belasteten. Schwarze konnten verhaftet oder gelyncht werden, nur weil sie eine Weiße Frau auf die »falsche« Art angeguckt, einem Weißen Mann den Bürgersteig nicht frei gemacht oder ihn nicht »Sir« genannt hatten.

Von Anfang an war das Ziel der Weißen nicht nur die Kontrolle über den Schwarzen Körper, sondern auch die Kontrolle über die Handlungsmöglichkeiten der Schwarzen. Es gibt kein freies Leben für einen Menschen, wenn die Tatsache seines Lebens selbst von den Mächtigen als bedrohlich eingestuft wird. Welchen Schluss soll man sonst daraus ziehen, dass Verstoß und Strafe in keinem Verhältnis zueinander standen? Wenn die Weißen Südstaatler wirklich glaubten, dass Schwarze keine Schmerzen empfinden können, warum gaben sie sich dann solche Mühe, sie zu quälen? Wenn man als Weißer Mann von der eigenen angeborenen Überlegenheit so überzeugt war, warum musste man dann mit einem Mob aus anderen Weißen Männern einen Schwarzen Mann kastrieren, der sich nicht mehr wehren kann? Die Gegenreaktion auf jede Phase des Vorwärtskommens war zu stark, um sie zu überwinden. Die Ideologie der Weißen Überlegenheit verlangte, dass die Weiße Gesellschaft immer zu einem selbst regulierendes Gleichgewicht fände. In Amerika kann das nur erreicht werden, wenn Weiße oben in der Hierarchie sind und Schwarze unten.

Um die Auswirkungen des anhaltenden Traumas von der ersten Generation versklavter Afrikaner bis in die Gegenwart so gut wie möglich zu verstehen, müssen wir es im größeren Zusammenhang sehen.

Wer ein traumatisches Ereignis erlebt oder mit ansehen muss, entwickelt unter Umständen eine posttraumatische Belastungsstörung. Zu den Symptomen können sich aufdrängende Erinnerungen, Vermeidungsverhalten, Stimmungsschwankungen, Veränderungen der Wahrnehmung sowie Erregungsstörungen gehören. Unbehandelt können diese ein Leben lang anhalten und einen Menschen in seiner Fähigkeit zur selbstbestimmten Lebensführung erheblich beeinträchtigen.

Der Verdacht auf eine komplexe posttraumatische Belastungsstörung besteht laut Judith Herman in ihrer Studie *Die Narben der Gewalt*, wenn eine Person wiederholt einem Trauma oder einer »totalitären Kontrolle über einen längeren Zeitraum« ausgesetzt gewesen ist. Die Psychologin und Sozialarbeiterin Joy DeGruy hat das Konzept des posttraumatischen Sklavensyndroms eingeführt, »ein Zustand, der daraus resultiert, dass eine Bevölkerung ein multigenerationales Trauma erlebt hat, das aus der jahrhundertelangen Sklaverei resultiert, und auch heute noch Unterdrückung und institutionalisierten Rassismus erlebt«.

Zusätzlich zu der traumatischen Todesangst, die die versklavten Menschen täglich erlebten, erfuhren sie Missachtung in allen Lebensbereichen. Spiritueller Missbrauch, weil sie ihre Kultur verloren hatten und ihnen verboten wurde, ihre eigene Religion auszuüben. Emotionaler Missbrauch, wenn sie gezwungen wurden, dem Missbrauch anderer versklavter Menschen zuzusehen oder daran teilzunehmen, oder wenn sie von ihren Familien getrennt wurden. Psychologischer Missbrauch, der aus dem Verbot des Lesens und Schreibens resultierte. Sexueller Missbrauch in Form von Vergewaltigung oder dem Zwang, öffentlich an sexuellen Handlungen teilzunehmen. Körperlicher Missbrauch durch Auspeitschungen, Schläge und sonstige kreative Foltermethoden, die ihre »Besitzer« ersannen. Die psychologischen und emotionalen Auswirkungen der Summe all dieser Misshandlungen liegen jenseits des Erfassbaren. Und welche Auswirkungen hatten sie auf die nächste Generation und auf die nachfolgenden Generationen?

In der Epigenetik geht man davon aus, dass ein Trauma unseren Körper so tiefgreifend verändern kann, dass genetische Marker auf unserer DNA abgelegt werden. Auf diese Weise können die Auswirkungen eines erlebten Traumas an nachfolgende Generationen weitergegeben werden, was laut Rachel Yehuda, einer Psychiatrieprofessorin mit Spezialgebiet Epigenetik, eher »in Form einer Anfälligkeit als einer unvermeidlichen Folge« geschieht. Dadurch kann sowohl die Verletzlichkeit als auch die Widerstandsfähigkeit eines Individuums erhöht werden. So oder so, unsere traumatischen Erfahrungen »manifestieren sich« laut Yehuda »körperlich«, und die Auswirkungen des Traumas dauern an.

Seit dem Ende des Bürgerkriegs war der Erfolg Schwarzer das, was Weiße am meisten zu Gewalt gegen sie provozierte. Den Schwarzen volle Rechte zu geben, die über die ihnen zähneknirschend gewährte Freiheit hinausgingen, ging vielen Weißen deutlich zu weit. Jeder Schritt, den die Schwarzen unternahmen, um diese Rechte in Anspruch zu nehmen, löste umgehend schwerste Repressalien aus. Offenkundig war der Wohlstand der Schwarzen die treibende Kraft hinter ihrer faktischen Neuversklavung.

Die Gründung schwarzer Gemeinschaften – die durch Kirchen, Wohltätigkeitsvereine und Schulen, vor allem aber durch politische Organisationen mit echter Wahlmacht zusammengehalten wurden – bedrohte das Südstaatenideal der Weißen Vorherrschaft. Und während die Schwarzen die Macht der Alphabetisierung verstanden, erkannten die Weißen die von ihr ausgehende Bedrohung. Den Bildungsstandard der Schwarzen Gemeinschaft so niedrig wie möglich zu halten wurde zu einer wichtigen Taktik, um die Weiße Gesellschaftsordnung der Vorkriegszeit im Süden der Nachkriegszeit wiederherzustellen und aufrechtzuerhalten. Da die Alphabetisierungsrate so niedrig war, nahmen gebildete Schwarze oft mehrere Führungsrollen ein. Susan Opotow schreibt: »Gewalttaten terroristischer Gruppen schränkten die Fähigkeit der Schwarzen Gemeinschaft ein, eine einflussreiche Präsenz in den politisch und gesellschaftlich relevanten Institutionen des Südens aufrechtzuerhalten, und zerstörten eine politische und soziale Bewegung, indem sie die Intelligenzia ins Visier nahm.« Diese Strategie wurde Sophiazid genannt, wörtlich »Wissensmord«.

Schwarzer Erfolg wurde mit unerbittlicher Grausamkeit bestraft. Als Schwarze Soldaten nach dem Ersten und Zweiten Weltkrieg in ihren Uniformen zurückkehrten, stolz darauf, ihrem Land ehrenvoll gedient zu haben, wurden sie wie eine Bedrohung für die etablierte Rassenhierarchie behandelt, und das waren sie ja auch. Während Schwarze Veteranen erwarteten, dass der geleistete Militärdienst ihnen einen gewissen Respekt verschaffen würde, legten Weiße diese Erwartungshaltung als Arroganz aus. Dass Schwarze sich Weißen für ebenbürtig hielten, konnte nicht geduldet werden. Schwarze Veteranen wurden geschlagen und gelyncht; ihre Uniformen – offenkundiges Zeichen ihrer Gleichheit – waren ein impliziter Angriff auf das falsche Überlegenheitsgefühl des Weißen Mannes.

Schwarze mussten sich zehnmal mehr anstrengen, um ein Zehntel zu erreichen. Wenn Schwarze trotz der ihnen in den Weg gestellten Hindernisse erfolgreich waren, sah man hierin die größte Beleidigung der Weißen Überlegenheit, die infrage zu stellen außerordentlich gefährlich war. Völlig ungestraft behinderten und untergruben die Weißen den Aufstieg der Schwarzen – meistens durch Gewalt, aber auch durch gesetzgeberische Mittel. Die Strafverfolgungsbehörden waren oft beteiligt oder sahen weg.

Das Massaker von 1921 in Tulsa, Oklahoma, das als einer der rassistischen Tiefpunkte in diesem Land gilt, war eine direkte Folge des Hasses von Weißen Rassisten auf den Erfolg von Schwarzen. Fünfzehn Jahre nach seiner Gründung durch O. W. Gurley, einen vermögenden Schwarzen aus Alabama, war Greenwood ein blühender, überwiegend Schwarzer Stadtteil von Tulsa mit über zehntausend Einwohnern, den Booker T. Washington wegen seiner erfolgreichen Unternehmen und wohlsituierten Bewohner »Neger-Wall-Street« getauft hatte. Je wohlhabender und bevölkerungsreicher Greenwood wurde, desto angespannter wurde das Verhältnis zu der benachbarten Weißen Bevölkerung.

Am 31. Mai 1921 fanden die Weißen Bürger schließlich einen Anlass zur Vergeltung, als Dick Rowland, ein neunzehnjähriger Schwarzer, einen Aufzug in einem Gebäude in der Innenstadt betrat, der von einem siebzehnjährigen Weißen Mädchen namens Sarah Page bedient wurde. Wir wissen nicht genau, was zwischen den beiden geschah, aber kurz nachdem Rowland den Aufzug betreten hatte, stieß Page einen Schrei aus. Rowland floh, weil ihm bewusst war, was ihm unterstellt werden und in welche Gefahr ihn das bringen könnte. Bei der Befragung durch die Polizei gab Page an, Rowland habe sie zwar am Arm gepackt, sie sehe das aber nicht als Übergriff an und lehne es ab, Anzeige zu erstatten. Dennoch verbreitete sich unter den Weißen Einwohnern das Gerücht, Rowland habe Page angegriffen, und sie rotteten sich zusammen, um Jagd auf ihn zu machen.

Am nächsten Tag wurde Rowland verhaftet, und weil sein Leben in Gefahr war, brachte man ihn in ein gut gesichertes Gefängnis im Bezirksgericht. Kurz darauf versammelte sich ein Weißer Mob vor dem Gebäude. Da die Schwarzen Bewohner Greenwoods das Schlimmste befürchteten, brachen rund fünfzig Männer bewaffnet zum Gericht auf in der Hoffnung, dass sie für Rowlands Sicherheit sorgen könnten. Doch als sie ankamen, war die Menge bereits auf über tausend Männer angewachsen. Als ein Weißer Mann versuchte, einem Schwarzen Mann die Waffe zu entwinden, löste sich ein Schuss, und dann brach die Hölle los. Zehn Minuten später lagen mehrere Schwarze Männer tot auf der Straße.

In der Morgendämmerung des nächsten Tages zogen tausendfünfhundert Nationalgardisten, Polizisten und ein Weißer Mob, von denen viele kurzerhand zu Hilfssheriffs ernannt worden waren, brandschatzend, mordend und plündernd durch die Straßen von Greenwood. Sie brachten dreihundert Schwarze Menschen um, schossen ihnen in den Rücken oder verbrannten sie bei lebendigem Leibe und machten das Viertel dem Erdboden gleich.

Die überlebende Schwarze Bevölkerung wurde in Internierungslager eingesperrt. Eine kleine Stadt war zerstört, das Äquivalent von zweiunddreißig Millionen Dollar vernichtet worden. Als sich der Rauch legte, war es, als hätte Greenwood niemals existiert. Und jahrzehntelang leugnete die Geschichtsschreibung, dass es dieses Massaker je gegeben hatte. Zeitungsberichte wurden nicht auf Mikrofilm gespeichert. In Büchern wurde es nicht erwähnt. Sogar die Augenzeugen schwiegen – Weiße Beteiligte aus Scham, Schwarze Opfer aus dem Bedürfnis, ihren Kindern die Angst und den Schmerz zu ersparen, die sie erlitten hatten.

Es war nicht der erste und nicht der letzte Massenmord aus rassistischen Motiven in diesem Land. Schwarze Männer,

Frauen und Kinder wurden häufig ermordet, üblicherweise ohne weitere Folgen für die Täter. Allein während der Jahre der Reconstruction wurden vierunddreißig Massaker dokumentiert, mindestens zwölf weitere zwischen 1908 und 1923, vier davon im Jahr 1909. Doch was in Tulsa passiert ist, steht beispielhaft für die ungeheure rassistisch motivierte Feindseligkeit der Weißen Bevölkerung und die Gegenreaktion, mit der die Schwarze Bevölkerung zu rechnen hatte, wenn sie die Kühnheit besaß, Erfolg zu haben.

Auf beiden Seiten der Kluft tragen wir diese Massenvernichtungen mit uns in die Gegenwart und die Zukunft, seien wir nun Opfer oder, weil wir uns mit den Taten identifizieren oder von ihnen profitieren, Schuldige.

Der Angriff auf die Grundrechte war erbarmungslos, der Terror und die Gewalt unaufhörlich und der Wert dessen, was gestohlen wurde, unermesslich. Und doch weigert sich das Weiße Amerika immer noch, den Schaden anzuerkennen, der sogar den Tätern zugefügt wurde, ganz zu schweigen von den Opfern. Was selbstverständlich nicht heißt, dass ich das Verhalten der Täter in irgendeiner Weise entschuldige oder das Leid der beiden Gruppen in irgendeiner Weise vergleiche. Vielmehr geht es darum, dass wir herausfinden müssen, was auf individueller, intrapersoneller, interpersoneller und gesellschaftlicher Ebene schiefgelaufen ist, das Menschen dazu veranlasst hat, sich so ungeheuerlich zu verhalten und sich darin auch noch gerechtfertigt zu fühlen, sodass sie es weiterhin nicht verfolgten und sich aus der Verantwortung stahlen.

In vielen dieser Fälle, aber bei Weitem nicht in allen, kennen wir die Namen der Opfer. Aber die Weißen Täter, die normalen Männer, die diese barbarischen Verbrechen begingen, und die Frauen, die sie ermöglichten, erlitten keine Konsequenzen und gingen stattdessen, stolz auf das, was sie getan oder mitgemacht oder mit angesehen hatten, nach Hause zu ihren Familien und lebten weiter ihr Leben ohne rechtliche Folgen. Manchmal kamen die Frauen mit zu den Lynchmorden und machten sich dadurch mitschuldig an den Verbrechen. Manchmal brachten sie sogar ihre Kinder mit, die Zeugen von Ungeheuerlichkeiten wurden, die im Namen des Weißseins begangen wurden, dessen angebliche Überlegenheit man sie lehrte. Auf Fotos, ob von Lynchmorden oder von Szenen erzwungener Schulintegration, betrachte ich oft die Gesichter der Weißen Kinder. Auf manchen Gesichtern steht Verwirrung, andere werden durch Lächeln erhellt, und wieder andere sind von Wut und Abscheu verzerrt. Nicht selten sehen die Kinder ängstlich aus. Wie viele von ihnen wuchsen auf und machten sich die Ideologie der Weißen Vorherrschaft ihrer Eltern zu eigen, wie es James Eastland tat? Wie viele wuchsen durch Gewalt und deren Verherrlichung traumatisiert auf und trugen bleibende Schäden davon?

Kapitel 6

We Hold These Truths*

Trotz des jahrhundertelangen Versuchs, etwas anderes zu beweisen, und auch wenn viele von uns noch immer etwas anderes glauben wollen, der Mythos Weißer Überlegenheit entbehrt jeder Grundlage. Bedauerlicherweise ist diese Tatsache irrelevant in dem Machtkontext, den Weiße mithilfe einer Hierarchie der Hautfarben etabliert haben. Die Ideologie Weißer Vorherrschaft gewinnt mit ihrem Narrativ, das Weißen Macht zuerkennt und Schwarzen Macht abspricht, immer mehr Einfluss. Sie lehrt Weiße über Generationen, dass ihnen ihre Hautfarbe erhebliche Vorteile und Prestige verleiht. Die Theorien, auf denen diese Überzeugung aufbaut, sind blanker Unsinn. Die Vorteile freilich sind ziemlich real.

Da sich die Weiße Vorherrschaft anscheinend durch jede Faser zieht, aus der dieses Land gewoben ist, erscheint der Schluss nachvollziehbar, es handle sich dabei um ein rein

* Als Fragment zur Formel erstarrter Satz vom Anfang der amerikanischen Unabhängigkeitserklärung 1776: »We hold these truths to be self-evident, that all men are created equal…« (Folgende Wahrheiten erachten wir als selbstverständlich: dass alle Menschen gleich geschaffen sind…) (A.d.Ü.)

amerikanisches Phänomen. Es waren Puritaner, die diese Ideologie in ihrer strengen Spielart des reformierten Protestantismus, dem sogenannten Calvinismus, an die nördliche Ostküste gebracht haben. Auf der Suche nach freier Religionsausübung – für sich selbst, aber nicht für andere – vertraten die ursprünglichen Siedler des späteren New England ihre Vorstellungen von Weißsein, Weißer Vorherrschaft und Protestantismus mindestens so erbittert wie Calvins Theologie.

Während die Reformation im Großen und Ganzen eine Abkehr von der Renaissance und vom wissenschaftlichen Fortschritt, von intellektueller Auseinandersetzung und Kunst bedeutete – alles, was nicht mit den biblischen Lehren übereinstimmte –, so grenzte der Calvinismus mit der Absolutheit dieser Ablehnung und der eigenen Rechtgläubigkeit ans Fanatische, wenn er diese Grenze nicht gar überschritt. (Einmal hatte Johannes Calvin behauptet, dass die Vertreter eines heliozentrischen Weltbilds »Monstrosität« bewiesen und »vom Teufel besessen« seien, nur weil sie glaubten, dass die Erde sich durch den Weltraum bewegt – was sie tut.)

Calvins Prädestinationslehre postulierte, dass nur einige wenige Auserwählte von Gott erlöst werden und alle anderen, unabhängig davon, was für ein Leben sie als Sterbliche geführt haben, zu ewiger Verdammnis verurteilt sind. Der Glaube, dass gute Werke keine Auswirkung auf die eigene Seele haben, mag die Herausbildung des amerikanischen Charakters beeinflusst haben. Er könnte auch zumindest teilweise den hartnäckigen Mythos eines gnadenlosen Individualismus erklären, der uns bis heute heimsucht. Auf der Suche nach Hinweisen auf ihr gottgegebenes Schicksal zogen die Menschen (mit aller Wahrscheinlichkeit wohlhabende Menschen) den Schluss, dass materieller Reichtum das sinnfälligste Zeichen für Gottes Gnade sei. An dieser Vermutung hatte sich zu der Zeit, als Donalds Vater Fred Trump in den 1950ern anfing, Norman Vincent Peales Lehre von der »Kraft positiven Denkens« zu übernehmen, kaum etwas geändert – und auch bis heute nicht.

Armut dagegen bedeutet, dass man zu den Verdammten gehört. Durch diese Brille wurde Sklaverei als selbsterfüllende Prophezeiung der Unterlegenheit von Schwarzen betrachtet. Sklaverei war das Schicksal der Sklaven und das deutlichste Zeichen, dass Schwarze Gottes Gnade nicht verdienten. So konnte man glauben, Schwarze Arbeitskraft sei nichts wert und nur dazu da, von ihren Weißen »Besitzern« ungestraft ausgenutzt zu werden.

Als die ersten europäischen Entdecker an Land gingen, gab es ganze sechshundert unterschiedliche Stämme mit hoch entwickelten Kulturen und Sprachen mit annähernd sieben Millionen Menschen. Der Eroberungsdrang der Europäer und ihr Drang, ihren Glauben zu verbreiten, machten sie unbarmherzig. Die Puritaner betrachteten die indigenen Amerikaner als Barbaren und Wilde, um das ausgedehnte Gemetzel zu rechtfertigen. Sie waren Ungläubige, die es in einem heiligen Krieg zu bekämpfen galt. Und so blieb es über Jahrzehnte. Nur 225 000 überlebten bis ins 20. Jahrhundert.

In ihrem Aufsatz *Representing Whitnesses in the Black Imagination* beschreibt die amerikanische Literaturwissenschaftlerin bell hooks (die den, klein zu schreibenden, Namen von ihrer indigenen Großmutter übernommen hat) virtuos, wie »Schwarze das Weiße mit Grauen, Entsetzen und Terror gleichsetzten«. Er bringt treffend auf den Punkt, wie die Weißen die Gesellschaft gestaltet haben, um ihre Weiße Vorherrschaft zu untermauern. Der Mythos der Überlegenheit ist eine Projektion, die für Weiße in Machtpositionen noch immer ein machtvolles Instrument darstellt und auf eine Realität verweist, die über Generationen hinweg auf der endlosen Fortsetzung eines Teufelskreises aus Angst, Kontrolle und Gewalt gegründet war.

Weiße zum Beispiel fürchten Schwarze und den Machtverlust, den sie hinnehmen müssten, wenn die Schwarzen ihre Unabhängigkeit erhielten. Diese Ängste schufen ein Bedürfnis nach Kontrolle und die Notwendigkeit, Gruppierungen zu etablieren, die diese Kontrolle ausüben können. Unter bestimmten Umständen führt Kontrolle zu Gewalt und Terror – man denke nur an Lynchmorde und das Feuerkreuz des Ku-Klux-Klan. Und wenn Schwarze sich dagegen zu wehren versuchten – wie sie es in unzähligen Sklavenaufständen, während des Tulsa-Massakers, bei Bürgerrechtsprotesten von den 1960ern bis heute taten und tun –, stellen Weiße sie als gewalttätig dar, was den Teufelskreis erneut in Gang setzt.

Zwei Dinge mussten geschehen, damit die Siedler das Land von Indigenen befreien und sich eine gewaltige Population versklavter Afrikaner halten konnten. Erstens, beide Gruppen mussten »rassifiziert« werden. Obwohl es Hunderte verschiedene indigene Gemeinschaften gegeben haben dürfte, als die ersten Siedler eintrafen, wurden sie alle derselben »Rasse« zugeordnet – Indianer. Auch die Afrikaner stammten aus unterschiedlichen Stämmen und reichen Kulturen, doch man dampfte sie alle zu einer homogenen Gruppe ein: die Schwarzen.

Zweitens erforderten diese beiden gewaltigen Aufgaben die Geschlossenheit der Weißen. Um sie zu erreichen, mussten wohlhabende Weiße Landbesitzer mit Leibeigenen und mittellosen Arbeitern gemeinsame Sache machen, die aus wirtschaftlicher Sicht genau genommen mehr davon gehabt hätten, sich mit den Schwarzen zu verbünden. Ein solches mögliches Bündnis gefährdete sowohl den Wohlstand der Landbesitzer als auch die Hierarchie nach Hautfarben, da Weiße Arbeiter im Süden 60 Prozent der Weißen Bevölkerung ausmachten (Schwarze bildeten 20 Prozent der Gesamtbevölkerung).

Der Historiker Philip Rubio glaubt, dass die Eintracht über Klassenschranken hinweg durch Bestechung der Weißen Arbeiter erreicht wurde – entweder mit dem Versprechen der Großgrundbesitzer auf kostenloses Land nach Ablauf ihrer Leibeigenschaft oder mit einer Ermäßigung der Kopfsteuer. So oder so, der übergreifende Effekt war die Festigung einer Weißen Identität. Von da an blieb die Weiße Arbeiterklasse der Sache Weißer Macht und Weißer Privilegien, von denen sie weiterhin profitierte, verpflichtet. Im Lauf der Jahrhunderte wurden immer mehr Wege gefunden, diese Verpflichtung zu verstärken.

Von Anfang an waren die Siedler und später die Weißen Amerikaner in dem Ziel vereint, die versklavten Schwarzen unter Kontrolle zu halten. Und Weiße Identität spielte zunehmend eine Rolle in der amerikanischen Gesellschaft und ihren Institutionen.

Der Drang, das nationale »Rassengefüge« zu »säubern«, setzte sich im ersten Staatsbürgerschaftsgesetz der Vereinigten Staaten von 1790, das Einwanderung und Einbürgerung auf »freie Weiße Personen« beschränkte, fort. Erst im Einwanderungs- und Staatsbürgerschaftsgesetz von 1965, 175 Jahre später, wurden Hautfarbe, Religion und Nationalität als Voraussetzung für die Einwanderung in die Vereinigten Staaten getilgt. Im Januar 2017 allerdings, als die Trump-Regierung das Einreiseverbot für Muslime per Dekret unterzeichnete, wurde erneut ein Einwanderungsverbot für Nicht-Weiße und Nicht-Christen ausgesprochen.

Während im Lauf des 20. Jahrhunderts die Definition, wer als Weiß galt, flexibler wurde, blieb Schwarzen der Zugang zur Weißen Gesellschaft weiterhin versperrt, und die Möglichkeiten, zu Wohlstand zu gelangen, waren für Schwarze Amerikaner weiterhin eingeschränkt.

Nachdem die Unruhen während der Großen Depression zur Legalisierung von Gewerkschaften geführt hatten, wurde dem Gesetz aufgrund des Widerstands der Facharbeitergewerkschaft American Federation of Labor, AFL, und des Gewerkschaftsbundes Congress of Industrial Organizations, CIO, kein Antidiskriminierungszusatz beigefügt. Über Jahrzehnte hinweg wurde Weißen Arbeitsplatzsicherheit sowie der Zugang zu reinen Gewerkschaftsjobs gewährt, während Schwarzen beides verwehrt blieb.

Auch wenn man beim sogenannten G.I. Bill – ein Bundesgesetz zur beruflichen Wiedereingliederung von US-Soldaten, die im Zweiten Weltkrieg gedient hatten – in der Regel nicht an diesen Aspekt denkt, beschreibt es Rubio als ein »Gesetz, das die Weiße Vorherrschaft stärkte«. Während es Weiße Männer, die im Zweiten Weltkrieg Militärdienst geleistet hatten, mit Behördenjobs und Hypotheken zu niedrigen Zinssätzen versorgte und ihnen freien Hochschulzugang erlaubte, blieben Schwarze Veteranen außen vor. Das Ausmaß, in welchem dieses Gesetz die Kluft zwischen dem Vermögen von Weißen und Schwarzen sogar noch weiter vertiefte – in Bezug auf Bildung, Grundbesitz, finanzielle Rücklagen und die Erfolgschancen künftiger Generationen –, ist vermutlich nicht hoch genug zu veranschlagen.

»Wenn die Weiße ›Rasse‹ im kolonialen Amerika erfunden wurde«, schreibt Rubio, »kann man gut und gerne behaupten, dass sie in den Vorstädten nach dem Zweiten Weltkrieg neu erfunden wurde.«

Ausmaß und Tiefe, wie der Protestantismus Amerikas Kultur und Politik beeinflusst hat, strafen die Vorstellung Lügen, dass Amerika »in religiöser Hinsicht neutral« sei, ungeachtet des Ersten Verfassungszusatzes. Religionsfreiheit bedeutete in der Regel die Freiheit zur Ausübung des Protestantismus.

Die Puritaner blieben entgegen jeglicher Vernunft davon überzeugt, dass ihre Sicht nicht nur die einzig richtige war, sondern auch die einzig mögliche. Alle anderen Glaubensüberzeugungen galten nicht nur als abtrünnig, sondern als lächerlich und wurden nicht anerkannt. Im Lauf der Zeit bildeten das Dogma Weißer Vorherrschaft und die puritanische Weltsicht ein unauflösbares Geflecht. Und wir haben gesehen, wie engagiert sich dieses Land gezeigt hat, beide aufrechtzuerhalten.

Die Vorstellung, Amerika als von Gott auserwählt zu betrachten, von der Vorsehung dazu bestimmt, die Welt zu lenken, die sonst in die Barbarei zurückfallen würde, ging mit einer apokalyptischen Rollenverteilung einher, die weitere Schlachten prägen sollte. Der Zweite Weltkrieg und der Kalte Krieg wurden mit den Begriffen von »Gut« und »Böse« belegt. Ronald Reagans Bezeichnung der Sowjetunion als »Reich des Bösen« und »Brennpunkt des Bösen in der modernen Welt« implizierte, dass Amerika in diesem

Kampf auf der Seite der Guten stand – und Gott auf unserer Seite war.

Spätestens seit dem 19. Jahrhundert ist der biologische Determinismus, die Vorstellung, dass jede Wissenschaft objektiv ist (das ist sie nicht) und dass Unterschiede zwischen Gruppen vererbt sind, Grundlage für einige der einflussreichsten Selbstbedienungstheorien über Rassenunterschiede. Von der Kraniometrie – der »Wissenschaft« der Schädelvermessung – bis hin zu IQ-Tests wurden rassistische, pseudowissenschaftliche Argumente herangezogen, um die Weiße Überlegenheit zu messen und die Unterlegenheit von so gut wie allen anderen zu beweisen.

Der Sozialdarwinismus war eine hirnverbrannte Theorie, die versuchte, Darwins Evolutionstheorie zu übernehmen, um nachzuweisen, dass soziale und »Rasse«-Hierarchien durch natürliche Selektion entstehen. Der in Amerika höchst populäre Sozialdarwinismus wurde auch zur Rechtfertigung der Grausamkeiten des Genozids und der Sklaverei eingesetzt. Armut und mangelnder Erfolg wurden als Beweis betrachtet, dass diejenigen, die ganz unten sind, das auch verdient haben. Wohlstand dagegen galt als Indikator einer angeborenen Überlegenheit, was erklärt, warum Magnaten wie John D. Rockefeller und Andrew Carnegie diese Theorie aus vollem Herzen unterstützten.

Ausgefeilter wurde das Projekt eines wissenschaftlich fundierten Rassismus durch die Entwicklung von Intelligenz- oder IQ-Tests. Ursprünglich 1904 von dem Franzosen Alfred Binet zur Einschätzung von Kindern mit spezifischen Lernschwächen entwickelt, war der Test an sich nicht rassistisch. Binet hatte verstanden, dass sich Kinder unterschiedlich schnell entwickeln und dass die menschliche Intelligenz vielfältig und irreduzibel ist (nicht auf ein einziges Maß rückführbar).

Doch H. H. Goddard, damals ein führender Eugeniker, erkannte das Potenzial von Binets Test, um die Überlegenheit der Weißen »Rasse« »wissenschaftlich« zu belegen, und führte ihn in Amerika ein. Goddards Ziel lief den Intentionen Binets völlig zuwider. Bis zu welchem Grad der IQ erblich bedingt ist, wissen wir nicht, aber wir wissen, dass er nicht auf eine einzelne Kennzahl reduziert werden kann. Doch genau das versuchten die amerikanischen IQ-Tests, auf die man fast das gesamte 20. Jahrhundert hindurch vertraute. Die Tests waren zudem stark auf Weiße Kultur und Erfahrungswerte hin ausgerichtet und damit unausgewogen. Dem Umfeld geschuldete Unterschiede und weitere Faktoren wie sozioökonomischer Status, Bildung, familiärer Hintergrund, Sprachkompetenz, Ernährung und Gesundheit wurden nicht berücksichtigt. Was Leute wie Goddard und Carl Brigham, die den Hochschulzulassungstest SAT entwickelten, nicht begreifen konnten (oder wollten), war, dass Intelligenz veränderbar ist, unabhängig davon, ob sie zu großen Teilen vererbt wird oder nicht. Brigham war vom Gegenteil so überzeugt, dass er der Ansicht war, IQ-Tests hätten »ohne jeden wissenschaftlichen Zweifel bewiesen, dass Italiener und Juden, ebenso wie die amerikanischen Neger, genetisch bedingt bildungsunfähig sind. Es wäre reine Geldverschwendung, auch nur zu versuchen, diesen von Geburt an Schwachsinnigen und Idioten eine gute angelsächsische Erziehung zu gewähren.«

Die Tests, die weder zuverlässig noch valide waren, hatten lediglich die Erwartungen ihrer Entwickler bestätigt –

nämlich, dass Weiße allen anderen »Rassen« intellektuell überlegen seien und zu Recht an die Spitze der Hierarchie gehörten, während Schwarze, geistig beschränkt und bildungsunfähig, ganz unten stünden.

Viele amerikanische IQ-Test-Verfechter waren zugleich, und das ist kein Zufall, stramme Eugeniker – sie glaubten an eine selektive Züchtung von Menschen der überlegenen »Rassen« (Weißen Frauen der Oberschicht wurde deshalb oft die Geburtenkontrolle verweigert) und die gezielte Sterilisation in unerwünschten Gruppen, das hieß im frühen 20. Jahrhundert, Arme sowie körperlich und geistig Behinderte (oder um die damaligen Fachbegriffe zu verwenden die »Schwachsinnigen« und »Idioten«), Einwanderer und natürlich Schwarze.

Während sich englische Eugeniker auf die Züchtung positiver Merkmale fokussierten, konzentrierten sich die amerikanischen Eugeniker – zu deren Vertretern Alexander Graham Bell und Präsident Woodrow Wilson gehörten – auf die Entfernung negativer Merkmale in der Hauptsache durch die Entfernung von unerwünschten Menschen. Mehr als dreißig Staaten erließen Anfang des 20. Jahrhunderts Sterilisationsgesetze. In einem berüchtigten Prozess im Jahr 1927, Buck ./. Bell, legitimierte der Supreme Court solche Bestrebungen sogar noch, indem er dem Staat Virginia das Recht zusprach, eine junge Weiße Frau namens Carrie Buck zu sterilisieren, die siebzehnjährig ein uneheliches Kind zur Welt gebracht hatte. Später sagte Carrie aus, dass die Schwangerschaft das Ergebnis einer Vergewaltigung durch den Neffen ihrer Pflegemutter war. Der Gerichtshof schien sich jedoch ausschließlich für die Aussage eines Sachverständigen zu interessieren, der Buck nie getroffen hatte, sie gehöre, als Person, die ein Leben in Promiskuität und Unmoral führe, zu der »faulen, ungebildeten und wertlosen Schicht asozialer Weißer aus dem Süden«.

Der Gerichtshof urteilte gegen Buck. In seiner Urteilsbegründung schrieb Supreme-Court-Richter Oliver Wendell Holmes jr.: »Es ist besser für die gesamte Welt, wenn die Gesellschaft diejenigen, die offensichtlich ungeeignet sind, ihre Art zu erhalten, davon abhält ... als darauf zu warten, degenerierte Nachkommen für ihre Verbrechen hinzurichten oder wegen Schwachsinns verhungern zu lassen. Drei Generationen Schwachsinniger, das ist genug.«

Es ist schockierend, aber nicht gerade überraschend, dass Holmes' Reputation als unermüdlicher Unterstützer von Bürgerrechten diese Urteilsbegründung überlebt hat. Kaum verwunderlich ist, dass Eugenik-Programme nach diesem Urteil eine Blütezeit erlebten, wie die Journalistin Andrea DenHoed 2016 in ihrem Artikel *The Forgotten Lessons of the American Eugenics Movement* (»Die vergessenen Lehren aus der amerikanischen Eugenik-Bewegung«) im *New Yorker* schreibt: »wo die auf verschiedenste Art Untauglichen für kurze Zeit eingewiesen und sterilisiert werden und dann wie Katzen wieder in die Allgemeinbevölkerung entlassen werden konnten, mit der glücklichen Gewissheit, dass sie sich niemals fortpflanzen würden.«

Die amerikanische Eugenik-Bewegung hatte in den Jahren vor dem Zweiten Weltkrieg weltweit Einfluss. Insbesondere Hitler bezog sich auf das kalifornische Eugenik-Programm – im Rahmen dieses Programms wurden zwischen 1909 und 1979 mindestens 20 000 Menschen zwangssterilisiert. Der amerikanische Süden mit seinen umfangreichen und umfassenden Gesetzen zu Segregation, Mischehen und dem Projekt, Schwarze in der Rolle von Bürgern zweiter Klasse zu halten, war in Sachen Rassegesetzen weltweit führend.

Für die Nazis mit ihren eigenen ehrgeizigen Zielen der Reinerhaltung der »Rasse« galt die Handhabung des amerikanischen Südens in den Vereinigten Staaten in dieser Hinsicht als Goldstandard. Als sich deutsche Juristen 1934 versammelten, um die Gesetze zu entwerfen, die die Basis der Nürnberger Gesetze bilden würden, war der umfassende Erfolg der Südstaaten, Schwarze ihrer Rechte zu berauben, ein Hauptgesprächsthema.

In den Jahren, als die Verfassung formuliert wurde, war die Ideologie der Weißen Vorherrschaft bereits in die DNA der britischen Kolonien und ihrer Weißen Bevölkerung eingegangen. Trotz der hochfliegenden Rhetorik, mit der Thomas Jefferson die Unabhängigkeitserklärung schrieb, war er überzeugt, dass Weiße Schwarzen geistig überlegen seien, und sein Urteil hatte immensen Einfluss.

Die Rahmenbedingungen für die Weiße Vorherrschaft wurden in der Verfassung festgeschrieben, verankert in der himmelschreienden Drei-Fünftel-Klausel, die besagt, dass Schwarze keine vollwertigen Menschen seien. Erdacht hatte diese Klausel James Madison, der einen Kompromiss zwischen Befürwortern und Gegnern der Abschaffung der Sklaverei erzielen wollte. Schwarze wurden mit drei Fünfteln einer Person veranschlagt, das galt sowohl für die Volkszählung wie für die Besteuerung.

Dem Süden bescherte diese Zählweise Zusatzvertreter im Repräsentantenhaus, was seinerseits nachhaltige Folgen hatte, da die versklavten Menschen keinerlei Mitspracherecht dabei besaßen, wie sie regiert wurden.

Der britische Abolitionist Thomas Day erkannte die Heuchelei, als er 1776 schrieb: »Wenn uns die Natur ein wahrhaft lächerliches Objekt bietet, so ist es der amerikanische Patriot, der mit der einen Hand die Resolutionen der Unabhängigkeitserklärung unterschreibt und mit der anderen über seinen verängstigten Sklaven die Peitsche schwingt.«

Der verheerende und weitreichende Einfluss, den diese Entscheidung für die Zukunft des Landes und Hunderttausende von Sklaven hatte, kann nicht hoch genug eingeschätzt werden. Und wenn man bedenkt, dass die Begriffe »Weiß«, »Schwarz«, »Sklave« und »Sklaverei« nirgendwo in der Verfassung explizit auftauchen*, waren die Gründerväter, oder zumindest einige von ihnen, was das betraf auch nicht zuversichtlich. Die Verfassungszusätze, die das Unrecht korrigierten, folgten erst über achtzig Jahre später (die Gründerväter hatten natürlich keine Ahnung, wie viele Jahrzehnte oder Jahrhunderte die Sklaverei noch existieren würde). So wurden vier weitere Generationen Schwarzer in ein grausames Sklavendasein gezwungen.

Dieses Scheitern der Menschlichkeit geschah nicht etwa, weil der Großteil der Kolonien darauf beharrt hatte, dass Sklaverei erlaubt blieb. Genau das Gegenteil ist der Fall. Nur South Carolina und Georgia weigerten sich, ihre Forderung aufzugeben, bereits versklavte Menschen behalten zu dürfen. Das eigentliche Hindernis waren die sogenannten Liberalen aus dem Norden, die zwar die Sklaverei abschaffen, aber auch ihre politische Macht behaupten wollten. Un-

* In der Verfassung ist bei der Drei-Fünftel-Klausel die Rede von »in einem befristeten Dienstverhältnis stehenden [Personen sowie den] nicht besteuerten Indianern«. (A.d.Ü.)

fähig, diesen Widerspruch aufzulösen, fügten sie sich den Sklavenstaaten.

Um die Verfassung demokratisch zu machen, müssten Supreme Court und Kongress einiges an Arbeit leisten. Da der Supreme Court die letzte Entscheidungsinstanz darüber ist, welche Gesetze standhalten und welche nicht, lohnt es sich jedoch, einen Blick darauf zu werfen, wie dieses hochverehrte Gremium historisch auf die Entwicklung Amerikas reagiert hat und welche Rolle es dabei gespielt hat, Amerika zu seinem großen Potenzial zu verhelfen.

Da gibt es keine guten Nachrichten, denn es mag paradox klingen, doch in den fast zweieinhalb Jahrhunderten seiner Existenz war der Supreme Court eine der antidemokratischsten Kräfte unserer Geschichte.

Die genauen Modalitäten, wie der Gerichtshof wirken soll und wer ihm angehören könnte, waren in der Verfassung nicht ausdrücklich festgelegt worden. 1789 legte der Judiciary Act fest, dass dem Supreme Court sechs Richter angehören sollen, doch die Einzelheiten darüber hinaus waren von Präsident und Kongress zu bestimmen. Bis 1869 schwankte die Zahl der Richter am Obersten Gerichtshof zwischen fünf und zehn, manchmal, um der wachsenden Bevölkerung zu entsprechen, meist jedoch aus politischen Gründen.

Nachdem Andrew Johnson den Civil Rights Act von 1866 mit seinem Veto belegt hatte, reduzierte der republikanische Kongress aus Angst, dass der Präsident Richter berufen würde, die mit dem Süden sympathisierten, ihre Anzahl auf sieben. Als 1869 der Republikaner Ulysses Grant ins Amt kam, wurden zwei weitere Sitze hinzugefügt. Seither blieb die Zahl der Richter am Supreme Court bei neun.

Und diese neun haben wieder und wieder Entscheidungen getroffen, die – außer im Sinne der unausweichlichen Weißen Vorherrschaft – im Rahmen eines demokratischen Rechtsstaats keinerlei Sinn ergeben würden.

Die Serie antidemokratischer Entscheidungen begann vor dem Bürgerkrieg im Jahr 1857 mit dem Spruch des Gerichtshofs im Fall Dred Scott. Scott, der als Sklave geboren war, wurde von seinem Sklavenhalter nach Illinois mitgenommen, in einen Staat ohne Sklavenhaltung. Als sie nach Missouri zurückkehrten, einem Sklavenstaat, klagte Scott seine Freiheit ein mit dem Argument, er sei in Illinois frei gewesen und müsse nun frei bleiben dürfen. Als der Bundesstaat und die Bundesgerichte gegen ihn entschieden, wandte er sich an den Supreme Court. In der Urteilsbegründung, geschrieben vom Obersten Bundesrichter Roger Taney, hieß es: »[Schwarze] fallen nicht unter den Begriff ›Bürger‹ in der Verfassung, und es gab auch nicht die Absicht, sie einzuschließen. Daher können sie keine der Rechte und Privilegien beanspruchen, die dieses Dokument vorsieht.« Er ging sogar noch weiter mit der Begründung, dass einzelne Bundesstaaten Schwarzen nicht die Bürgerschaft gewähren können, weil »[der Neger] keine Rechte hat, die der Weiße Mann respektieren muss; und dass der Neger zu seinem eigenen Wohl nach Recht und Gesetz auf die Sklaverei beschränkt sein soll.«

Es ist unglaublich, doch Taney und die anderen sechs Bundesrichter, die ihm beisaßen, glaubten, ihre Entscheidung würde die Frage der Sklaverei abschließend regeln und die Spannungen abbauen, die zwischen dem Norden und dem Süden seit Jahren größer wurden. Weiter entfernt von der Wahrheit konnte man kaum liegen, und die Scott-Entscheidung brachte die Nation dem Bürgerkrieg einen guten Schritt näher.

In den letzten zweieinhalb Jahrhunderten haben wir gelernt, dass der Supreme Court Rechte nicht unbedingt garantiert, auch wenn der Kongress sie gewährt. In den Jahrzehnten nach dem Bürgerkrieg bewies das Oberste Gericht dies am eklatantesten mit etlichen Entscheidungen, die die bahnbrechenden Fortschritte, die während der Reconstruction mit der Verabschiedung des Dreizehnten, Vierzehnten und Fünfzehnten Verfassungszusatzes erreicht wurden, ernsthaft gefährdeten. Tatsächlich hat der Supreme Court in den Jahren 1865 bis 1878 einen der schwersten Angriffe in der Geschichte dieses Landes auf die Demokratie unternommen.

Von der Gründung der Nation bis 1865 hatte der Supreme Court lediglich zwei vom Kongress verabschiedete Gesetze als nicht verfassungsgemäß abgelehnt. Zwischen 1865 und 1876 waren es dreizehn, darunter die Entscheidung über die Enforcement Acts von 1871 (deren dritter das Ku-Klux-Klan-Gesetz war), die fünf Jahre später im Prozess USA ./. Cruikshank kam.

Der Fall kam auf, nachdem an die 280 Schwarze nach einer Gouverneurswahl in Louisiana, bei der beide Seiten den Sieg erklärt hatten, massakriert worden waren, manche, nachdem sie sich schon ergeben hatten. Einige der Weißen Täter wurden angeklagt und vor Gericht gestellt, wie im Enforcement Act vorgesehen. Doch als der Fall vor den Supreme Court kam, urteilte die Mehrheit, dass die Verurteilungen von Einzelpersonen als nicht staatliche Akteure verfassungswidrig seien, denn die Urteile der Bundesgerichte verstießen gegen die Landesgesetze. Anders ausgedrückt, die nationale Regierung besaß nicht die Macht, Einzelpersonen, die terroristische Akte begangen hatten, gerichtlich zu belangen, *nicht einmal dann, wenn die Landesregierung dies verweigerte.* Die Urteile gegen die Angeklagten wurden aufgehoben, eine Entscheidung, die die Gleichbehandlungs-Klausel des Vierzehnten Verfassungszusatzes (»kein Staat darf zudem einer Person ohne ordentliches Gerichtsverfahren das Leben, die Freiheit oder das Eigentum entziehen oder einer Person innerhalb seiner Gerichtsbarkeit den gleichen Schutz der Gesetze verweigern«) ebenso wie die Sicherheit, das Wahlrecht und die Freiheit der Schwarzen in den Südstaaten ernsthaft untergrub.

Der Supreme Court versetzte dem Vierzehnten Verfassungszusatz einen weiteren Stoß, als er 1896 das Urteil im Fall Plessy ./. Ferguson erließ. Die Klage hatte Homer Plessy eingereicht, der verurteilt worden war, in einem Bus nur für Weiße gefahren zu sein – und das, obwohl er zu sieben Achtel Weiß war. Eine Sieben-zu-eins-Mehrheit vertrat die Ansicht, es könne nicht im Sinne des Vierzehnten Verfassungszusatzes gewesen sein, »Unterscheidungen aufgrund der Hautfarbe abzuschaffen oder soziale Gleichheit, im Gegensatz zu politischer, oder die Vermischung beider Rassen zu Bedingungen, die für beide Seiten unbefriedigend sind, zu erzwingen«.

Nur sieben Jahre später verhandelte der Supreme Court den Fall Giles ./. Harris. Jackson Giles war ein mutiger Schwarzer aus Alabama, dem, nachdem er über dreißig Jahre hinweg gewählt hatte, 1901 ebendieses Recht versagt wurde. Grund waren regressive Änderungen des Wahlrechts in der neuen Verfassung des Bundesstaats, die überproportional Schwarze Amerikaner betrafen. Giles' Begründung lautete, die neuen Gesetze würden seine Rechte aus dem Fünfzehnten Verfassungszusatz verletzen. Der Supreme Court scheint diesen Punkt nicht direkt geklärt zu haben, sondern entschied stattdessen, dass, weil die Kläger zur Wahl registriert werden wollten, zugleich aber behaupteten, die neuen Wahlbeschränkungen des Staates seien verfassungswidrig, ihre Registrierung die Situation nicht verbessern würde. Damit wurden die Kläger vom aktiven Wahlrecht ausgeschlossen, und das verfassungswidrige Landesgesetz blieb in Kraft.

Richard Rothstein hebt in seinem Buch *The Color of Law* zwei weitere, neuere Fälle zum Thema Desegregation hervor. Beide untermauern die Tendenz des Supreme Court, seine eigene Geschichte zu ignorieren, ebenso wie Beweise, die seinen vorgefassten Meinungen widersprechen.

In dem Fall Milliken ./. Bradley aus dem Jahr 1974, bei dem es um die Trennung nach Hautfarben in den öffentlichen Schulen von Detroit ging, argumentierten die Kläger, dass Segregation in Schulen gegen die Verfassung verstoße, weil es, als direktes Ergebnis der Politik, nach Hautfarben getrennte Stadtviertel gebe. Trotz der Tatsache, dass Segregation in der Schule in der Tat ein *direktes Ergebnis* von jahrzehntelanger Wohnungssegregation war, die von den Behörden auf Lokal-, Landes- und Bundesebene verfügt worden war, und dass die Kläger dafür Beweise vorgelegt hatten, entschied der Supreme Court gegen sie. Die Mehrheitsentscheidung, vom Obersten Richter Warren Burger verfasst, machte geltend, dass die Schulbezirke keine Verpflichtung zur Desegregation hätten, solange die Einteilung der Schulbezirke keinen rassistischen Zweck verfolge. Ohne die Beweise zu beachten, die dem Supreme Court vorlagen, fuhr Burger fort: »Es wurde in diesem Fall nicht nachgewiesen, dass die Zusammensetzung nach Hautfarben in der Schulbevölkerung von Detroit oder die Wohnverhältnisse in Detroit und den umliegenden Regionen in nennenswertem Umfang durch staatliche Maßnahmen hervorgerufen wurden.« Diese Argumentation ist schon auf den ersten Blick absurd.

Supreme-Court-Richter Thurgood Marshall in seinem Dissent gegen das mit knapper Mehrheit ergangene Urteil: »Ich fürchte, unserer Nation ist mit der Weigerung des Supreme Court, getrennte und ungleiche Bildung zu verbessern, schlecht gedient, denn wenn unsere Kinder nicht anfangen, miteinander zu lernen, besteht wenig Hoffnung, dass wir als Volk je lernen, miteinander zu leben.« Seine Bedenken erwiesen sich als vorausschauend, denn nach dieser Entscheidung nahm die Segregation an den Schulen und in den Stadtvierteln von Detroit weiter zu.

Über dreißig Jahre später sollte sich der Oberste Richter John Roberts dem Mehrheitsvotum anschließen, das die Aussage des Obersten Richters Burger wieder aufgriff, indem er urteilte, die Schulbezirke in Louisville und Seattle dürften die Hautfarbe der Schüler nicht als Maßstab für Integrationspläne verwenden. Roberts schrieb, dass segregierte Viertel zwar das Ergebnis einer »gesellschaftlichen Diskriminierung« sein können, dass die Diskriminierung an sich aber »nicht auf ihr [der Regierung] eigenes Handeln zurückzuführen« sei.

»Eine solche Falschdarstellung unserer Geschichte in Bezug auf die Unterscheidung nach Hautfarbe«, so Rothsteins Fazit, »ja diese vorsätzliche Blindheit wurde zum Konsens amerikanischer Rechtsprechung.«

Auch wenn Präsident Bidens Executive Order zur Bildung einer überparteilichen Kommission zum Supreme Court von der Rechten als parteiisch bezeichnet wurde, lassen sich schwer Einwände gegen eine Diskussion von Reformen finden. Wie es in der Stellungnahme des Weißen Hauses zu der Verfügung heißt, soll die Kommission »die Rolle des Supreme Court im Rechtsstaat, die Dauer der Amtszeit und Ablösung der Richter am Supreme Court, die Zugehörigkeit zum Supreme Court und seine Größe sowie die Fallauswahl, seine Regularien und Verfahren« untersuchen.

Im April 2021 äußerte Supreme-Court-Richter Stephen Breyer seine Gedanken zur Erweiterung des Obersten Gerichtshofs, um anzuregen, dass »diejenigen, die spontan eine deutliche Umstrukturierung oder ähnliche institutionelle Änderungen befürworten, ausführlich und gründlich nachdenken sollten, bevor sie solche Änderungen in Gesetze gießen«. Angesichts der jüngsten Geschichte des Supreme Court scheinen Breyers Bedenken zumindest abwegig. Strukturell würde der Oberste Gerichtshof von einer Reform profitieren, und in der Verfassung oder dem Judiciary Act steht nichts, was dem entgegenstehen könnte. Zwischen der Bestellung auf Lebenszeit und den Launen des Zufalls durfte Barack Obama, der im landesweiten Ergebnis an Stimmen bei der Präsidentschaftswahl, dem sogenannten popular vote, 2008 um 9,5 Millionen Stimmen vorne lag und 2012 um fünf Millionen und der acht Jahre im Amt war, lediglich zwei Richter für den Supreme Court bestellen. Donald, der den popular vote gegen Hillary Clinton mit fast drei Millionen Stimmen verloren hat und nur vier Jahre im Amt war (mit zwei Amtsenthebungsverfahren), konnte drei Richter bestellen.

Und natürlich hinderte der damalige Mehrheitsführer im Senat, Mitch McConnell, Präsident Obama daran, den Richtersitz von Antonin Scalia zu besetzen, weil »das amerikanische Volk bei der Wahl seines nächsten Supreme-Court-Richters seine Stimme abgeben sollte. Deshalb soll die vakante Stelle erst unter einem neuen Präsidenten besetzt werden.« Obama hatte noch elf Monate im Amt, und dennoch fanden mit dem von ihm nominierten Kandidaten Merrick Garland keine Anhörungen statt. Die republikanischen Senatoren verweigerten ein Treffen mit Garland, sogar in privatem Kontext. Ruth Bader Ginsburg starb sechs Wochen vor der Wahl des nächsten Präsidenten, doch Amy Coney Barrett wurde innerhalb von dreißig Tagen bestätigt. Derzeit weigert sich Breyers neueste Kollegin, sich wegen Befangenheit in einem Fall zurückzuziehen, in dem der Prozessierende die Interessengruppe Americans for Prosperity (Amerikaner für Wohlstand) ist, die anlässlich ihrer Nominierung erklärte, »eine Großkampagne für die Bestätigung von Supreme-Court-Richterin Amy Coney Barrett« mit einer siebenstelligen Summe zu unterstützen.

Jedes Mitglied der Bundesjustiz unterliegt einem Verhaltenskodex – mit ganz wenigen Ausnahmen, zu denen die Richter des Supreme Court gehören. Weil sie der Auffassung sind, dass auch Supreme-Court-Richter einem solchen Verhaltenskodex unterliegen sollten, haben die Demokraten ein Gesetz eingebracht, das unmittelbar auf den Widerstand der Republikaner stieß. Auch der Oberste Richter John Roberts glaubt nicht, dass die Mitglieder des Supreme Court an einen Verhaltenskodex gebunden sein müssen. Doch selbst Breyer ist besorgt, dass, »wenn die Öffentlichkeit Richter als

Politiker in Roben sieht, dies ihr Vertrauen in das Oberste Gericht – sowie die Rolle der Justiz insgesamt – und damit die Macht des Obersten Gerichts nur schmälern kann, inklusive dessen Macht als Kontrolle der anderen Instanzen … Strukturelle Veränderungen, die durch die Wahrnehmung von politischer Einflussnahme motiviert sind, können diese Wahrnehmung nur noch verstärken und das Vertrauen weiter untergraben.«

Wie Anne Champion, Mitglied des Anwaltsverbands First Amendment Lawyers Association, schrieb: »Der Supreme Court hat das Vertrauen in die eigene Institution seit Dred Scott und danach durch politisierte Entscheidungen selbst ausgehöhlt.« Die Vorstellung, dass der Reformversuch einer Institution, die die Demokratie so schwer geschädigt hat, für deren Integrität in welcher Weise auch immer gefährlich werden könnte, wäre einfach nur lächerlich, hätte sie nicht ausgerechnet ein Supreme-Court-Richter geäußert.

Es ist bemerkenswert, wie oft Richter des Supreme Court die Geschichte ihrer eigenen Institution ausblenden und dem Verhalten ihrer Kollegen gegenüber die Augen verschließen, doch es geschah immer und immer wieder in der Geschichte Amerikas. Die Ignoranz und die Blindheit unter Supreme-Court-Richtern scheinen ebenfalls Teil der Geschichte dieses Gerichts zu sein.

In seiner Reaktion auf Nachrichten von der Berufung von Bidens Kommission für die Überprüfung einer Reform des Supreme Court, sagte Aaron Belkin, der Direktor des Think Tanks Take Back the Court: »Es gibt die wachsende Erkenntnis, dass der Supreme Court eine Gefahr für die Gesundheit und das Wohlbefinden der Nation und sogar der Demokratie selbst darstellt. Eine Justizreform-Kommission des Weißen Hauses hat die historische Chance, die Schwere der Bedrohung deutlich zu machen, und kann helfen, sie einzudämmen, indem sie den Kongress drängt, dem Supreme Court weitere Sitze hinzuzufügen, der einzige Weg, das Gleichgewicht wiederherzustellen.«

Es ist eine besonders bittere Ironie, dass just die Institution, die geschaffen wurde, um objektiv über Rechtsfragen zu entscheiden, die unsere Gründungsdokumente und unsere Grundwerte betreffen, so zutiefst parteiisch wurde, dass sie unser Vertrauen nicht mehr verdient.

VIERTER TEIL

Die Abrechnung

Kapitel 7

Der Abgrund

»Heute ist der Tag der Demokratie«, sagte Joe Biden in seiner Antrittsrede am 20. Januar 2021. »Ein historischer Tag und ein Tag der Hoffnung. Der Erneuerung und Entschlossenheit. In einer nie da gewesenen Feuerprobe wurde Amerika erneut einer Prüfung unterzogen und hat sie bestanden. Heute feiern wir nicht den Triumph eines Kandidaten, sondern einer Sache, der Sache der Demokratie. Der Wille des Volks wurde erhört, und der Wille des Volks wurde beachtet. Wir haben abermals gelernt, dass Demokratie kostbar ist. Demokratie ist zerbrechlich. Und in dieser Stunde, meine Freunde, gewinnt die Demokratie die Oberhand.«

Wir brauchten diese Worte, wir brauchten diese Hoffnung, und es war für uns, wie sich herausstellte, von großer Bedeutung, dass diese feierliche Amtseinführung, *seine* Amtseinführung, vor dem Kapitol abgehalten wurde. Ich hatte gefürchtet, dass etwas Schlimmes passieren könnte bei diese Versammlung, in Anbetracht der schrecklichen Ereignisse, die sich zwei Wochen zuvor dort ereigneten, und der andauernden Bedrohung vonseiten jener, die sich weigerten, das Wahlergebnis anzuerkennen. Biden hatte jedoch genau die richtige Entscheidung getroffen – sich dorthin zu stellen, wo andere Präsidenten vor ihm standen. Es war wichtig, dass uns dadurch eine Sache weniger genommen wurde und dass wir daran erinnert wurden, dass unsere Freiheiten geschützt sind, wenn wir nur gewillt sind, sie zu schützen.

Doch obwohl die Demokratie einstweilen die Oberhand behalten hat, bin ich nicht zuversichtlich. Amerika konnte dem Schuss gerade noch ausweichen – im übertragenen Sinn, als Donald an seinem Ansinnen, wiedergewählt zu werden, scheiterte, und buchstäblich, als seine glühendsten Anhänger den Sitz der Legislative stürmten, um gewaltsam die Bestätigung von Bidens Wahlsieg durch den Senat zu verhindern. Doch auch wenn wir in letzter Sekunde die Demokratie den Klauen der Autokratie entrissen haben, ist nach wie vor ein Gewehr auf den Kopf der Demokratie gerichtet.

Ein demokratischer Prozess, wie es eine Wahl ist, kann die Probleme einer Demokratie nicht lösen, wenn dieser Prozess von einer großen Volkspartei behindert wird, die die Demokratie aus dem Weg räumen will, um sich angesichts einer sich verändernden Wählerschaft, deren Interessen diese Partei nur gelegentlich vertritt, die Macht zu sichern. Deswegen starren wir noch immer in den Gewehrlauf einer potenziellen Krise, die aus einer zerbrechlichen Wirtschaft resultiert, den Verwüstungen durch Corona und einer sich anbahnenden psychischen Krise, nachdem die Menschen mehr als ein Jahr in Isolation und Angst zugebracht haben. Es wird viel über die Rückkehr zur Normalität geredet, doch die Normalität, die wir davor hatten, ist gewiss nicht erstrebenswert. Es ist nach wie vor so viel zerbrochen in unserem Land, in unserer Gesellschaft. Nach dieser doppelten Krise einer Regierung, die uns beinahe zu Fall gebracht hätte, und nachdem unser aller Leben in Gefahr war, haben wir nun die Gelegenheit, dieses

Land zu einem besseren Land zu machen, einem lebenswerteren Ort für alle, nicht nur die privilegierte Mehrheit.

Nach dem Bürgerkrieg hätte der Norden die Gelegenheit gehabt, Unrecht, das in der Kolonialzeit und den ersten neunzig Jahren des Bestehens dieses Lands begangen wurde, wiedergutzumachen. Der Norden hätte den Süden für den Schaden, den er der Nation zugefügt hatte, bezahlen lassen müssen, indem er die Anführer der Konföderierten Staaten als Hochverräter vor Gericht gestellt hätte. Der Norden hätte für geeignete Ressourcen sorgen können, zum Beispiel in Form einer gemeinschaftlichen Infrastruktur wie Schulen und Krankenhäuser, und den befreiten Sklaven kostenlos Land zur Bewirtschaftung überlassen können, um sie wenigstens ein wenig für die jahrhundertelange Zwangsarbeit zu entschädigen und ihnen eine fairere Ausgangsposition auf dem Weg zur finanziellen Freiheit zu ermöglichen. Auf diese Weise wären die Weißen Einwohner der Südstaaten finanziell und politisch in ihrer Macht beschnitten worden und damit auch in ihren Möglichkeiten, organisierte und gesetzlich sanktionierte terroristische Gewalt auszuüben.

Nach dem Zweiten Weltkrieg hätten der New Deal und das G.I. Bill, das staatliche Förderprogramm für ehemalige GIs, auch auf Schwarze ausgedehnt werden müssen, um ihnen im selben Maße wie ihren Weißen Mitbürgern Chancen für Wohlstand und Bildung zu eröffnen.

Fast bei jedem weiteren Schritt auf unserem historischen Weg hätte es eine Gelegenheit gegeben, unser Land demokratischer, offener und gerechter zu machen. Stattdessen nahm die ethnische Segregation im Norden zu, und der Süden fuhr fort, ein geschlossener faschistischer Staat zu sein.

Der politische Wille fehlte, das Richtige zu tun, und, könnte man sagen, das Gerüst, das eine demokratische Gesellschaft hätte aufrechterhalten können, war noch nicht errichtet.

Auch der Republikanischen Partei und ihren Anführern hätten zwischen den Wahlen von 2020 und der Amtseinführung fünfundsiebzig Tage später zahlreiche Ausfahrten zur Verfügung gestanden (wie schon 2015, als Donald seine Kandidatur verkündet hatte), um den Schaden, den er als »Lame Duck« anzurichten imstande war, zu verhindern oder zumindest zu begrenzen. Von Mitch McConnell bis hinunter zur Basis hätte die Partei das Ergebnis der Wahlen vom 7. November akzeptieren können, unmittelbar nachdem die Medien Joe Biden zum gewählten Präsidenten und Kamala Harris zur gewählten Vizepräsidentin ausgerufen hatten. Sie hätten Donald ignorieren oder ihm Paroli bieten oder, mehr noch, sein Wort von der »Großen Lüge« verurteilen und zugleich darauf hinweisen können, dass es seiner Anerkennung des Wahlergebnisses gar nicht bedurfte, damit der Senat es bestätigte. Seine Lüge wäre dann, genau wie er selbst, irrelevant gewesen.

Die Partei hätte klar Stellung zu seinen lachhaften Klagen beziehen können. Sie hätte seine Verschwörungserzählungen verurteilen können, ebenso wie die Tatsache, dass er den Mob am 6. Januar zur Stürmung des Kapitols aufgehetzt hat. Und zu guter Letzt hätte sie Donald in seinem zweiten Amtsenthebungsverfahren im Senat für schuldig erklären oder sich zumindest auf den dritten Abschnitt des Vierzehnten Verfassungszusatzes berufen können, wo es heißt:

> Keine Person darf Senator oder Kongressabgeordneter oder Wahlperson des Präsidenten oder des Vizepräsidenten sein oder

> irgendein ziviles oder militärisches Amt der Vereinigten Staaten oder eines Bundesstaats bekleiden, die, nachdem sie zuvor den Eid abgelegt hat … die Verfassung der Vereinigten Staaten hochzuhalten, sich bei einer Erhebung oder Rebellion gegen diese beteiligt hat oder Verfassungsfeinden Hilfe oder Unterstützung hat zukommen lassen.

Ein solcher Schritt hätte genügt, um Donald daran zu hindern, so zu tun, als wollte er 2024 erneut für das Präsidentenamt kandidieren und nebenbei unter diesem Vorwand Spendengelder einzusammeln. Aber allzu viel gebracht hätte es nicht. Dadurch, dass die Partei es versäumte, unmittelbar nachdem die ersten Fernsehsender Bidens Sieg verkündet hatten, zu reagieren, gewährte sie Donald mehr als zwei Monate, um seine Große Lüge zu verbreiten, Anhänger hinter sich zu scharen und die Legitimität und Effizienz der künftigen Regierung Biden zu untergraben. Kurzfristig wurde der ohnehin halbherzige Kampf gegen Corona noch mehr geschwächt, sodass weitere Millionen Menschenleben einem noch höheren Risiko ausgesetzt wurden. Langfristig wurde die Unantastbarkeit unserer Wahlen und damit unseres ganzen Regierungssystems aufs Spiel gesetzt.

Die Menschen neigen dazu, vor drastischen Formulierungen zurückzuschrecken – weil sie nicht rüde sein wollen oder fürchten, pathetisch oder maßlos zu erscheinen.

Aber wenn wir die Dinge nicht beim Namen nennen, wenn wir Sprache nicht ehrlich verwenden, können wir nicht erwarten, dass die Menschen verstehen, was vor sich geht. Indem wir es versäumen, uns einer akkuraten Sprache zu bedienen – weil wir nicht unhöflich sein oder niemanden beleidigen wollen –, schaffen wir eine Situation, in der die Bezeichnung der Republikanischen Partei als eine Partei der Faschisten, die Menschen dazu bringt, die extreme *Sprache* zu hinterfragen und nicht die Gültigkeit der Grundannahme.

Aber wie sonst nennt man es, wenn ein Mob Weißer Männer in einer weihevoll verbrämten Zeremonie zum Schutz der Statue von Robert E. Lee skandiert: »Wir lassen uns nicht von Juden verdrängen« (Jews will not replace us)? Wie sonst beschreibt man eine Partei, die es nicht nur zuließ, dass man Kinder in Lager steckte, sondern dies ausdrücklich befürwortete? Wenn man bei friedlichen Black-Lives-Matter-Demonstrationen die freie Meinungsäußerung durch scheinbar nicht identifizierte paramilitärische Einheiten unterdrücken lässt? Wenn die Wahrheit demontiert und die Wirklichkeit geleugnet wird? Wenn die freie Presse und Whistleblower als Feinde des Volkes diffamiert werden – und damit auch des Staats? Wie beschreibt man eine Partei, deren eines Hauptanliegen die theokratische Untermauerung des Justizsystems ist? Wenn es trotz allem Menschen gibt, die es als grob empfinden, diese Partei als faschistisch zu bezeichnen, haben wir ein ernstes Problem.

Den größten Schaden richtete die Republikanische Partei indes an, als sie es bereits beim ersten Amtsenthebungsverfahren versäumte, Donald zur Verantwortung zu ziehen. Die federführenden Demokraten im Repräsentantenhaus hatten unwiderlegbare Beweise vorgelegt, dass sich Donald des gegen ihn erhobenen Vorwurfs des Amtsmissbrauchs schuldig gemacht hatte, indem er zum Zweck der Wahlmanipulierung versuchte, Wolodymyr Selenskyj durch Erpressung dazu zu bringen, kompromittierende Informationen über Joe Biden zu finden – oder zu fälschen – sowie der Justizbehinderung, indem er sich weigerte, dem Rechtsausschuss angeforderte Dokumente auszuhändigen, Vorladungen ignorierte und sämtliche Regierungsmitglieder von einer Aussage abhielt. Trotz allem oder vielleicht gerade wegen alldem gestattete Mitch McConnell, der damalige Mehrheitsführer im Senat, den Demokraten nicht, während des Senatsverfahrens Zeugen aufzurufen.

Aufgrund des Versäumnisses, ihn aus dem Amt zu entfernen, konnte Donald erneut kandidieren und seine ohnehin schon schwer gekränkten Anhänger mit einer weiteren Kränkung in Wallung bringen. Noch während des Amtsenthebungsverfahrens hatte er getwittert: »SOLCHE ABSCHEULICHEN LÜGEN VON DER RADIKALEN LINKEN, DEN UNTÄTIGEN DEMOKRATEN. DIES IST EIN ANGRIFF AUF AMERIKA UND EIN ANGRIFF AUF DIE REPUBLIKANISCHE PARTEI!!!«

Am schlimmsten war indes, dass vierundsiebzig Millionen Menschen die Gelegenheit hatten, mit ihrer Stimme ihre Unterstützung für ihn zum Ausdruck zu bringen und damit ihn noch zusätzlich zu ermutigen, sich gegenseitig zu bestärken und ihre Ideologie weiterzuverbreiten.

Von Anfang an glaubten die Republikaner, sie könnten Donalds Einfluss auf die Basis erschließen und ihn für ihren Vorteil nutzen, während sie ihn kontrollierten. Weil sich Donald gewillt zeigte, jede Politik, die sie ihm vorschlugen, mitzumachen, Versprechen zu brechen und sich über Normen hinwegzusetzen, erfreuten sich die republikanischen Kongressabgeordneten einer zwei Jahre andauernden Erfolgssträhne – wenn man Erfolg nach der Zahl der Richter bemisst, die man ernennt, und nach den Geldsummen, die den reichsten Individuen und Unternehmen in Form von Steuersenkungen geschenkt wurden.

Doch am Ende sah es so aus, als wären sie einen schlechten Deal eingegangen.

In den frühen Stunden des 4. November 2020, als die Stimmenauszählung in sieben Staaten noch nicht weit genug fortgeschritten war, um ein Ergebnis zu verkünden, und drei Tage bevor die Wahlergebnisse definitiv feststanden, erklärte sich Donald zum Sieger. Er forderte, dass die Auszählungen »sofort gestoppt« wurden, denn weitere Stimmzettel auszuzählen hieße »einen Betrug am amerikanischen Volk« zu begehen. Genau wie Justizminister Barr bereits vor Veröffentlichung des Mueller-Reports seine fehlgeleitete Einschätzung in die Welt hinausposaunte, um die späteren Reaktionen zu steuern, säte Donald früh die Saat des Zweifels und des Grolls, und zum ersten Mal in der amerikanischen Geschichte weigerte sich der Verlierer, den Ausgang der Wahl anzuerkennen.

Die Große Lüge baute im Grunde auf der Prämisse auf, dass die Mehrheit der Wähler, zu der ein pluralistischer Zusammenschluss von Liberalen, Progressiven, Nicht-Weißen und LGBTQ-Leuten zählte, *in Wirklichkeit* gar nicht die Mehrheit sei. Zugespitzter formuliert war die Botschaft im Grunde die Fortschreibung einer anderen Botschaft, nämlich der, die den Schwarzen Amerikanern seit der Reconstruction signalisiert wurde: Eure Stimmen zählen nicht.

In Anbetracht der Tatsache, dass Donalds eigenes Heimatschutzministerium den Wahlen von 2020 bescheinigte, die sichersten in der amerikanischen Geschichte gewesen zu sein, war die Behauptung, es hätte Wahlbetrug stattgefunden, überaus dreist. Im Kontext der von den Republikanern gesteuerten massiven Unterdrückung der Stimmabgabe, die in zahlreichen roten Staaten im ganzen Land stattfand, lief sie auf weitere Gehirnwäsche mit gefälschten Fakten hinaus.

Die Große Lüge lieferte republikanischen Abgeordneten, Senatoren und Justizministern einen Vorwand, ihre Wählerunterdrückungsversuche durch Wahlbetrugsbehauptungen zu intensivieren. Zwar verfolgen sie diese Strategie schon seit Jahren, aber die Tatsache, dass die Große Lüge von dem Mann im Oval Office angestoßen wurde, lieferte ihr in den Augen der republikanischen Wählerschaft eine Legitimation und bot jedem republikanischen Amtsinhaber Deckung, der willens war, aus der angeblichen Unsicherheit des Wahlergebnisses einen Vorteil zu ziehen.

Einige Republikaner gaben kraftlose Erklärungen ab, etwa, sie wollten Donald die Gelegenheit geben, die Angelegenheit von den Gerichten klären zu lassen, so wie der ehemalige Mehrheitsführer im Senat, Mitch McConnell, der behauptete, es sei »sein absolutes Recht«, sich des Justizsystems zu bedienen, um die Wahl anzufechten. Wie üblich regten sie sich im Privaten über sein empörendes Verhalten auf, während sie öffentlich sein Recht, das Wahlergebnis anzuzweifeln, bekräftigten. Damit erweckten sie den Eindruck, seine jeder Grundlage entbehrenden Behauptungen seien irgendwie legitim. Doch indem sie einerseits Donalds Niederlage anzweifelten, sich aber die Erfolge der Republikaner sowohl im Repräsentantenhaus als auch im Senat ohne Abstriche zu eigen machten, bewegten sie sich auf einem schmalen Grat. Anscheinend war nur die Präsidentschaftswahl suspekt, obwohl die Wähler dieselben Stimmzettel für die Besetzung des

Präsidentenamts wie auch die Ämtervergabe auf den untergeordneten politischen Ebenen benutzt hatten.

Niemand, der diese Behauptungen äußerte, glaubte selbst daran. Die Republikaner machten sich keine Illusionen über die angeblich mangelnde Integrität der Wahlen oder den Wahrheitsgehalt von Donalds Behauptung. Um zu entscheiden, ob sie die Große Lüge unterstützen sollte oder nicht und bis zu welchem Grad, wurde die Republikanische Partei von einer einzigen Frage getrieben: »Wie lange können wir, in Anbetracht der demografischen Entwicklung in unserem Land, noch Wahlen gewinnen, bei denen wir allen Bürgern erlauben, ihre Stimme abzugeben?« Diese Frage war offensichtlich nicht mit einem Datum in der Zukunft zu beantworten.

Das Einzige, was mich an Donalds Verteidigung bei seinem zweiten Amtsenthebungsverfahren überraschte, ist, dass er nicht das Argument der doppelten Strafverfolgung ins Feld führte; denn der Aufstand vom 6. Januar war im Grunde nichts weiter als die Fortführung des Vorwurfs des versuchten Wahlbetrugs, und er war schon einmal deswegen angeklagt und freigesprochen worden. Unterdessen gehörten der Jury sowohl Opfer des Angriffs als auch Täter und Komplizen an, ähnlich wie in der Jim-Crow-Ära. Mitch McConnell hatte die Senatorenstichwahl in Georgia am 5. Januar im Blick, bei der zwei demokratische Newcomer die historische Chance hatten, zwei Republikaner von ihren Senatssitzen zu verdrängen, und er musste die Basis zusammenhalten und dafür sorgen, dass sie wütend blieb. Senatoren wie Ted Cruz aus Texas und Josh Hawley aus Missouri witterten ihre Chance, im Vorfeld zum Präsidentschaftswahlkampf 2024 die nächsten Standartenträger zu werden; und wenn der beste Weg, sich in Position zu bringen, darin bestand, einen Aufstand anzuheizen, sei's drum.

Ob Donald tatsächlich an seinen Wahlsieg glaubte oder nicht, spielt im Grunde keine Rolle. Wie so oft konnte er etwas zugleich glauben und auch nicht glauben, manchmal beides im selben Moment, wusste er manchmal, dass er log, wenn er behauptete, er habe gewonnen, und dachte manchmal, er sage die Wahrheit. Ziemlich sicher ist indes, dass er bis zum Morgen von Joe Bidens Amtseinführung meinte, tatsächlich noch eine Chance zu haben, das Wahlergebnis zu kippen. Der Sturm aufs Kapitol hatte ihm den dringend benötigten Auftrieb gegeben, ebenso wie die Tatsache, dass seine Partei, mit Ausnahme von zehn republikanischen Kongressabgeordneten, die für das Amtsenthebungsverfahren gestimmt hatten, ihn damit davonkommen ließ, den Aufstand angezettelt zu haben.

Sosehr Donald ein Symptom einer seit Langem wuchernden Krankheit im Körper der Republikanischen Partei ist, so bestand sein eigener Beitrag darin, die in ihr schlummernde Grobschlächtigkeit bloßzulegen. Menschen wie Cruz und Hawley konnten mit einem Mal in aller Öffentlichkeit so abscheulich sein, wie sie es Berichten zufolge im Privaten sind. Sie mussten ihre Aussagen nicht länger filtern, nicht mehr so tun, als sei ihnen an der Demokratie gelegen. Sie mussten keinen Hehl mehr aus ihrem Wunsch machen, dafür zu sorgen, dass, durch das Zurechtschneiden von Wahlkreisen und Wählerunterdrückung Schwarze und andere nicht-Weiße Bevölkerungsgruppen ihres Wahlrechts beraubt werden oder dass durch eine regressive Gesetzgebung und ein abgekartetes Justizwesen die Rechte von LGBTQ-Menschen und Frauen beschnitten werden. Der Präzedenzfall war geschaffen. Donald hat nicht nur eine Spur der Verwüstung hinterlassen, sondern auch einen Strategieplan.

Das Problem der Republikaner besteht in der Frage: Wozu brauchen sie, nun, da sie freie Hand haben, Donald Trump noch? In der Tat ist das Letzte, was Hawley, Cruz und McConnell wollen, dass Donald erneut kandidiert. Aber indem sie ihn die ganze Zeit schalten und walten ließen, sicherten sie ihm den Machterhalt – und nun stellt sich heraus, dass er vor allem Macht über sie hat. Donald drohte nicht damit, eine eigene Partei zu gründen, weil er irgendein Interesse daran gehabt hätte. Diese Drohung war für ihn beim zweiten Amtsenthebungsverfahren ein Druckmittel auf die republikanischen Senatoren. Es wird so lange ein Druckmittel für ihn sein, wie es ihm gelingt, relevant zu bleiben, und sie selbst gern für eine weitere Amtszeit kandidieren wollen. Sie sind an ihn gebunden, nicht weil er irgendetwas für sie getan hätte, sondern weil er ihren Treueeid angenommen hat.

Trotz der Gewalt, des Rechtsbruchs und der Tatsache, dass am 6. Januar beim Sturm auf das Kapitol Menschen starben, stimmten von dem Dutzend Senatoren, die Joe Bidens Wahlsieg infrage stellten, seit er verkündet wurde – einschließlich Kelly Loeffler, die bei der Stichwahl in Georgia mit der Großen Lüge Wahlkampf gemacht hatte –, sieben dafür, die Wahlergebnisse in Pennsylvania nicht zu bestätigen, und sechs gegen die Bestätigung der Ergebnisse in Arizona.

Bereits im Dezember 2020 tat Josh Hawley seine aufrührerischen Absichten gegen die Vereinigten Staaten kund: »Ich kann am 6. Januar das Ergebnis der Abstimmung des Wahlkollegiums nicht bestätigen, ohne auf die Tatsache hinzuweisen, dass manche Staaten, vor allem Pennsylvania, ihre eigenen Wahlgesetze nicht befolgt haben.« In für ihn typischer faktenfreier Heuchelei fuhr er fort: »Und ich kann nicht für die Bestätigung des Wahlergebnisses stimmen, ohne auf die nie da gewesene Einmischung in die Wahlen zugunsten von Joe Biden durch Megakonzerne wie Facebook und Twitter hinzuweisen.« Jeder, der bei den Wahlen von 2016 und 2020 sein Augenmerk auf die sozialen Netzwerke richtete, wusste, wie unverfroren Hawleys Lüge war. In den Tagen nach dem Sturm auf das Kapitol sammelte Hawley eine Million Dollar, indem er sich am Versuch, die Ergebnisse legitimer Wahlen zu kippen, beteiligte. Und das ist ebenfalls Teil des Problems: Die Republikaner fahren fort, mit Donalds Lügen ihre Kassen zu füllen.

Bei einer Umfrage, die 2019 durchgeführt wurde, gaben 53 Prozent der Republikaner an, sie hielten Donald J. Trump für einen besseren Präsidenten als Abraham Lincoln.

Ein Anrufer des Fernsehsenders C-SPAN begründete seine Einschätzung so: »Lincoln hat nur die Sklaven befreit. Klar, das ist eine große Sache. Aber das, was Trump gemacht hat, ist sehr viel größer.« Wie so oft bei Donalds Unterstützern zu beobachten, nannte auch dieser weder konkrete Beispiele noch Einzelheiten. Genau wie er denken sie, alles, was Donald tut, ist einfach großartig. 56 Prozent der Republikaner glauben, Donald habe keine Schuld an dem Aufstand.

Die unmittelbare Auswirkung dessen, was er sagt oder tut, ist weniger problematisch als der Präzedenzfall, den er für künftige Politiker geschaffen hat, vor allem im rechten Lager, und das Beispiel, das er für Menschen ist, die geneigt sind, ihm zu folgen. (Wobei die Tatsache, dass er den Menschen allen Ernstes geraten hat, sich Bleichmittel zu injizieren, durchaus unmittelbare Auswirkungen bei jenen haben dürfte, die diesen Rat befolgen.) Mit einem Mal war es in Ordnung, für ein höheres Amt zu kandidieren, ohne seine Steuererklärung zu veröffentlichen und seine Unternehmen zu veräußern, auch wenn diese direkt oder indirekt von dem Amt profitieren, das man innehat. Noch besorgniserregender war seine Botschaft, dass es sein gutes Recht sei, seine Plattform als mächtigste Person auf unserem Planeten dazu zu nutzen, Bürger und hochrangige Beamte anzugreifen, nur weil diese die Bestimmungen des Ersten Verfassungszusatzes befolgen oder ihre Pflichten gegenüber der Verfassung ausüben. Diese Gesetzestreue und Pflichterfüllung betrachtete er als Angriff auf seine Autorität und Straffreiheit. Er glaubte, er könne seine außergewöhnliche Macht dazu nutzen, seine Straftaten zu vertuschen.

Dass Weiß Standard in Amerika ist, dürfte offensichtlich sein, aber weniger offensichtlich ist es, dass unser Weißsein Protestantismus impliziert. Im Grunde sind »richtige« Amerikaner nicht nur Weiß, sie sind auch Protestanten. Daher sind Weiße Protestanten in der Regierung über- und im Kongress unverhältnismäßig repräsentiert. Zurzeit besteht der Kongress zu 77 Prozent aus Weißen Mitgliedern, während nur 60 Prozent der Bevölkerung Weiß sind, und 55 Prozent der Kongressmitglieder definieren sich mehr oder weniger als protestantisch, gegenüber 43 Prozent der landesweiten Bevölkerung.

Menschen auf höchster Regierungsebene wie der ehemalige Außenminister Mike Pompeo und Ex-Vizepräsident Mike Pence hängen einem fundamentalistisch-evangelikalen und dominionistischen Dogma an, also der »Überzeugung, dass Christen den biblischen Auftrag haben, bis zur Wiederkunft Jesu alle irdischen Institutionen zu kontrollieren«, wie Daniel Burke in der *Huffington Post* schrieb. Sie haben auch versucht, dieses Dogma der Politik überzustülpen. Es steht am Ende eines großen historischen Bogens, der sich von der Anfangszeit Amerikas mit dem damals vorherrschenden puritanischen Ethos und dem damit verbundenen Impuls zum Anti-Intellektualismus und Anti-Elitismus (Elite im Sinne von Expertentum) bis in die heutige Zeit spannt. Dieses Dogma ist der Feind einer offenen Gesellschaft, zu der Diversität und Meinungspluralität gehören, und zugleich eine der wesentlichen Ursachen für das Abdriften der Republikanischen Partei in Richtung Faschismus.

Weiße sind, zu Recht, der Ansicht, dass sie, wenn sie nicht mehr auf ihr Weißsein pochen können, ihre Macht, ihre Privilegien und ihren Status einbüßen; sie haben sich noch nie vorzustellen vermocht, wie die Demontage des Systems der Weißen Vorherrschaft sie für diesen Verlust entschädigen könnte. Die Vorstellung, der Umstand, in einem Land zu leben, das gerechter und fairer für alle Menschen ist, könnte einem zugutekommen, bleibt schwer fassbar, wenn man sich der strukturellen Ungerechtigkeit erst gar nicht bewusst ist, die dazu da ist, einem selbst Vorteile zu verschaffen. Stattdessen glauben sehr viele Weiße Menschen, dass es Rassismus in allen Richtungen gebe, dass der Rassismus gegenüber Schwarzen abnehme, der gegen Weiße hingegen zunehme. Nicht, dass die Mehrheit der Weißen das eingestehen würde, aber unter dem Strich würden, wenn der Rassismus in Amerika verschwände, Macht, Privilegien und Status, die sich vom Weißsein ableiten, verschwinden. Wenn Polizisten Schwarze Kinder und Jugendliche ermorden und keine Anklage erhoben wird, niemand auch nur deswegen entlassen wird oder seine Pensionsansprüche einbüßt und wenn die Verantwortlichen in den seltenen Fällen, in denen es doch zu einem Prozess kommt, dann ungeachtet manchmal überwältigender Beweise freigesprochen werden, zeigt das nicht etwa, dass das System kaputt ist. Nein, es zeigt, dass es genauso toxisch funktioniert, wie es konzipiert wurde, nämlich um die beiden Grundsätze aufrechtzuerhalten, die Amerika geformt haben: das Dogma der Weißen Überlegenheit und die Unfehlbarkeit von Macht.

Weiße Menschen bilden keine homogene Gruppe; sie decken ein breites Spektrum von Überzeugungen und Ideologien ab, das von den Proud Boys am einen Ende bis zu den Rassismusgegnern am anderen Ende reicht. Aber egal, zu welcher Gruppe man gehört, jene, die sich als Weiße definieren, genießen nach wie vor die Macht, die Privilegien und die Vorteile des Weißseins. Ob sie es wollen oder nicht, ob sie sich dessen bewusst sind oder nicht, besitzen sie von Geburt an automatisch diese Privilegien und Vorteile und die Macht, die mit ihnen verbunden ist, einfach nur aus dem Grund, dass sie Weiß sind.

Vierundsiebzig Millionen Amerikaner haben Donald 2020 wiedergewählt. Eine unglaubliche Zahl. Diese Zahl macht nur Sinn, wenn wir uns weigern zu glauben, dass die Anhänger der heutigen Republikanischen Partei genau verstanden haben, wen und was sie da gewählt haben.

Viele werfen mit dem Ausdruck »Basis« um sich, wenn sie die Kerngruppen der Anhänger beider Parteien meinen. Auch wenn damit suggeriert wird, dass es sich um eine äquivalente Gruppe handelt, beschreibt die »Basis« im Sinne von republikanischer Kernwählerschaft nicht, um was für Menschen es sich dabei handelt. Am einen Ende des Spektrums finden sich die reuelosen Faschisten und unverbesserlichen Anhänger der Ideologie Weißer Überlegenheit wie die Proud Boys, die zurzeit die Ansichten vieler, wenn nicht der meisten gewählten Republikaner repräsentieren. Wir wissen dies seit den »Vereinigt die Rechte«-Protesten (Unite the right) in Charlottesville von 2017, die sich gegen die Entfernung einer Statue von Robert E. Lee richteten und in der Ermordung der Gegendemonstrantin Heather Heyer mündeten. Das Grundproblem war nicht, dass Donald die Nazis, die »Blut und Boden« (blood and soil) und »Wir lassen uns nicht verdrängen« (You will not replace us) skandierten, als »gute Leute« bezeichnete, das Grundproblem war, dass dies ohne Folgen blieb. Niemand aus seiner Regierung trat aus Protest zurück, und niemand aus seiner Partei forderte seinen Rücktritt. Seine Aufforderung an die Proud Boys beim ersten Fernsehduell der Präsidentschaftskandidaten, sie sollten sich »zurückhalten und bereithalten«, hat uns nur ein weiteres Mal in Erinnerung gerufen, wie weit rechts die Partei inzwischen steht.

Am anderen Ende des Spektrums befindet sich das uninformierte Volk, das reflexartig republikanisch wählt. Normalerweise neigen Wähler nicht dazu, die politische Partei zu wechseln, und das Zugehörigkeitsgefühl zur Partei spielt für sie eine wichtigere Rolle als das Parteiprogramm. Egal, wie weit sich die republikanische Ideologie vom Mainstream entfernt hat, sie gilt vielen immer noch als die bessere Wahl gegenüber der »marxistischen«, »sozialistischen« liberalen Demokratischen Partei.

Zwischen diesen beiden Extremen finden sich die »Hauptsache, mir geht's gut«-Leute, die meinen, gut ist, was gut für sie ist, und die autoritär gesinnten Wähler, die den Status quo beibehalten wollen und denen Diversität Unbehagen einflößt. Und dann gibt es noch die Wähler, denen es nur um ein Thema geht – zum Beispiel Steuern oder Abtreibung – und die sich durch keine anderen Erwägungen von ihrer Überzeugung abbringen lassen, etwa der Unfähigkeit eines rassistischen, frauenhassenden Kandidaten, der auf dem besten Weg zum Autokraten ist.

Viele der vierundsiebzig Millionen ignorieren bewusst die Belege dafür, dass eine liberale Politik funktioniert und es ihnen unter demokratischer Führung besser geht. Stattdessen lassen sie sich von Fernsehsendern wie Fox News oder Newsmax einreden, dass sie Angst haben sollten – vor Migranten, demografischem Wandel, Sozialismus und einer Krankenversicherung für alle. Mit Angst lassen sich Menschen leicht manipulieren, aber es ist ein unangenehmes Gefühl, weswegen Fox-News-Moderatoren wie Sean Hannity und Tucker Carlson die Empörung ihrer Zuschauer schüren, indem sie ihre Aufmerksamkeit auf immer neue nicht existente Bedrohungen richten, etwa den »Krieg gegen Weihnachten«, oder sie zu Aggression gegen Eltern aufhetzen, die ihre Kinder Masken tragen lassen, um sie vor Corona zu schützen. Einerseits dient das dem Zweck, die Empfänglichkeit ihrer Zuschauer für Verschwörungstheorien zu erhöhen; andererseits erhöht es die Wahrscheinlichkeit, dass ihre Zuschauer entgegen ihren eigenen Interessen wählen, worauf die Republikaner seit mindestens vier Jahrzehnten abzielen – und all das aufgrund einer fehlgeleiteten Identifizierung mit einer glorreichen Vergangenheit, die es nie gab, und der zusätzlichen Vorteile, die sie genießen, weil sie Weiß sind.

Am 6. Januar wurden Konföderiertenflaggen geschwenkt und Nazisymbole zur Schau getragen – zu Ehren des Mannes, der ihren »Weißen« Groll vier Jahre lang geschürt hat –, und zwar in den heiligen Hallen *unseres* Kongressgebäudes, beim Versuch, die friedliche Machtübertragung zu verhindern. Dies war keineswegs ein performativer Akt – ihre Wut, ihre Gewalt und ihre Drohungen waren überaus real. Ihr Glaube an das Unrecht, das sie erlitten hatten – dass die Stimmen von Frauen, Schwarzen, Juden und LGBTQ-Menschen gezählt werden durften –, entsprach ihrem Wahn von Weißer Überlegenheit.

Der Symbolgehalt – auf den Flaggen, den T-Shirts mit dem Aufdruck »Camp Auschwitz« – ist ihnen nicht verborgen geblieben. Sie sind sich der revisionistischen »Lost-Cause«-Ideologie und der Anspielung auf die Konzentrationslager der Nazis bewusst. Sie wissen, wofür sie sich starkmachen. Sie tolerieren die Barbarei nicht nur, sie schwelgen darin. Und sie waren bereit, den Vizepräsidenten der Vereinigten Staaten zu ermorden, um ihre antidemokratische Ideologie Weißer Vorherrschaft durchzusetzen.

Weil es uns so gründlich gelungen ist, »gut«, »Privileg« und »Macht« mit Weißsein gleichzusetzen, identifizieren sich die Menschen lieber mit Sklavenhaltern, die Schwarze aufgrund ihrer Hautfarbe gefoltert, vergewaltigt, ermordet, terrorisiert, zerstückelt und verbrannt haben, statt mit den Opfern dieser Gewalt.

Das ist Teil der Geisteshaltung, die sich Donald zunutze gemacht hat, der Vorstellung, dass die eigenen (Weißen) Rechte wichtiger sind als die aller anderen. Das, was gut für die Menschen wäre, ist bei den Rechten völlig abgekoppelt von diesem Beharren, alles genau so zu belassen, wie es in den 1950ern war. Deshalb hat Donald versprochen, die Kohleindustrie zu erhalten und so seine Anhänger von dem Übel der Solarenergie und der »krebsverursachenden« Windkraft zu bewahren. Diese Vorstellung ist ein weiterer Grundpfeiler der Republikanischen Partei, der zu Ronald Reagan zurückreicht, der die von Jimmy Carter installierten Solarzellen vom Dach des Weißen Hauses entfernen ließ. Wozu diese Mühe, einen großen Schritt in die Vergangenheit zurück zu machen, nur um sich politisch zu profilieren? Man macht Menschen Zugeständnisse, die gar nicht zu verstehen scheinen, warum diese Zugeständnisse an sie gemacht werden.

Auf diese Weise wird aus der Verachtung des Anführers gegenüber seinen Anhängern eine Methode, sie zu lenken, die man langsam durch Mikroaggressionen verstärkt (wie zum Beispiel sie auf Kundgebungen bei eisiger Kälte oder kochender Hitze stundenlang warten zu lassen), um sie auf Situationen vorzubereiten, in denen sie buchstäblich bereit sind, ihr Leben zu riskieren, um das nicht zu beschwichtigende Ego ihres Anführers zu beschwichtigen. Die Kundgebungen, die Donald in den Monaten vor der Wahl abhielt, waren Superspreader-Veranstaltungen, bei denen von seinen Anhängern erwartet wurde, sich auf engem Raum zusammenzudrängen und, oft ohne Gesichtsmaske, zu skandieren, während er in sicherer Entfernung stand.

In einem (selbst für seine Verhältnisse) atemberaubenden Anflug von Sadismus stieg Donald zusammen mit zwei Geheimdienstbeamten in einen gepanzerten SUV, um seinen Anhängern zuzuwinken, die sich vor dem Walter Reed Hospital versammelt hatten, wo er wegen einer Coronainfektion behandelt wurde. Dieser Auftritt war wichtig für ihn, um sein Bedürfnis nach der Aufmerksamkeit zu stillen, die ihm seit zwei vollen Tagen vorenthalten wurde, und um die Behauptung zu zerstreuen, er sei schwach, nur weil er sich ein Virus zugezogen hatte, das er fast ein ganzes Jahr lang geleugnet hatte. Als sich der SUV näherte, rief ein Mann aus der Menge: »O mein Gott, wie ich Sie liebe! Da ist er, da ist er! Da ist er!« Dann sagte er, mit etwas mehr Nachdruck: »Gott segne unseren Präsidenten. Ich würde für ihn sterben. Ich wäre glücklich, für diesen Mann sterben zu können. Ich werde für ihn sterben. Wer ihm blöd kommt, kriegt's mit mir zu tun. Dieser Mann ist ein Held.« Was mehr über den Geisteszustand von Donalds Anhängern aussagt als über den Mann selbst. Der Psychologe Robert Jay Lifton hat den Begriff »maligne Normalität« geprägt, der dieses Phänomen beschreibt, bei dem Menschen ihr Leben und ihre Kultur durch die Brille des Menschen zu sehen beginnen, der Macht über sie hat. In anderen Worten koppeln sich ihre Erfahrung und ihr Verständnis immer weiter von der Welt und der Wirklichkeit ab und kohärieren immer mehr mit der Saga, die jemand wie Donald ihnen aufgetischt hat, eine Saga, die seinen eigenen Zielen dient und seinen Anhängern schadet.

Der Senat der Vereinigten Staaten ist eine der Institutionen, die in den letzten Jahren am meisten beschädigt wurden. Die vier Jahre unter Trump sind bemerkenswert, was das Ausmaß des angerichteten Schadens und des dahinterstehenden tiefen Zynismus anbelangt. Der geistige Vater dieses Schadens, Mitch McConnell, wird als einer der größten Landesverräter nach Robert E. Lee in die Geschichte eingehen, mit dem Unterschied, dass McConnell versucht hat, unser Land von innen heraus zu demontieren.

Wahrscheinlich mehr als jeder andere Politiker hat McConnell die Vorstellung torpediert, dass es seine Aufgabe und die der restlichen Senatoren ist, dem amerikanischen Volk zu dienen. Den Spitznamen »Der grimmige Sensenmann« hat er sich wahrlich verdient, und zwar weil er unzählige Male Gesetzesvorhaben des von den Demokraten kontrollierten Repräsentantenhauses zunichtegemacht hat. Aufgrund seines zwanghaften Machttriebs geht es ihm auch jetzt, da er nur noch Minderheitsführer im Senat ist, ausschließlich darum, seiner Partei Vorteile und Erfolge zu verschaffen, auch wenn er damit das Konzept demokratischen Regierens mit Füßen tritt.

Wobei gesagt werden muss, dass McConnell sein Projekt innerhalb der Grenzen des existierenden Systems verfolgen konnte. Es ist unwahrscheinlich, dass die Gründungsväter das Regierungssystem der Vereinigten Staaten absichtlich so geplant haben, dass es sich gegen sich selbst richtet. Aber McConnell, den anscheinend ein krudes Machtbedürfnis treibt und die Aussicht darauf, die Herrschaft einer Minderheit zu installieren, ist es ganz offensichtlich egal, was die Gründerväter oder jemand anders denken würden.

Robert Schlesinger hat in seinem scharfsinnigen Beitrag für NBC McConnell in seiner ganzen einmaligen Schrecklichkeit beschrieben. Er sei »das lebendige, atmende, berechnende Gesicht von allem, was an unserer gegenwärtigen Politik falsch ist. McConnell ist der alleinige Architekt dieses dysfunktional gewordenen Systems, er ist verantwortlich für das ganze Ausmaß dieser Sklerose. Donald Trump ist eine gefährliche, ungeschlachte Abrissbirne, aber McConnell hat schon lange vor ihm begonnen, dieses System auszuhöhlen, und wird ihn höchstwahrscheinlich überdauern.«

Darüber hinaus leben wir in einer Zeit, in der die Minderheit überproportionale Macht in der Bundesregierung innehat. Gegenwärtig steht es im Senat 50:50. Die fünfzig republikanischen Senatoren repräsentieren einen Bevölkerungsteil, der rund einundvierzig Millionen weniger Bürger zählt als der von den Demokraten vertretene Bevölkerungsanteil.

Senator Joe Manchin, vermutlich der einzige lebende Demokrat, der in West Virginia eine bundesstaatliche Wahl gewinnen konnte, findet sich zurzeit in der einzigartigen Rolle wieder, jede Gesetzgebung im Senat blockieren zu können, wegen seiner Forderung nach Überparteilichkeit und weil er nicht bereit ist, die überkommene rassistische Praxis namens Filibusterei – Dauerreden oder die bloße Androhung von Dauerreden – abzuschaffen, die es jedem Senator oder jeder Gruppe von Senatoren ermöglicht, eine Abstimmung zu verhindern, es sei denn, sechzig ihrer Parteikollegen sprechen sich dafür aus, die Debatte zu beenden. Da der Senat gegenwärtig gleichmäßig in die beiden Lager gespalten ist und angesichts des herrschenden politischen Klimas, ist das mehr oder weniger ein Ding der Unmöglichkeit. Solange Manchin nicht gewillt ist, bei besonders strittigen Angelegenheiten auf Linie seiner Partei abzustimmen, kann er im Grunde Präsident Bidens gesamte Agenda in Geiselhaft nehmen. Bemerkenswert ist auch, dass Manchin einer von zwei Senatoren ist, die einen Staat mit 1,79 Millionen Einwohnern repräsentiert – ein Zweiundzwanzigstel der Bevölkerung Kaliforniens. Auch ist West Virginia zu 93,5 Prozent Weiß und wohl kaum repräsentativ für die amerikanische Wählerschaft. Und doch ist Manchin in der Lage, im Alleingang sämtliche Gesetzesvorlagen lahmzulegen – über Waffensicherheit, Infrastruktur, Wahlrecht –, die von 70 Prozent der amerikanischen Bevölkerung gutgeheißen werden.

Es ist nicht so, dass unsere politischen Anführer nicht aus der Geschichte lernen würden. Einige der von uns Gewählten, vor allem welche von den Republikanern, haben genau die falschen Lehren daraus gezogen: dass sie sich, ungestraft und innerhalb der Grenzen unseres Regierungssystems, antidemokratischer, gegen die Mehrheit gerichteter Taktiken bedienen können, die die Macht der Minderheit vergrößern, sodass diese dem mehrheitlichen Rest ihren Willen aufdrücken kann. Es ist also die Tyrannei der Minderheit, über die wir uns Sorgen machen müssen.

Dieses System kann sich nur selbst reparieren. Wenn es korrupt ist oder das, was repariert werden muss, die Mehrheit ist, die die Macht in Händen hält, wird nichts passieren. Dies ist die Situation, in der wir uns gegenwärtig befinden. Acht amtierende Senatoren haben die Große Lüge wiederholt und verbreitet, bis zum Sturm aufs Kapitol und auch danach noch. Sie sind Aufwiegler und hätten unverzüglich aus dem Amt entfernt und wegen Hochverrats angeklagt werden müssen. Doch sie sitzen nach wie vor im Senat der Vereinigten Staaten, schmieden Gesetze und stimmen über die Gesetzgebung ab, die richtungweisend ist für die Zukunft unserer Demokratie, an die sie nicht mehr glauben, die sie nicht mehr mittragen. Im Repräsentantenhaus gibt es Hunderte Menschen, bei denen es sich genauso verhält. Eine Regierung, die nicht mehr die Mittel hat, nachgewiesene Verräter aus ihren Ämtern zu entfernen, kann auf Dauer nicht erfolgreich sein.

Donald ist von seinem Instinkt her ein Faschist, der aufgrund seiner Unfähigkeit, über sich selbst hinauszublicken, beschränkt ist. Oder, wie der Historiker Timothy Snyder es ausgedrückt hat: »Sein Blickfeld reichte nie über den Spiegel hinaus.« Die Diskussion darüber, ob Donald als Faschist bezeichnet werden kann, ist die neue Version dessen, dass sich die Medien seit Jahren damit schwertun, seine Lügen beim Namen zu nennen. Wesentlich relevanter ist jetzt die Frage, ob die Medien – und die Demokraten – das Etikett Faschismus auch der Republikanischen Partei anheften werden.

Donalds Regierung bediente sich einer Reihe von Instrumenten, um Beamte, viele davon Experten auf ihren jeweiligen Gebieten, zu vereinnahmen oder dazu zu zwingen, unsere staatlichen Institutionen zu unterwandern, zu demontieren oder zu pervertieren und sie so dazu zu bringen, sich von ihren eigentlichen Aufgaben, das amerikanische Volk zu vertreten und ihm zu dienen, abzuwenden. Auf diese Weise waren sie in der Lage, sie umzufunktionieren oder, wie Robert Jay Lifton sagen würde, zu »nazifizieren«. Wir dürfen diese Bedrohung nicht herunterspielen. Wir müssen sie frontal und wachsamen Auges angehen. Sie herunterzuspielen, zu ignorieren, heißt, noch Schlimmerem Tür und Tor zu öffnen.

Donald war inkompetent, aber andere in seiner Regierung waren das keineswegs. Sie haben eine schlanke, skrupellose Maschinerie aufgebaut, um den Faschismus voranzutreiben. Mit einer Portion Glück, mithilfe kollaborierender Institutionen und überrumpelter Medien und einer Partei williger Konvertiten konnte diese Maschinerie weitreichende Erfolge verzeichnen.

Kapitel 8

Der lange Schatten

In meinem zweiten Studienjahr am College wusste ich mehr über den Holocaust als über den Genozid an den Ureinwohnern Amerikas oder die vollständige Unterdrückung der versklavten Afrikaner und deren Nachfahren in meinem eigenen Land. Die Botschaft, die ich den größten Teil meiner Schulzeit und im Leben ganz allgemein erhalten hatte, war die, dass die afrikanisch-amerikanische Geschichte nicht meine Geschichte war und nicht »unsere« Geschichte, sondern etwas eigenes, anderes. Toni Morrison schrieb: »In diesem Land bedeutet amerikanisch Weiß. Alle anderen brauchen Bindestriche.« Und als Weiße ist es so einfach für mich gewesen, mir dessen nicht bewusst zu werden und mich der vorherrschenden und eigennützigen Weisheit anzuschließen, die Wahl eines Schwarzen Präsidenten nach einer durchgehenden Strecke von dreiundvierzig Weißen Präsidenten davor reiche aus, um Jahrhunderte von Unterrepräsentation und Falschdarstellung ungeschehen zu machen. Nach wie vor zieht sich die gerade Linie von der Sklaverei über Jim Crow bis hin zu den sich überschneidenden Krisen der Masseninhaftierung von Schwarzen und der grassierenden Polizeimorde an unschuldigen Schwarzen Männern,

Frauen und Kindern, eine Linie, die weitestgehend geleugnet wird von all jenen, die den Luxus genießen, sich vormachen zu können, solche Ungerechtigkeiten hätten keinerlei Einfluss auf ihr Leben.

In einem jüngeren Kommentar der *Washington Post*, der sich für Reparationszahlungen aussprach, schrieb Gary Abernathy von seiner früheren Geringschätzung für das ganze Konzept: »Wie die meisten Konservativen habe ich über die Idee einer offiziellen Entschuldigung für die Sklaverei gespottet. Ich habe nie Sklaven besessen, warum also sollte ich meine Regierung darin unterstützen, meine Steuer-Dollars für Reparationszahlungen oder das Aussprechen einer Entschuldigung zu verwenden? Außerdem ist seit 1865 niemand in den Vereinigten Staaten rechtmäßig versklavt worden, warum also schuldet man Schwarzen Menschen heute mehr als dieselben Freiheiten und Möglichkeiten, die ich selbst genieße?« Abernathy beschreibt hier, was eine immer noch weitverbreitete Meinung unter Amerikanern aller politischen Überzeugungen und Hautfarben ist, von denen nur 20 Prozent Geldzahlungen zur Kompensation der jahrhundertelangen Diskriminierung befürworten.

Ein Teil dieser Ablehnung könnte mit der Tatsache zusammenhängen, dass die Geschichte Amerikas grundsätzlich auf eine Weise erzählt wird, die die Trennung nach Farben aufrechterhält. Das Narrativ, das über die amerikanische Bürgerrechtsbewegung verbreitet wird – einfach, linear, mit eindeutigen Heldinnen und Helden –, steht in starkem Kontrast zu den fast vollständig verschwiegenen Heerscharen von Weißen Männern und Frauen, privaten Bürgern und Gesetzgebern, die jedes verfügbare Mittel benutzten – angefangen bei der Verschleppungstaktik im Senat und Einschüchterung bis hin zu den bösartigsten Gewalttaten und inländischem Terrorismus –, um den Fortschritt des Kampfs für Bürgerrechte zu behindern. Es ist, als ob Bürgerrechtsaktivisten ein System bekämpften, das gänzlich frei von Handelnden ist – abgesehen von ein paar öffentlichen Figuren wie George Wallace, Bull Connor und David Duke –, und nicht eine große Gruppe von Menschen aus allen Bevölkerungsschichten. Es ist eine Weiß getünchte, leicht verdauliche Geschichtsschreibung, die in der Hauptsache darauf ausgelegt ist, Weißen Menschen ein gutes Selbstgefühl zu geben. Sie vermeidet jeglichen Zwang, den oft turbulenten und brutalen historischen Hintergrund zu erzählen, indem sie ihre Heldinnen und Helden mit Bedacht auswählt, die taktischen Züge kleinredet, die Katalysatoren ignoriert, die Beiträge der Weißen zu Jim Crow in einen geheimnisvollen Schleier hüllt und alle außer den offensichtlichsten Bösewichten verschwinden lässt.

Nachdem Rosa Parks verhaftet worden war, weil sie sich weigerte, in einem öffentlichen Bus in Montgomery, Alabama, ihren Platz in der nicht-Weißen Zone für eine Weiße Person aufzugeben, die in der Weißen Zone keinen freien Platz mehr gefunden hatte, wurde sie zu einem Symbol für den gewaltlosen Widerstand. Allerdings war der Bus-Boykott von Montgomery im Jahr 1955, in Hinblick auf die Bürgerrechte oder Rosa Parks, weder der Anfang noch das Ende von irgendetwas. Erstens hatte der Widerstand gegen Jim Crow seit dem Ende des Zweiten Weltkriegs zugenommen, zweitens war die Reaktion der Weißen Gemeinschaft, nachdem das US-Bezirksgericht entschieden hatte, dass die Segregation in Bussen im Bundesstaat Alabama verfassungswidrig sei, heftig und hatte, wenigstens kurzfristig, nicht die gewünschte Wirkung. Die Weiße Antwort war so grausam wie immer. Scharfschützen schossen auf Busse, in denen Schwarze Passagiere saßen, und fünf Schwarze Kirchen wurden bombardiert. Die sieben Mitglieder des Ku-Klux-Klan, die wegen der Bombenanschläge vor Gericht gestellt wurden, kamen allesamt frei. Genau wie das Urteil in dem Fall Brown ./. Board of Education ein Jahr zuvor, wo der Supreme Court entschieden hatte, dass Rassentrennung von Kindern in öffentlichen Schulen verfassungswidrig sei, hatte das Urteil zur Bus-Segregation die Verfestigung und Zurschaustellung von Weißer Macht zur Folge.

Und was Rosa Parks anbelangt, so wurde ihre Stelle in einem Kaufhaus gekündigt. 1957 musste sie mit ihrer Familie den Bundesstaat Alabama verlassen, weil sie in Montgomery keine neue Anstellung mehr fand. Noch ein paar Jahre später erhielt sie Morddrohungen. Ihre Verwicklung in die Bürgerrechtsbewegung war viel komplexer als nur der eine Akt von zivilem Ungehorsam. Sie war Sekretärin des Ortsverbands Montgomery der National Association for the Advancement of Colored People (NAACP) gewesen, der Nationalen Organisation zur Förderung Farbiger Menschen, und sie hatte in der »Black Power«-Bewegung mit vielen anderen, einschließlich Robert F. Williams und Malcolm X, mit denen sie befreundet war, zusammengearbeitet. Williams, der für die Bewaffnung von Schwarzen zur Selbstverteidigung eintrat und dafür, Bürgerrechts-Aktivisten vor dem Terrorismus des Ku-Klux-Klan zu schützen, gründete die Black Armed Guard, die Schwarze Bewaffnete Garde, die etwa sechzig Mitglieder zählte. Am 5. Oktober 1957, als der Ku-Klux-Klan Dr. Albert Perry bedrohte, den

Vizepräsidenten von Monroe im Bundesstaat North Carolina, errichteten der Ortsverband der NAACP, Williams und die Garde vor Perrys Haus einen Wall aus Sandsäcken. Als die mit Klan-Mitgliedern voll besetzten Wagen vorbeifuhren und das Feuer eröffneten, schossen Williams und seine Leute zurück. Als Reaktion darauf verbot der Stadtrat von Monroe dem Klan das Fahren im Konvoi.

Jahre später sagte Parks in ihrer Ansprache bei Williams' Beerdigung, sie habe ihn immer »wegen seines Mutes und seines Engagements für die Freiheit« bewundert, und »sein Werk sollte in die Geschichte eingehen und nie vergessen werden«. Ihre Anwesenheit bei Williams' Beerdigung und ihre Worte stellen ihre Beschreibung als die feine Schwarze Frau, die ganz leise eine Bewegung initiierte, in ein anderes Licht.

Doch wer waren die Antagonisten in dieser Szenerie? Wer waren die Terroristen, die Schwarze Kirchen mit Bomben bewarfen und unschuldige Schwarze Menschen lynchten? Wer waren die Cops, die dabeistanden oder mitmachten? Sie bleiben schwer fassbar, vielleicht weil die Sache, für die sie kämpften, der Grund für ihre Gräueltaten – nämlich Segregation und die Aufrechterhaltung des Zustands von Rassendiskriminierung –, von einer bedeutenden Minderheit von Politikern sowohl im Repräsentantenhaus als auch im Senat begrüßt wurde.

Nachdem das Repräsentantenhaus 1964 den Civil Rights Act verabschiedet hatte, musste der damalige Mehrheitsführer, Mike Mansfield, den Rechtsausschuss umgehen und den Gesetzentwurf direkt im Plenarsaal des Senats vorstellen, denn James Eastland, der Vorsitzende des Rechtsausschusses, ein Demokrat und Befürworter der Rassentrennung, hätte ihn nie durchkommen lassen. Von den einhundert Senatoren stimmten schließlich siebenundzwanzig – darunter einundzwanzig Demokraten – gegen die Verabschiedung des Bürgerrechtsgesetzes. Viele von ihnen, einschließlich Strom Thurmond, der 1957 im Bemühen, ein früheres Bürgerrechtsgesetz zu verhindern, die längste Dauerrede in der Geschichte des Senats gehalten hatte, wechselten nach der Verabschiedung des Gesetzes zu den Republikanern.

Der Weg zum Civil Rights Act war also weder einfach noch geradlinig. Wie vieles im Kampf um Schwarze Gleichberechtigung war er gepflastert mit Gewaltverbrechen, unsäglichen Gesetzesverletzungen, dem Verlust von Eigentum und Chancen und sehr wenig Rechenschaftspflicht.

Nach 350 Jahren hatten die Schwarzen vollständige Gleichberechtigung erreicht und eine Garantie erhalten, dass ihre Rechte geschützt würden, zumindest auf dem Papier. Doch der amerikanische Erfindungsreichtum ist nie erfinderischer, als wenn es darum geht, Wege zu finden, die Weiße Vorherrschaft zu befördern.

Die Diskriminierung selbst hat nie aufgehört – sie hat sich nur verwandelt in raffiniertere, verträglichere Ausdrucksformen. Selbst wenn die Stoßkraft der Politik zum Teil mehr auf Gleichberechtigung und Inklusion ausgerichtet war, haben die Ergebnisse von jahrzehntealten Regierungsmaßnahmen in Bezug auf Wohnungsbau, Bildung und Erziehung sowie das Strafrecht weiterhin Auswirkungen auf das tägliche Leben der Schwarzen und die Chancenungleichheit, der sie sich nach wie vor gegenübersehen. Anfang 2021 veröffentlichte die amerikanische Zentralbank Federal Reserve Daten, die zeigen, dass das durchschnittliche Reinvermögen von Weißen Familien um 700 Prozent höher ist als das von Schwarzen Familien. Nach beinahe allen Kennzahlen – wie etwa Umweltverschmutzung, Klimarisiko, Zugang zu angemessener und unvoreingenommener Gesundheitsversorgung sowie hochwertige Bildung – sind Schwarze Amerikaner gegenüber ihrer jeweiligen Weißen Vergleichsgruppe immer noch stark benachteiligt.

Allein schon unser Autobahnsystem ist rassistisch. Nicht nur, weil die Autobahnplanung in den 1950er-Jahren Schwarze Wohnviertel zerstörte, oft indem man sie dem Boden gleichmachte, um Raum für Straßen zu schaffen, aber auch, indem man Schwarzen und anderen Nicht-Weißen den Genuss von gemeinsamen Ressourcen, die Weiße für gegeben nehmen, verwehrte. Robert Moses zum Beispiel, der Architekt eines Großteils der Infrastruktur von New York City und, laut seinem Biografen Robert Caro, »das rassistischste menschliche Wesen, dem ich je begegnet bin«, hielt die Brücken auf den Schnellstraßen von Long Island bewusst niedrig, sodass Busse mit Schwarzen und Hispanics der Arbeiterklasse, die damals oft keine Autos hatten, nicht zu den Stränden fahren konnten.

Es gibt auch eine Form von Umwelt-Terrorismus aufgrund jener jahrzehntealten Entscheidungen. Vorwiegend Schwarze Wohnviertel, die neben Autobahnen gelegen sind, wie zum Beispiel Virginia Park in Detroit, wohin Rosa Parks später gezogen ist, sind einer unverhältnismäßig großen Belastung durch Feinstaub ausgesetzt. Laut einer in dem Journal *Science Advances* veröffentlichten Studie, die im April 2021 in der *Washington Post* besprochen wurde, ist diese Belastung jährlich für den vorzeitigen Tod von fünfundachtzigtausend bis zweihunderttausend Amerikanern verantwortlich.

Darüber hinaus leben 26 Prozent aller Schwarzen und 28 Prozent aller Minderheiten innerhalb von drei Meilen einer Superfund-Stätte*. Gemeinden mit niedrigem Einkommen leiden mehr unter Hitzewellen, denn sie haben weniger Bäume und Grünflächen und sind deshalb heißer.

Joy DeGruy stellt bei Schwarzen einen hohen Grad an Stress, Selbstzweifeln und Problemen mit Aggression und zwischenmenschlichen Beziehungen infolge eines posttraumatischen Sklavensyndroms fest. Besonders Zorn ist heimtückisch und um sich greifend und kann von Schwarzen Amerikanern sowohl persönlich aufgrund von enttäuschten Ambitionen erfahren werden, aber auch gemeinschaftlich aufgrund des Scheiterns, sich vollständig in eine Gesellschaft zu integrieren, die sie weiterhin ausschließt. Alles wird durch das Prisma der Hautfarbe gesehen.

Die Wechselwirkung zwischen den nicht verheilten Wunden der Vergangenheit und den Wunden, die Schwarzen Amerikanern in allen Bereichen und Umständen des sozialen und bürgerlichen Lebens zugefügt werden, setzt sich fort. Die Auswirkungen sind verheerend. David Williams, Professor an der T. H. Chan Harvard School of Public Health, hat die »Everyday Discrimination Scale« entwickelt, um die Häufigkeit, mit der Menschen täglich Diskriminierung in unterschiedlichen Situationen erfahren, einzuschätzen. Es gibt eine direkte Korrelation zwischen einem hohen Grad an Diskriminierung und einem gesteigerten Risiko von Herzkrankheiten, Diabetes und Asthma. Die Gesundheitsvorsorge für Schwarze

* Im Rahmen eines 1980 ins Leben gerufenen nationalen Programms, Superfund, wurden ca. 1600 Stätten auf eine Liste der Orte gesetzt, die amerikaweit den höchsten Grad an Kontamination mit Umweltgiften aufweisen. Aufgabe des Programms ist es, diese Stätten zu identifizieren und von den gefährlichen Substanzen zu reinigen. (A.d.Ü.)

ist oft unzulänglich. Das ist eine Entwicklung, die zum Teil durch eine implizite Voreingenommenheit von Medizinern vorangetrieben wird, was zu einem gewissen Grad das direkte Ergebnis ihrer Ausbildung ist, wo falsche Ideen über die Physiologie von Schwarzen Amerikanern (der Mythos über ihre hohe Schmerztoleranz zum Beispiel) fortbestehen.

Dies alles zusammen führt zu einer Gesundheitskrise, die die erschreckende Feststellung von Williams erklärt, dass zweihundert Schwarze Amerikaner jeden Tag einen vorzeitigen Tod sterben. Und das war vor Corona.

Seit je ist dieses Land mit Drogen und Drogenabhängigkeit befasst, doch erst seit Richard Nixon 1971 Drogen zum »Staatsfeind Nummer eins« erklärte, begann der Krieg. Ein Krieg gegen Drogen ist so sinnvoll wie ein Krieg gegen den Terror, aber dank einer irregeleiteten Gesetzgebung und Umverteilung von Ressourcen wurde aus dem Schlagwort »Krieg den Drogen« eine Realität – zumindest in den Innenstädten und nicht-Weißen Gemeinden – samt Spezialeinsatzkommandos und schwer bewaffneter und mit immer mehr Machtbefugnissen ausgestatteter lokaler Polizei.

Anfangs konzentrierte die Regierung Nixon ihre Aufmerksamkeit tatsächlich auf die medikamentöse Therapie und Rehabilitation, doch dann bekam der Ansatz zunehmend Bestrafungscharakter. Die Frage, ob Nixons Drogen-Politik absichtlich verstärkt Schwarze ins Visier nahm, bleibt offen. Es besteht jedoch kein Zweifel darüber, dass mit der Zeit, insbesondere während Ronald Reagans acht Jahren im Amt, die Kriegsstrategien im »Kampf gegen die Drogen« in Wirklichkeit Instrumente waren, um Schwarze kriminell zu verstricken – mit immer fataleren Folgen.

Unter Reagan wurde das Budget für die Drogenbekämpfung um mehr als das Zehnfache erhöht und brachte Nixons Maßnahmen auf ein ganz neues Level. Durch die euphemistisch »Anti-Drogenmissbrauchsgesetz« (Anti-Drug Abuse Act) genannte Verordnung von 1986 wurden für die meisten Drogen einschließlich Marihuana noch härtere Strafen verhängt. Das landesweit verfügte Minimum wurde auf fünf Jahre für fünfhundert Gramm Kokain festgesetzt, und genauso hoch war das Strafmaß für nur fünf Gramm Crack trotz der Tatsache, dass Crack nachweislich nicht gefährlicher ist als pulverisiertes Kokain. Diesen Richtlinien gemäß wurden Strafen gesetzlich festgelegt, sodass den Richtern bei der Verhängung kein Spielraum mehr blieb. Wegen dieses Gesetzes nutzten Staatsanwälte weitreichende Befugnisse, um Schuldeingeständnisse von den Beklagten im Austausch gegen mildere Strafen zu erzwingen*. Im Jahr 2015 waren annähernd 95 Prozent der Staatsanwälte im Land Weiße.

Bis zum Jahr 2003 machten die Schwarzen 80 Prozent der Beklagten aus, die von einem Bundesgericht wegen des Besitzes von Crack verurteilt wurden, obwohl nur 30 Prozent der Crack-Kokain-Konsumenten Schwarz waren. 66 Prozent der Crack-Kokain-Konsumenten in den Vereinigten Staaten waren Weiß oder Hispanic. In einer vom FBI zur Verfügung gestellten Analyse der Verhaftungsdaten stellte die Human Rights Watch fest, dass »in jedem Jahr zwischen 1980 und 2007 die Festnahmen wegen Drogenbesitzes 64 Prozent aller Festnahmen im Zusammenhang mit Dro-

* In einem Deal zwischen Verteidigung und Staatsanwaltschaft bekennt sich die Beklagte (teilweise) schuldig, um eine Verminderung des Strafmaßes zu erwirken (sog. plea bargains). (A.d.Ü.)

gen ausmachten. Von 1999 bis 2007 betrafen 80 Prozent oder mehr aller Festnahmen im Zusammenhang mit Drogen deren Besitz.« Von 1980 bis 2007 war die Wahrscheinlichkeit, dass Schwarze wegen Drogendelikten verhaftet würden, 2,8- bis 5,5-mal größer als bei Weißen. Eine der schockierendsten Statistiken wird von Jeremy Travis in seinem Buch *But They All Came Back* hervorgehoben: Im Jahr 2000 war die Inhaftierungsrate von Schwarzen wegen aller Delikte sechsundzwanzigmal so hoch wie 1980. Da die Hautfarbe hinsichtlich des Drogenkonsums keine nennenswerte Rolle spielt, zeigen diese Daten ganz klar das unvermeidliche Resultat einer rassistischen Drogenpolitik und von rassistischen Verurteilungsrichtlinien.

Wie so oft blieb die Rolle des Supreme Court, im Zweifel die Verfassung zu untergraben, Schutzbedürftige alleinzulassen und eine antidemokratische Gesetzgebung zu ermächtigen, im Zuge des Anti-Drogenmissbrauchsgesetzes voll bestehen. In einer Reihe von Entscheidungen, die sich verheerend auf den durch den Vierten Verfassungszusatz gebotenen Schutz vor willkürlicher Durchsuchung, Festnahme und Beschlagnahme auswirkten und die den Zweck des ursprünglichen Textes der Verfassung unberücksichtigt ließen (wie es die sogenannten Originalisten an diesem Gericht oft tun), wurde die Macht der Polizei, solche Durchsuchungen vorzunehmen, über die Grenze des Absurden hinaus ausgedehnt, bis es dafür kaum eines hinreichenden Verdachts mehr bedurfte.

All dies scheint im Wesentlichen darauf abzuzielen, Schwarzsein zu kriminalisieren. Die Auswirkung ist auf menschlicher Ebene schwer zu quantifizieren, aber die Statistiken machen sprachlos. 1986 lag das auf Bundesebene verhängte Strafmaß für Drogendelikte bei Schwarzen um 11 Prozent über dem für Weiße. Bis zum Jahr 1990, nachdem das Anti-Drogenmissbrauchsgesetz vier Jahre in Kraft gewesen war, lag dieser Durchschnitt um 49 Prozent höher. Das Ziel, massenhaft Schwarze wegzusperren, scheint vorsätzlich geplant gewesen zu sein.

An der Wende zum 20. Jahrhundert konnten Schwarze nach einer Festnahme wegen Herumlungerns zu lebenslanger Schwerarbeit auf einer Baumwollplantage oder in einem Nadelholzwald zur Terpentingewinnung verurteilt werden. Es gab keinen Regress, keine Berufung und beinahe nie eine Ermäßigung. Nach dem Erlass des Gesetzes von 1986 war das Leben von Schwarzen Männern und Frauen, die oft wegen ähnlich geringfügiger Vergehen verhaftet wurden oder weil sie sich in einem ineffizienten und grausamen System verfingen, das sie zu Deals mit der Staatsanwaltschaft zwang, von der Schande überschattet, als Ex-Häftling abgestempelt zu sein.

Die Politiker konnten sich nicht länger erlauben, Herumlungern als schweres Verbrechen darzustellen, auf das lebenslänglich stand, doch indem man den Drogen den Krieg erklärte und fälschlich behauptete, dass einige Drogen, wie zum Beispiel Crack, gefährlicher als andere seien und vorwiegend von Schwarzen konsumiert würden, waren die Instrumente gerechtfertigt. Das zunehmend militarisierte Vorgehen der Strafverfolgung und das extreme Strafmaß, das die Staatsanwälte forderten, erhielten diese Lüge aufrecht.

Auch wegen unserer puritanischen Wurzeln geht es in unserem Rechtssystem schon immer mehr um Bestrafung als um Rehabilitation – und es funktioniert nicht. Die Ergebnisse, gemessen in vergeudeten Ressourcen und zerstörten

Leben, sind katastrophal. Und fast zu jedem Zeitpunkt werden Schwarze ungerecht ins Visier genommen, sie werden mit größerer Wahrscheinlichkeit schwererer Verbrechen angeklagt, und mit viel größerer Wahrscheinlicht verbüßen sie dafür längere Haftstrafen als Weiße.

All dies ist schlimm genug. Aber in Amerika gibt es, zumindest für bestimmte Teile der Bevölkerung, kein Abdienen einer Strafe. Die Schuld ist nie abgegolten, der Preis nie bezahlt. Die Hürde, die zwischen einem Straftäter und der Fähigkeit, vollumfänglich am bürgerlichen Leben teilzunehmen, sowie der Möglichkeit, ein Leben in Würde und Wohlstand zu führen, aufgebaut wird, ist in den meisten Fällen unüberwindbar. Selbst wenn das vermeintliche Verbrechen ein geringfügiges Drogendelikt war und selbst wenn der Beklagte sich nur deshalb schuldig bekannte, um einer unangemessen hohen Strafe zu entgehen, ist das Leben nach dem Gefängnis die Fortsetzung dieses Albtraums. Michelle Alexander schreibt in *The New Jim Crow*: »Sobald jemand als Verbrecher abgestempelt ist, sind die alten Formen der Diskriminierung – Benachteiligung bei der Arbeit, Benachteiligung bei der Wohnungssuche, Verweigerung des Wahlrechts, Verweigerung des Rechts auf Bildung, Verweigerung von Lebensmittelmarken und anderen Sozialleistungen sowie der Ausschluss von der Teilnahme an Geschworenengerichten – plötzlich legal.«

Plus ça change …

Oberflächlich betrachtet scheint die »Broken Windows«-Theorie, die von dem Kriminologen George L. Kelling und dem Politikwissenschaftler James Q. Wilson entwickelt wurde, unstrittig, sogar vernünftig: Offensichtliche Anzeichen des Verfalls und der Unordnung können zu noch mehr Unordnung führen, bis alles außer Kontrolle gerät. Im Zusammenhang mit der Strafverfolgung war die Hypothese, dass, wenn die örtliche Polizei, insbesondere in städtischen Gebieten (also Innenstädten oder Gettos), bei geringfügigen Delikten rigoros durchgreift, schwerwiegendere Verbrechen verhindert werden können. Kleinere Verstöße ernst zu nehmen hätte theoretisch zur Folge, dass eine Atmosphäre von Ordnung geschaffen und dadurch ein gesetzmäßigeres Verhalten befördert wird. Die simple Formel: Auf Anzeichen von Verbrechen folgen Verbrechen.

Die Theorie der Zerbrochenen Fenster schien vielen Politikern und Strafverfolgungsorganen jeglicher Couleur reizvoll. Bernard Harcourt, Jura-Professor an der Columbia University, beschrieb die Reaktion der Polizei folgendermaßen: »Es war wie eine magische Lösung, dank der sich jeder einen eigenen Weg ausdenken konnte, um den Bettler, den Gammler auf der Straße, die Nutte oder den Abfall loszuwerden, und es erlaubte den Liberalen, das zu tun, ohne dass dies ihrer Selbstgerechtigkeit und ihrem Gutmenschentum in irgendeiner Weise Abbruch tat.«

Der neu gewählte Bürgermeister von New York City, Rudolph Giuliani, und sein Polizeikommissar William Bratton nahmen die Theorie der Zerbrochenen Fenster Mitte der 1990er begeistert an. Sie wurde beinahe gleichzeitig mit Giulianis Amtsübernahme umgesetzt, und Fehlverhalten, wie etwa Trinken im öffentlichen Raum, Jaywalking – eine Straße an der falschen Stelle überqueren –, das Anbringen von Graffiti und Herumlungern wurden kriminalisiert. Über Drehkreuze zu springen, um das Fahrgeld für die U-Bahn zu sparen, wurde damals von der Verkehrsbehörde

MTA als ein Riesenproblem gesehen, und Hunderte von Polizisten schwärmten in den U-Bahn-Stationen aller fünf Stadtbezirke aus, um Zuwiderhandelnde festzunehmen. Das war in der Strafverfolgung das Äquivalent zur Klassifizierung von Marihuana als Einstiegsdroge für Heroin.

Der vermeintliche Erfolg der Broken-Windows-Polizeiarbeit spielte eine große Rolle bei Giulianis Wiederwahl im Jahr 1997, doch war er letztendlich trügerisch, genau wie sein unverdientes Ansehen nach den Terroranschlägen am 11. September 2001. Gemäß einer Studie der Soziologen Robert J. Sampson und Stephen R. Raudenbush stellte sich auch heraus, dass »systematisch beobachtete Unordnung subjektiv wahrgenommene Unordnung determiniert, aber der ethnische und der ökonomische Kontext eine größere Rolle spielen«. Anders gesagt, Wohnviertel, die arm oder Schwarz oder beides sind, werden so wahrgenommen, als herrsche dort größere Unordnung, auch wenn das gar nicht der Fall ist.

Die Broken-Windows-Polizeiarbeit in New York scheint insgesamt keinen Einfluss auf die Kriminalitätsrate gehabt zu haben. Zwar sank diese tatsächlich, doch es handelte sich hierbei um einen landesweiten Trend, der auf eine Periode mit einer wesentlich höheren Kriminalitätsrate folgte. Es bestand kein ursächlicher Zusammenhang. Was sich tatsächlich auswirkte, war der zunehmende Kontakt zwischen der Polizei und jungen (meist) Schwarzen (meist) Männern, was beinahe unweigerlich zu Verhaftungen wegen geringfügigerer Verstöße, wie zum Beispiel das Überspringen von Drehkreuzen, führte. Wie wir gesehen haben, wird es, sobald man einmal in dem System ist, schwierig, sich daraus zu befreien.

In der Art, wie und was wir unseren Kindern beibringen, ganz grundsätzlich über sie selbst und über einander, haben wir vielfach versagt. Die Anwendung eines Broken-Windows-Ansatzes auf Schulen hatte verheerende Auswirkungen auf den Unterricht. Konkret gesagt wäre es absolut sinnvoll gewesen, sich mit strukturellen Problemen zu befassen – eine wohlgeordnete physische Umgebung kann das Gefühl eines Kindes für Sicherheit und Selbstwert steigern, was wiederum das Lernen fördert. Doch ebenso wie bei der Strafverfolgung endete die Fehlanwendung dieser Praxis auf Schulen damit, dass die Schulverwaltung und die Lehrer die Kinder behandelten, als ob *sie* die zerbrochenen Fenster wären.

Nun wurden plötzlich geringfügige Verstöße mit einer bis dahin nie gekannten Strenge geahndet. Schüler wurden wegen Schwänzens oder Widerworten von der Schule verwiesen. Schulsuspendierungen sollten eigentlich auf der Grundlage von Regeln ausgesprochen werden. Eine Mammut-Studie aus Texas über mehr als eine Million Schulkinder fand jedoch heraus, dass 97 Prozent der Suspensionen auf der Willkür der Schulleitung beruhten und nicht auf dem Regelwerk. Wie Libby Nelson und Dara Lind für Vox berichteten, wurden Schwarze Schüler mit einer um 31 Prozent höheren Wahrscheinlichkeit willkürlich suspendiert als Weiße, selbst nach einer Prüfung anhand von 83 anderen Variablen.

Das Bild verschlechterte sich, als nach dem Amoklauf an der Columbine High School 1999 in öffentlichen Schulen richtige Polizisten eingesetzt wurden. Die ursprüngliche Absicht war, die Kinder vor einer ähnlichen Tragödie zu bewahren. Doch es wurde immer mehr ihre Aufgabe, die

Kinder polizeilich zu kontrollieren. Die Anzahl der Sicherheitsbeamten an Schulen stieg drastisch, und während des Schuljahres 2011/12 wurden zweiundneunzigtausend Schüler, 31 Prozent davon Schwarze, *in der Schule* verhaftet.

Diese Überreaktionen, die durch implizite Voreingenommenheit und wahllose Vorurteile angeheizt wurden, schufen ein Umfeld, in dem die Wahrscheinlichkeit, dass Schüler, insbesondere nicht-Weiße Schüler, in Konflikt mit dem Strafrechtssystem kamen, erheblich anstieg. Das führte natürlich dazu, dass Stereotype über Schwarze und Kriminalität bestärkt und aufrechterhalten wurden.

Die Statistiken zeichnen wieder ein krasses Bild von Rassenungerechtigkeit, doch sie unterstreichen gleichzeitig die Grausamkeit und Verachtung, mit der unser Bildungssystem samt seiner Verwaltung und seinem Lehrkörper unsere Kinder behandelt. Es wird zu einer selbsterfüllenden Prophezeiung: Kinder, die behandelt werden, als ob sie von Natur aus schlecht und kriminalitätsanfällig wären, erreicht diese Botschaft laut und deutlich. Vor diesem Hintergrund ist das Problem, gemäß dem Amt für Bürgerrechte im Bildungsministerium, nicht nur, dass 48 Prozent der Kindergartenkinder, die mehr als ein Mal suspendiert wurden, Schwarz sind, sondern dass Kinder im Kindergartenalter überhaupt suspendiert werden.

Wir unterrichten amerikanische Geschichte (meist schlecht) in einem Schulsystem, das die Rassenungleichheit in der größeren Welt abbildet. Oft sind es die Bildungsinhalte selbst, die diese Ungleichheiten vergrößern. Erst vor Kurzem wurden entmenschlichende Mythen über den Nutzen der Sklaverei aus den Schulbüchern entfernt. Den Kindern werden weder die Kulturen und Gemeinschaften, aus denen die Afrikaner geraubt wurden, gelehrt, noch die etwa sechshundert unterschiedlichen Gemeinschaften amerikanischer Ureinwohner, die vor der Ankunft der Weißen Siedler florierten.

Wir sondern Schwarze- und Frauen-Literatur und Geschichte ab, als ob Schwarze Amerikaner und Frauen nicht nur am Rande des Entstehens von Amerika stünden, sondern auch weniger wichtig dabei wären, eine Untergruppe außerhalb der Mehrheit.

Es gibt keine bundesweiten Richtlinien für die Lehrpläne von Sozialkunde oder amerikanischer Geschichte. Die Herstellung von Schulbüchern ist zu einem politischen Prozess geworden, der von Staat zu Staat eine große Schwankungsbreite darin aufweist, wie die Themen, die für das Verständnis der Entwicklung dieses Landes von wesentlicher Bedeutung sind, beispielsweise die Sklaverei, an den Schulen gelehrt werden. Dieser Mangel an Konsens und die Politisierung unserer Geschichte werden verdeutlicht durch die jüngste Kontroverse über Präsident Bidens Entscheidung, das 1619-Projekt als Grundlage für ein Stipendienprogramm zur Unterstützung von Bildungsprogrammen zu verwenden, die Themen wie Voreingenommenheit, diskriminierende Maßnahmen und Diversität beim Unterrichten von amerikanischer Geschichte berücksichtigen.

Das 1619-Projekt, das von Nikole Hannah-Jones, einer Pulitzer-Preisträgerin und Journalistin für *The New York Times*, unter Mitarbeit von Jamelle Bouie, Bryan Stevenson, Kevin Kruse und anderen ins Leben gerufen wurde, ist ein notwendiges Korrektiv zu der Art und Weise, wie die meisten Amerikaner Sklaverei und deren Vermächtnis und die Mitwirkung der Schwarzen Amerikaner verstehen. Es ist, wie Hannah-Jones sagt, »ganz einfach ein Versuch, die Dinge richtigzustellen«. Obwohl es in der ursprünglichen Publikation ein paar faktische Unstimmigkeiten gibt – zum Beispiel die Behauptung, dass die Kolonisten den Unabhängigkeitskrieg führten, um die Sklaverei aufrechtzuerhalten –, ist das Projekt ein wesentliches Korrektiv zu der falschen Vorstellung, dass die Sklaverei nicht untrennbar mit der Gründung dieses Landes verbunden ist.

Konservative von Erik Erikson bis hin zu Newt Gingrich stempelten das Projekt als »Agitprop« ab, als »Gehirnwäsche« und als Versuch, den »Rassenkonflikt schwelen« zu lassen. Republikanische Abgeordnete von mindestens fünf Staaten haben gedroht, die Mittel von Schulen zu beschneiden, deren Lehrpläne teilweise auf dem 1619-Projekt beruhen, das in den Gesetzentwürfen »ethnisch spaltend« und »revisionistisch« genannt wird. Mississippi finanziert einen patriotischen Bildungsfonds, und South Dakota gibt beinahe eine Million Dollar dafür aus, die Kinder zu lehren, »warum die USA die außerordentlichste Nation in der Geschichte der Welt sind«. Diese Vorstöße wurden zu Recht als Propaganda bezeichnet.

Siebenunddreißig Republikaner im Senat haben Präsident Bidens jüngste Entscheidung offiziell verurteilt, indem sie schrieben, »Familien haben nicht um diesen entzweienden Unsinn gebeten. Wähler haben dafür nicht gestimmt. Amerikaner haben nie beschlossen, dass unseren Kindern beigebracht werden sollte, dass unser Land von Natur aus böse ist.« Bei der Wahl zwischen Propaganda und Wahrheit macht die Parteiführung der Republikaner ihre Wahl weiterhin deutlich.

Lehrbücher greifen oft auf Euphemismen zurück. Zum Thema West-Expansion und gewaltsame Auseinandersetzung mit den Ureinwohnern Amerikas enthält der Lehr- und Studienplan für Amerikanische Geschichte in der Oberstufe und am College folgende Beschreibung: »Grenzsiedler neigten dazu, die Expansionsversuche zu verfechten, während der amerikanisch-indianische Widerstand zu einer Reihe von Kriegen führte sowie zu den föderalen Bemühungen, die amerikanisch-indianischen Bevölkerungen zu kontrollieren und umzusiedeln.« Sprache ist niemals neutral – das Beispiel scheitert daran, den jeweiligen Aggressor und den Schrecken des Verbrechens zu benennen.

Noch beunruhigender ist das, was viele amerikanische Geschichtslehrbücher auslassen. Während Sklaverei als eine Ursache für den Unabhängigkeitskrieg erwähnt wird und die Beschreibungen der Institution unverblümter und realistischer geworden sind, werden eingehendere Diskussionen über die unzähligen Arten, auf die die Sklaverei Amerika und sein Volk geformt hat beziehungsweise ihren anhaltenden Einfluss darauf, weitestgehend vermieden. Und es gibt wenige, wenn überhaupt, Diskussionen über die Tatsache, dass siebzehn von den fünfundfünfzig Delegierten des Verfassungskonvents, ein Drittel der Gründungsväter, Sklavenhalter waren, und die Auswirkung, die dies auf den Prozess des Entwurfs der Verfassung gehabt haben mag. Die Begriffe »Lynchen«, »Leibeigenschaft«, »Tränenpfad«, »Gesetze für Schwarze«, »Baumwolle«, »Terpentin-Wälder« und »Sträflingsvermietung« lassen sich nirgendwo im amerikanischen Geschichtslehrplan für Oberstufe und Colleges finden. Wie können Schüler oder Studenten die Vergangenheit dieses Landes sowie deren anhaltende Auswirkung auf unsere Gegenwart ohne eine tiefgehende Kenntnis all dieser Termini in den Griff bekommen?

Sowohl in unseren Städten als auch in unseren Schulen wären wir alle besser gefahren, wenn sie nur diese verdammten Fenster repariert hätten.

Nichts von alldem geschah in einer fernen Vergangenheit. Es geschieht jetzt.

1996, als ich einunddreißig war, argumentierte Charles Davidson, Senator für Alabama, »dass Sklaverei eine Familieneinrichtung war und ein zivilisierender Einfluss auf die versklavten Menschen, indem sie ihnen Bildung und die christliche Religion gab, wofür diese bekehrten schwarzen Südstaatler heute überaus dankbar sind«.

2002 wurde Strom Thurmond, der unverbesserliche Weiße Supremastist und Segregationist, hundert Jahre alt. Auf seiner Geburtstagsparty war, neben einer Liste von anderen politischen Figuren, der damalige Präsident George W. Bush.

Trent Lott, Fraktionsführer der Republikaner im Senat, sagte feierlich: »Ich möchte Folgendes über meinen Staat, Mississippi, sagen: Als Strom Thurmond Präsidentschaftskandidat war, haben wir ihn gewählt. Darauf sind wir stolz. Und wenn der Rest des Landes unserem Beispiel gefolgt wäre, hätten wir all diese Probleme in all diesen Jahren auch nicht gehabt.«

Segregation und Jim Crow waren Teil von Thurmonds Wahlprogramm während des Wahlkampfs gewesen.

Im April 2021 sagte der ehemalige Senator von Pennsylvania Rick Santorum, der tatsächlich dafür bezahlt wurde, seine rassistischen Ansichten auf CNN vom Stapel zu lassen*, in einer Rede vor der Young America's Foundation, einer Organisation junger Konservativer: »Wir sind hierhergekommen und haben buchstäblich Tabula rasa gemacht. Wir haben eine Nation aus dem Nichts geboren. Ich meine, es war nichts hier. Ich meine, ja, es gibt Native Americans, aber offen gesagt, es gibt kaum indigene amerikanische Kultur in der amerikanischen Kultur.«

Ich bin in Jamaica aufgewachsen, einem Wohnviertel in Queens, New York, wo die Minderheiten die Mehrheit ausmachen, wo ich auf dem Weg zur U-Bahn nicht den geringsten Unterschied zwischen mir und den Leuten, an denen ich vorbeiging, sah. In seinem Artikel *Black in White Space* schreibt der Soziologe Elijah Anderson: »Weiße Leute vermeiden normalerweise den Schwarzen Raum, aber Schwarze Leute müssen als Bedingung ihrer Existenz durch den Weißen Raum navigieren.« Schwarze Leute in Amerika vergessen das nie; Weiße Leute müssen nie darüber nachdenken. Ich wusste das aufgrund der Umstände meiner Kindheit.

Und dennoch, das N-Wort wurde im Haus meiner Großeltern ohne auch nur einen Hauch von Verlegenheit verwendet. Die Eltern meiner Freunde senkten ihre Stimmen und flüsterten, wann immer sie das Wort »Schwarz« in den Mund nahmen, als ob dessen bloße Äußerung sie verdächtig machte. Jedes Mal wenn wir durch vorwiegend Schwarze Viertel fuhren, verriegelten die Erwachsenen auf den Vor-

* Vier Wochen später und nach heftigen Protesten wurde Santorum von CNN für diese Äußerung entlassen. (A.d.Ü.)

dersitzen verstohlen die Wagentüren. Beim Betreten von Schwarzen Räumen fühlen wir uns vielleicht verlegen, vielleicht haben wir sogar Angst, aber wir sind selten in Gefahr. Auch das wusste ich.

Trotz meiner Nachbarschaft war ich in eine Kultur eingetaucht, die Weiß war. Die Schulen, die ich besuchte, waren fast ausschließlich Weiß, und amerikanische Geschichte war Weiße Geschichte. Schwarze Geschichte, wenn sie überhaupt erwähnt wurde, war etwas anderes. Die Literatur, die ich studierte, war Weiße Literatur, und Schwarze Literatur war davon getrennt. Und ich war ein Kind.

Rassismus ist etwas, das wir unseren Kindern aufnötigen, genauso wie es uns aufgenötigt worden ist. Es ist eine Gewalt, die wir ihnen antun – und während sie aufwachsen, ziehen sie aus demselben festgefahrenen System Nutzen wie wir, denn unsere rassistische, Weiße, sich überlegen fühlende Gesellschaft erlaubt uns, daraus Nutzen zu ziehen. Wir werden selbstgefällig und eigennützig und, letztendlich, genauso schuldig wie die Menschen, die uns das angetan haben, und die Menschen vor ihnen. Der Zyklus setzt sich fort. Unsere Fähigkeit, anständig und freundlich zu sein, ist verkümmert. Unser Wunsch, einer breiteren Gemeinschaft angstfrei anzugehören, ist gestutzt. Es ist eine passive Erfahrung, bis sie es nicht mehr ist. Je mehr wir unser Privileg ausüben, desto schwieriger wird es zu unterscheiden, ob wir dies unbewusst tun oder aus einem Gefühl, dazu berechtigt zu sein. Es ist so einfach, sich an den Luxus des Vergessens zu gewöhnen und den Luxus, nie wissen zu müssen.

Es geht mir nicht darum, Entschuldigungen vorzubringen oder nahezulegen, dass unsere verpassten Chancen, unsere enge Sicht auf die Welt den Einfluss unserer Entscheidungen oder die Auswirkung, die Weißes Verhalten auf die Schwarzen in Amerika hat, in irgendeiner Weise abschwächen, doch wir müssen unseren Rassismus anerkennen, ehe wir damit beginnen können, etwas dagegen zu tun. Ohne diese Anerkennung fährt er unvermindert fort, uns Möglichkeiten für Freundschaften, Partnerschaften, Kooperationen und Erfahrungen zu versagen, die wir sonst vielleicht gehabt hätten. Unsere Weiße Macht und unser Weißes Privileg kosten uns als Menschen einen großen emotionalen und spirituellen Preis. Wir haben eine Identität, die sich auf diese Macht und dieses Privileg beschränkt. Wir leben in einer furchtsamen, alles überwachenden und oft gewaltsamen Gesellschaft, die wir selbst gemacht haben, und wir bleiben in ihr gefangen, es sei denn, wir unternehmen die notwendigen Schritte.

Weiße Amerikaner sind besorgt, dass durch die Anerkennung der Gräueltaten in unserer Vergangenheit irgendwie die Schuld der Täter an uns haften bleibt. Im Gegenteil: Wir machen uns gerade dadurch mitschuldig, dass wir es unterlassen, zu diesen Gräueltaten zu stehen. Wir als Nation können erst zu heilen beginnen, wenn wir unserer Vergangenheit offen und ehrlich in die Augen sehen und verstehen, wie das Vermächtnis unseres Landes weiterhin jeden Aspekt unseres Lebens beeinflusst.

KAPITEL 9

Sich der Wahrheit stellen

Einen oder zwei Monate vor der Wahl 2020 begann ich darüber nachzudenken, was uns wohl bevorstehen würde, wenn oder falls wir wieder aus der Coronapandemie auftauchten. Zur damaligen Zeit war noch kein Impfstoff in Sicht – es würde vielleicht drei Jahre dauern oder fünf oder länger. Vielleicht würde es nie geschehen. Zu dem Zeitpunkt waren zweihunderttausend Amerikaner gestorben, es war nicht absehbar, wann der Lockdown enden würde, und jeder Vorstoß in die Welt fühlte sich wie ein schreckliches Wagnis an.

Mir war klar, dass wir uns einer Krise der seelischen Gesundheit gegenübersehen würden, für die das Land, selbst in seinen besten Zeiten, nur kläglich vorbereitet gewesen wäre. Es war, als befänden wir uns im Krieg und wären alle zugleich – jedoch in unterschiedlichen Funktionen: vom Schreibtischjob bis zum Kampfeinsatz – eingezogen worden. Wir alle würden auch gleichzeitig zurückkehren, unser medizinisches Fachpersonal mehr oder minder ebenso verwundet und erschöpft wie wir.

Wie würden wir nach so vielen Monaten – der Isolation, der Angst, der durch die Regierung vorangetriebenen Spaltung, des Verlusts – auftauchen? Wie würden wir wieder in Kontakt treten – zu uns, zu anderen? Welche Ressourcen wären für die am härtesten getroffenen Bevölkerungsgruppen verfügbar? Wie würden wir trauern, nachdem die Trauer so lange aufgeschoben worden war?

Der Schriftsteller Robert Penn Warren schrieb einmal: »Es dauert lange, bis die Wahrheit wahr wird.« Gewiss, manche von uns sind besser darin, sich der Wahrheit zu stellen als andere. Manche von uns hatten keine Wahl, als danach zu leben. Wenn es aber etwas gab, das allen in dem Coronajahr gemeinsam ist, unabhängig von unserer Herkunft und davon, wie geschützt oder privilegiert wir gewesen sein mögen, dann das, dass niemand wirklich unbeschadet entkommen ist. Mensch zu sein bedeutet letzten Endes immer, verwundbar für traumatische Erfahrungen zu sein. Es ist ein beinah unvermeidbarer Teil unseres menschlichen Daseins. Diesmal waren wir nur alle gemeinsam und zur gleichen Zeit verwundbar. Mit all der Einsamkeit, der Isolation und den Amtshandlungen einer Regierung, die nur allzu bereit erschien, uns zu opfern, war Corona zugleich Katastrophe und Grausamkeit.

Einem Trauma kann man nicht davonlaufen, aber es ist ein menschlicher Impuls, genau das zu versuchen. Es widerstrebt uns, an einem Ort festzusitzen, weil es das schwieriger macht, unseren Gefühlen aus dem Weg zu gehen, außerdem ist es im Laufen so viel einfacher, so zu tun, als hätten wir keine Gefühle. Doch während der Pandemie war das, was am dringendsten von uns gefordert war, um unser Leben und die Leben derer zu schützen, die wir lieben, zu Hause zu bleiben.

An dem Ort gefangen zu sein, an dem die Traumatisierung stattfindet, ist eine ganz eigene Version der Hölle.

Mensch zu sein heißt, sich in Raum und Zeit verorten zu können. Als sich der Raum auf eine Weise zusammenzog, die oft unerträglich schien, und die Zeit nicht mehr den Regeln gehorchen wollte, die wir ihr sonst immer überzustülpen versuchten, war es häufig so, als lebten wir in einer immerwährenden Gegenwart der Wiederholung, des ewig Gleichen, und ein bedrohliches Grauen drang in die Welt unserer Träume.

Vor uns lag ein Jahr ungelebter Erfahrung (wobei wir das damals nicht wussten). Kein Tag unterschied sich mehr vom anderen. Selbst unsere Rituale – Feiertage, Geburtstage – wurden von den Traditionen, die wir mit ihnen verbinden, und den Menschen, die dazu beitragen, sie zu feiern, losgelöst, was es erschwerte, sie in Erinnerung zu behalten.

Zusätzlich zu der Unsicherheit – die paradoxerweise zunahm, selbst als wir mehr über das Virus erfuhren – wurden wir von der ständigen Furcht verfolgt, dem Virus ausgesetzt zu werden, isoliert und krank zu sein und zu sterben.

Die klinische Psychologin Denise Hien schreibt: »Stress ist Teil unserer menschlichen Existenz, wenn Stress aber unsere Fähigkeit bedroht, ihn zu bewältigen, oder unser grundlegendes Gefühl von Identität, bezeichnen wir ihn als traumatischen Stress.« Und auf Dauer, wenn alles, was wir fühlen, denken oder erleben, durch den langsam vor sich hin köchelnden Stress verschärft wird, ist es nicht länger wünschenswert und manchmal sogar unmöglich, im Moment zu verweilen.

Die Zeit schritt auf andere Weise voran. Sie brach in sich selbst zusammen, dehnte sich bis zur Widersinnigkeit. Sie stand still. Nach ein paar Wochen wurde mir bewusst, dass sich die Coronazeit ganz ähnlich wie Zeit bei posttraumatischer Belastungsstörung anfühlte. Manchmal ist man in ihr, an sie gebunden. Und dann wieder nicht, treibt vor sich hin. Es gibt keine Wegweiser, die einen in den Strom der linearen Zeit zurückführen könnten, so wie wir es normalerweise gewohnt sind.

Manchmal, wenn die Tage und Nächte ineinanderflossen, hatten sie die schlüpfrige, verführerische Vertrautheit einer Depression. Manchmal ging der Faden der Geschichte verloren, die wir uns gerade erzählten, um an etwas Festem verankert zu bleiben. Um uns zurechtzufinden, versuchten wir, uns an einer gleitenden Skala des Unglücks zu orientieren – damit wir uns im Vergleich zu anderen besser oder schlechter fühlen konnten.

Wir alle waren dem Trauma in unterschiedlichem Maße ausgesetzt, doch bei der Art und Weise, wie wir reagierten, herrschte keine Einheitlichkeit. Aus der Vergangenheit ließen sich keine Schlüsse ziehen: Introvertierte gierten nach Gesellschaft, Extrovertierte entwickelten eine Sozialphobie. Manche von uns wurden depressiv oder zwanghaft, wohingegen andere eine posttraumatische Belastungsstörung entwickelten. Manche reagierten mit Resilienz. Man konnte es einfach nicht vorhersagen.

Als der Impfstoff angekündigt wurde und wir plötzlich von Monaten sprachen, bis wir wieder hinaus in die Welt könnten, als wir endlich wussten, *wann*, anstatt mit einem höchst ungefähren Gefühl, was auf uns zukommen könnte, von Tag zu Tag zu leben, war da zum ersten Mal seit Langem so etwas wie ein Hoffnungsschimmer.

Doch die traumatische Zeit wirkt in beide Richtungen zerstörerisch – in die Vergangenheit wie in die Zukunft –, und es kann schwer sein, sich dem zu stellen, vor allem für diejenigen, die darin keine Übung haben. Als wir so plötzlich wieder in die Zeit zurückgeworfen waren, zwang uns das, damit umzugehen, dass sechs Monate eine lange Zeit sind, egal, wie man es dreht und wendet. Wir wussten, ein Ende war in Sicht, doch wie sollten wir dorthin gelangen? Und wer würden wir dann sein?

Der Drang zu vergessen ist sogar noch größer, als der Drang davonzulaufen. Vergessen macht uns zu Komplizen des Traumas, dem wir entkommen wollen, und indem wir die Erfahrung des Traumas ignorieren und, wichtiger noch, das, was wir dabei fühlten, bleibt ein Teil von uns, in manchen Fällen der wichtigste Teil dessen, wer wir sind, an die Vergangenheit gekettet. Indem wir dieses Gefühl von uns abspalten, blockieren wir den Zugang zum gesamten Spektrum dessen, was uns ausmacht. Doch der Preis der Befreiung ist hoch, und es ist so viel einfacher, so zu leben, als wären wir ganz.

In *Die Narben der Gewalt* zitiert Judith Herman einen Vietnamveteranen, der sagte: »Wenn eine Kriegsgeschichte innerlich Auftrieb gegeben hat oder du das Gefühl hast, man habe ein kleines Stück Rechtschaffenheit aus dem großen Müllhaufen gerettet, dann bist du einer sehr alten und furchtbaren Lüge zum Opfer gefallen.«

Es ist bemerkenswert, mit welcher Verzweiflung wir diese Rechtschaffenheit retten möchten, als wäre über ihn zu lügen die einzige Möglichkeit, Schmerz Bedeutung zu verleihen. Es ist kontraproduktiv, natürlich, doch es sind nicht nur Einzelpersonen, die davon beseelt sind zu vergessen. Der Wunsch weiterzuleben, vor allem nach schwerwiegenden Vertrauensbrüchen, ist unwiderstehlich. Sobald sich der Staub legt, erzählen uns die Politiker, alles sei in Ordnung, es gebe keinen

Grund zurückzuschauen. Und welche Gräuel möchten wir nicht möglichst rasch vergessen? Welche Verbrechen gegen die Menschlichkeit wollen wir schon gerne ans Licht holen?

Für das Vergessen gibt es ebenso viele Gründe, wie es Menschen auf dem Planeten gibt – Schuld, Scham, Seelenängste, das verzweifelte Bedürfnis, Schmerz zu vermeiden oder sich Verantwortung zu entziehen, oder eine auf die eigene Person zugeschnittene Mischung aus alldem. Doch so verführerisch es auch ist, ganze Kapitel aus unserer Geschichte zu löschen, und unabhängig davon, ob wir dies als Einzelpersonen tun oder als Kollektiv – es macht künftige Generationen verwundbar. Das wissen wir. Nur die Erinnerung kann uns heilen. Vielleicht wird sie uns sogar befreien.

Die Parallelen zwischen der Regierung Wilson und der Regierung Trump und die Art und Weise, wie sie die Pandemien 1918 und 2020 handhabten, sind geradezu unheimlich. Präsident Woodrow Wilson erließ keine einzige öffentliche Stellungnahme zur Spanischen Grippe, selbst als Hunderttausende Amerikaner starben. Und auch als der Erste Weltkrieg sich dem Ende zuneigte, weigerte er sich stur, die Mobilisierung der Truppen zu stoppen, und ermöglichte es der Infektion, sich sowohl hier als auch im Ausland auszubreiten. Beide Männer teilten, zumindest auf der Oberfläche, eine Obsession – für Wilson war es der Krieg, für Donald die Wirtschaft.

Aber vielleicht ist das Bemerkenswerteste an der Pandemie von 1918 das Schweigen, das auf sie folgte. In gewisser Weise ist es so, als hätte es sie nie gegeben. Die einzige Schilderung, die ich in der Literatur finden konnte, ist eine Kurzgeschichte von Katherine Anne Porter. Vielleicht wurde diese

Tragödie vom vorausgehenden Weltkrieg und der darauffolgenden Wirtschaftskrise verschlungen. Vielleicht machte aber auch das Ausmaß des Verlusts, der mit 725 000 Toten höher ausfiel als heute und auf die Bevölkerung gerechnet auch einen weit höheren prozentualen Anteil markierte, es unmöglich, ihn zu verarbeiten.

Im Gegensatz dazu gab es ein sehr klares Narrativ über den Zweiten Weltkrieg. Leider war es vollkommen von der Realität losgelöst. Die heimkehrenden Soldaten wurden für ihren Heldenmut gefeiert, der Krieg selbst als Triumph des Guten über das Böse dargestellt, als ob am Ende des Konflikts alles in bester Ordnung wäre. Niemand redete über die zerbrochenen Ehen oder die geschlossenen Abteilungen voller Veteranen, die an schweren psychischen Erkrankungen litten. Die mangelnde Bereitschaft der Öffentlichkeit, die Realität des Kriegs anzuerkennen oder dem zuzuhören, was unsere Soldaten tatsächlich erlebt hatten, machte es ihnen schwer, wenn nicht gar unmöglich, diese Geschichten zu erzählen. Ihr Schweigen schaffte Raum zur Neuerfindung, und ihr Trauma wurde begraben. Aber es ging nie weg.

Diese Art der Vernachlässigung oder das kulturelle Verbot, über seine traumatischen Erfahrungen zu sprechen, wirken selbst traumatisch. Die Auswirkungen bleiben nicht voneinander isoliert – ein Trauma kann nicht in Einzelteile zerlegt werden –, aber sie können dazu führen, dass eine Person oder eine Personengruppe in einer unentrinnbaren Endlosschleife der Abspaltung, des Selbsthasses und eines Gefühls der Sinnlosigkeit gefangen bleibt.

Traumaerfahrungen verschärfen sich, wenn sie über einen gewissen Zeitraum hinweg auftreten, so wie in Kriegen oder Pandemien, und wenn sie das Gefühl der Handlungsmacht schwächen oder zunichtemachen. Wenn die traumatischen Umstände von den Personen, die (1) für sie Verantwortung tragen und (2) etwas hätten tun können, um sie zu mildern, ohne Grund verschlimmert werden, kann sich das daraus resultierende Gefühl des Verrats ähnlich wie Folter anfühlen. Sinnbildlich zumindest lässt sich diese Erfahrung damit vergleichen, in Gegenwart eines anderen Menschen zu sein, der, obwohl er den extremen Charakter der Situation miterlebt, die sogar zu Ihrem Tod führen könnte, und obwohl dieser Mensch die Möglichkeit hätte, Ihnen Hilfe zu leisten, diese verweigert. Wenn Ihr Leben von einer Person in Gefahr gebracht wird, die Sie eigentlich retten könnte, kann sich dieses Gefühl des Verrats als unerträglich erweisen.

Zum Schlimmsten, was uns in dem Coronajahr zugefügt wurde, gehört der mutwillige Versuch, uns weiter zu spalten und voneinander zu isolieren. Einer der wenigen abmildernden Faktoren bei kollektiven Traumatisierungen ist das Gefühl, mit den anderen in einem Boot zu sitzen. Zu Kriegszeiten beispielsweise sinken die Selbstmordraten, da es das Gefühl eines gemeinsamen Ziels gibt. Die Mitarbeiter der Regierung machten das unmöglich, nicht weil sie inkompetent gewesen wären, sondern weil sie dachten, es sei eine Erfolgsstrategie. Zwietracht unter uns zu säen war ihren Zwecken ebenso dienlich, wie die Pandemie gegen die Wirtschaft auszuspielen. In Echtzeit zu beurteilen, wie zynisch und grausam diese Manöver waren, fiel nicht leicht, doch rückblickend verschlägt einem das Ausmaß des billigend in Kauf genommenen Schadens den Atem. Es ist schwer, sich damit auseinanderzusetzen, was uns genommen wurde, und noch schwerer, den Grad der Verdorbenheit zu begreifen, der Voraussetzung für diese Taten war.

Wie schon Elaine Scarry in *Der Körper im Schmerz* schrieb: »Starke Schmerzen zu haben bedeutet unmittelbare Gewissheit; zu hören, dass jemand Schmerzen hat, gibt Anlass zu Zweifel.« Doch trotz der Versuche, uns zu spalten, sind wir alle einander Zeugen unseres Leidens. Selbst in der Isolation bleibt uns die Sicherheit unserer geteilten Erfahrungen.

Auch wenn wir uns daran festhalten können, müssen wir doch auch einräumen, dass wir aus der Erfahrung wahrscheinlich verändert hervorgehen werden, mit Post-Corona-Körpern und Post-Corona-Ansichten. Wir werden unsicher sein, wie wir es sonst vielleicht nicht wären, ängstlich oder depressiv, weil andere uns so sehen, wie wir jetzt sind, und nicht, wie wir vor ein oder zwei Jahren waren. Ob das etwas Schlechtes ist, hängt hauptsächlich davon ab, wie sehr wir dazu bereit sind, diese neue Version unserer selbst zu akzeptieren, wie aufrichtig wir die Veränderungen annehmen und wie nett wir zu dieser fremden Person sein können, zu der wir geworden sind.

Es wird Momente geben, in denen wir uns selbst nicht wiedererkennen, vor allem in der Gesellschaft derer, die dabei wichtig waren, uns zu dem Menschen zu machen, der wir sind. Wir werden über Alltägliches, worüber wir zuvor nie nachdenken mussten – einen Freund zu umarmen, den wir lange nicht gesehen haben, ins Restaurant zu gehen, in einer Menge zu stehen –, nachdenken müssen, werden unser Leben neu organisieren, immer wieder eine Risiko-Nutzen-Abwägung bemühen müssen. Unsere Spontaneität wird noch eine Weile auf Eis liegen.

Wollen wir jedoch genesen, ist es wichtig, den Aufforderungen zu widerstehen, nach vorn zu schauen, nicht in die Vergangenheit. Es ist die Vergangenheit, die uns geformt hat. Traumaerfahrungen zehren an den Nerven, und es ist ganz natürlich, dass wir sie hinter uns lassen wollen. Sie verändern uns jedoch bis auf die Zellebene. Wir tragen das Trauma in unserem Körper weiter, und wenn wir uns dem nicht stellen, wovor wir weglaufen möchten, gibt es kein Vorankommen, denn seinen Schmerz auszublenden bedeutet, seine Schmerzfreiheit hinauszuzögern.

Als Land müssen wir dem Drang widerstehen, einfach genauso störrisch weiterzumachen. Mehr als alles andere zwingt uns eine Krise dieser Größenordnung und dieser Tragweite doch dazu, die strukturellen Missstände, die uns so verwundbar gemacht haben, genau zu betrachten. Auch wenn Mitarbeiter des psychiatrischen Gesundheitswesens bereits seit Jahren versuchen, ihr Fachgebiet von seinem Stigma zu befreien, neigen wir immer noch dazu, psychische Erkrankungen als Nebensache oder als moralische Verfehlung zu behandeln und psychische Gesundheit als einen Luxus zu betrachten. Die Auswirkungen der Coronapandemie auf das seelische und emotionale Wohlbefinden unserer Nation zeigen wieder einmal, wie gefährlich es ist, diesen Fehler weiterhin zu begehen. Die Folgen einer uneingestandenen Traumatisierung können sowohl auf persönlicher wie auch auf gesellschaftlicher Ebene verheerend sein, und sollten wir weiterhin darin versagen, in die Infrastruktur zu investieren, die nötig ist, um solche Desaster in der Zukunft zu verhindern oder doch zumindest abzumildern, machen wir uns selbst für Langzeitschäden anfällig, die irreparabel sein könnten.

Eine der eklatantesten Entwicklungen der vergangenen fünf Jahre ist die Tendenz hin zur Härte, die Kultivierung einer

Gleichgültigkeit gegenüber jedem, der anders glaubt oder denkt. Das Mantra »Scheiß auf deine Gefühle«, das auf Donalds Wahlkampfveranstaltungen Widerhall findet, erinnerte uns daran, dass der Impuls zur Härte, selbst wenn er manchmal von der Bildfläche verschwindet, nie ganz weggeht. Es ist schwer nachzuvollziehen, warum jemand selbst in Situationen extremen Leids seine Güte zurückhält, und es nagt noch immer an uns, dass unserem Bedürfnis nach Trost und Sicherheit im letzten Jahr nicht nur mit Gleichgültigkeit, sondern mit Verachtung begegnet wurde, als wären unsere Sorgen, die sowohl uns als auch anderen galten, nur ein weiterer Hinweis darauf, wie schwach und unwürdig wir sind; als könnte man Menschenliebe vom menschlichen Erleben abspalten, ohne uns unwiderruflich zu beeinträchtigen. Wer wünscht sich so etwas für seine Kinder? Und warum sollte irgendjemand so etwas für sich selbst wollen? Gütig zu sein macht einen nicht schwach. Güte zu erfahren macht uns nicht handlungsunfähig – es macht uns stark.

Den Stellenwert von Güte herabzusetzen oder darin zu versagen, ihn anzuerkennen, ist soziopathisch. Es ist ein Nebenprodukt des Mythos eines hemdsärmeligen Individualismus, der in der amerikanischen Psyche weiterlebt, da er denjenigen entgegenkommt, für die es von Vorteil ist, andere Menschen (und sich selbst) davon zu überzeugen, sie wären »Selfmade«. Er gibt denen Deckung, die keinen Antrieb haben, anderen zu helfen, weil es ihnen keinen Gewinn verschafft. Die Tatsache, dass »Individualismus« in diesem Kontext ein Mythos ist, hat ihn nicht davon abgehalten, allzu großen Einfluss auf unsere Kultur auszuüben. Viele der Reaktionen auf Corona – von der Weigerung, eine Maske zu tragen, bis zur Erstürmung von Parlamentsgebäuden mit halbautomatischen Waffen – waren der Ablehnung der Vorstellung geschuldet, dass wir als Bürger nicht nur Rechte haben, sondern auch Verantwortung tragen.

Eine Gesellschaft ohne Güte ist nicht tragfähiger als eine Beziehung, der es daran mangelt. Vier Jahre lang hat die performative Härte der Regierung Trump mit ihrer Botschaft, wir alle müssten kompromisslos, unnachgiebig und streng sein, am Gefüge unserer Gesellschaft genagt. Wir wurden gegeneinander ausgespielt und dazu gezwungen, uns für eine Seite zu entscheiden.

Präsident Biden hat die seltene Chance, echten Fortschritt in Richtung struktureller Veränderungen zu erzielen, die unseren blinden Flecken in Fragen des seelischen Wohlergehens entgegenwirken. Zugleich kann er viel dafür tun, den Schaden seines Vorgängers zu beheben, indem er in großem Stil demonstriert, wie effektiv die Politik darin sein kann, Menschen zu helfen, indem er sein Mitgefühl unter Beweis stellt. Wir können uns, vielleicht zum ersten Mal, die Frage stellen: Was sind wir einander letzten Endes schuldig?

»Die liberale Demokratie«, schreibt die Verhaltensökonomin und Politikwissenschaftlerin Karen Stenner, »hat inzwischen die Kapazität vieler Menschen überschritten, sie zu ertragen.« Jeder Weg, den wir einschlagen, um nach Corona und vier Jahren unter der Regierung Trump weiterzugehen, muss das berücksichtigen. Eine Wahl allein wird nicht ausreichen. Es schien ein allgemeiner Konsens darüber zu bestehen, dass 2020 die folgenreichste Wahl unserer Lebenszeit war, doch abhängig davon, in welche Richtung sich das Wahlvolk innerhalb der kommenden zwei Jahre entwickelt, könnte dies auch auf die Wahl 2022 oder 2024 zutreffen.

Das frühzeitige Versprechen der Regierung Biden, unser Sicherheitsnetz wiederherzustellen, eröffnet uns eine Möglichkeit, die Ungleichheiten, die unserem System von vornherein eigen waren, sogar noch direkter anzugehen. Diese Chance verspielen wir auf eigenes Risiko.

Ein Problem jedoch ist, dass das Pendel schon immer weiter nach rechts ausgeschlagen hat als nach links. Wenn ein demokratischer Präsident auf eine desaströse republikanische Regierung folgt, die die Rechte der Menschen weiter ausgehöhlt und die Wirtschaft ruiniert hat, ist das Beste, worauf wir üblicherweise hoffen können, ein Einpendeln in der Mitte. Heute sind wir wieder an dem Punkt, wo die Forderung nach gleichen Rechten für alle Bürger als liberale Position aufgefasst wird. Wenn das der Fall ist, hoffe ich, dass das Pendel langfristig genau in dieser Position stehen bleibt.

Grundlegende Veränderungen sind erforderlich. Nicht eine Neustrukturierung, sondern ein radikal neuer Ansatz für das Potenzial Amerikas. In den vergangenen achtzehn Monaten haben wir alle Erfahrungen gemacht, die uns zumindest ein Stück weit gezeigt haben sollten, wie wichtig es für uns ist, miteinander verbunden zu sein. Aus demselben Grund haben wir erlebt, was viele Amerikaner ihr Leben lang begleitet: Wie es ist, in Angst zu leben – vor einer Regierung, die einen verrät, vor Nachbarn, die nicht auf einen aufpassen, davor, einfach draußen in der Welt zu sein.

Die Pandemie hat die Auswirkungen von Jahrzehnten der Ungleichheit und des Rassismus zutage gefördert und hat gezeigt, welchen immensen Tribut diese von den Nicht-Weißen gefordert haben. Doch die Reaktionen der Regierung auf Corona förderten etwas noch Düstereres zutage – dass sie gewillt war, diese Ungleichheiten weiter auszunutzen, um bei der Wählerbasis der Republikaner zu punkten.

Die Sklaverei ist nicht unsere Schuld, sagen wir. Doch ob bewusst oder nicht, haben wir alle auf vielerlei Weise und weitgehend unbemerkt von ihr profitiert. Gewiss, wir haben die Erbsünde nicht begangen, und doch lastet sie auf unseren Schultern. Wir Weißen Amerikaner müssen unsere Einstellung zum Thema Hautfarbe hinterfragen und unser Scheitern analysieren, die Ideologie der Weißen Vorherrschaft auszumerzen.

Je länger wir weitermachen, ohne das einzusehen, desto mehr wird sie zu unserer Verantwortung.

Nach dem Bürgerkrieg war eines der größten Bedenken, freigelassene Männer und Frauen würden von staatlichen Hilfen abhängig werden. Als sich im Laufe der Reconstruction-Ära herausstellte, dass es die Schwarzen auch ohne Unterstützung schafften, wurde jedes erdenkliche Hindernis zwischen sie und ihr Gedeihen gestellt – von der Verweigerung von Darlehen, Geld und Chancen auf dem Arbeitsmarkt bis hin zu Gewaltandrohungen und tatsächlichem Terrorismus. Und doch war die Schlussfolgerung, die viele Politiker und Zeitungen im Norden zogen, dass das Experiment nach zwölf Jahren gescheitert war und die Schwarzen sich ihrer Freiheit als unwürdig erwiesen hätten. Den Schwarzen wurde gesagt, sie sollten sich am eigenen Schopfe aus dem Sumpf ziehen – nachdem man ihnen die Haare abgeschoren hatte.

Dieses Land wurde auf Grund gebaut, der seinen rechtmäßigen Besitzern, den indigenen Völkern, geraubt wurde. Dieses Land wurde auf den Rücken und mit dem Blut von

Millionen Schwarzer Männer und Frauen aufgebaut, denen Wohlstand, Gesundheit und Chancengleichheit auch heute noch verwehrt werden.

Und doch hat dieses Land wie ein Patient mit posttraumatischer Belastungsstörung, der sich der Wahrheit nicht stellen kann – oder will –, darin versagt, sich mit dem Leid seiner frühen Geschichte auseinanderzusetzen. Wir, als Nation, sind immerfort gespalten und wütend, ein Schatten dessen, was wir hätten sein können, was wir vielleicht noch immer sein können, weil die große Mehrheit von uns es nicht vermag, sich den Ursprüngen unserer Privilegien zu stellen, und das Erbe der Grausamkeit uns auch heute noch Vorteile verschafft – oder weil wir nie dazu aufgefordert werden.

Auch die Weißen der Arbeiterklasse sind Opfer des Systems. Sie wurden von einer herrschenden Klasse dazu verleitet, gegen ihre eigenen Interessen zu wählen. Von einer herrschenden Klasse, die sie davon überzeugt hat, ihr Weißsein sei wichtiger als eine Krankenversicherung und alle sonstigen Sozialprogramme, die ihnen Unterstützung wären. Wie schon den Weißen Arbeitern in den Kolonien wurde auch ihnen gesagt, die Überlegenheit über die Schwarzen sei wichtiger als finanzieller Zugewinn. Sich mit den Wohlhabenden und Mächtigen zu verbünden sei symbolisch, wenn nicht gar materiell, von größerem Vorteil, als sich mit der Schwarzen Arbeiterklasse zu verbünden. Natürlich ist nichts davon wahr, doch es ist ein unwiderstehliches Narrativ und so viel einfacher, als sich dem zu stellen, dass man in Wirklichkeit benutzt und belogen wurde.

Wenn du Weiß bist, in Amerika lebst und dich abgehängt oder vom Wohlstand ausgeschlossen fühlst, der anderen zuteilwird, liegt das nicht an Schwarzen Menschen oder

Einwanderern. Es kommt daher, dass die Politiker, die ihr weiterhin wählt, eure Engstirnigkeit und euer Gefühl der Kränkung weiter anheizen und zugleich eure Ignoranz ausnutzen, um euch genau dort zu halten, wo ihr steht – entmachtet, wütend und verängstigt.

Wie die vier Jahre der Regierung Trump und die hundert ersten Tage der Regierung Biden zeigen, ist Führungskompetenz von Belang. Doch selbst wenn es gut läuft, wird es Fehltritte geben.

Ende April 2021 äußerten sich zwei republikanische Politiker zum Rassismus in Amerika. Tate Reeves, der Gouverneur von Mississippi, behauptete, in seinem Bundesstaat gebe es keinen systemischen Rassismus. (Kurz zuvor hatte er den April zum Monat des Konföderierten Kulturerbes ernannt, wie es die Gouverneure dieses Staates seit Jahrzehnten tun.) Mississippi hätte jedoch ebenso gut einen demokratischen Gouverneur, vielleicht sogar einen demokratischen Senator haben können, hätte der Bundesstaat sich nicht geweigert, ehemaligen Straftätern ihr Stimmrecht zurückzugeben, und wäre die Behinderung von Wählern nicht schon so lange und so tief verankert. Immerhin hat Mississippi im späten neunzehnten Jahrhundert die ersten beiden Schwarzen Senatoren des Landes gewählt. Es gibt dort also die Wähler, doch ihre Macht wird seit zwei Jahrhunderten systematisch beschnitten.

Dann sagte Tim Scott, ein republikanischer Senator aus South Carolina – und einziger Schwarzer Senator der Republikaner –, in seiner Erwiderung auf Joe Bidens erste Ansprache vor dem Kongress, dass Amerika kein rassistisches Land sei.

Daraufhin sagte auch Vizepräsidentin Kamala Harris, Amerika sei kein rassistisches Land, und fügte dem hinzu, dass wir über seine von Rassismus geprägte Geschichte »die Wahrheit aussprechen« müssten. Auch Präsident Biden machte so ziemlich den gleichen Punkt geltend. Meiner Meinung nach ist es – trotz der Stimmen der Bürgerrechtsaktivisten, der Wissenschaftler, Wähler und Autoren, die seit der Gründung des Landes gegen rassistische Unterdrückung erhoben wurden – das Jahrhunderte währende Versagen unseres Landes, diese Wahrheit auszusprechen und sich ihr auch zu stellen, was dieses Land immer weiter rassistisch hat sein lassen.

Es ist von größter Wichtigkeit, dass wir uns mit der Vergangenheit befassen, aber Sprache hat Gewicht, und zu sagen, wir seien nicht rassistisch, sendet die falsche Botschaft. Es ist die politische Entsprechung dazu, Polizeigewalt auf »ein paar faule Eier« zu schieben.

Wenn uns gesagt wird, wir müssten nur über unsere Vergangenheit »die Wahrheit aussprechen«, impliziert dies, dass wir uns, was unsere Gegenwart angeht, selbstgefällig zurücklehnen können. Wenn unsere führenden Politiker – unabhängig davon, ob ihr Motiv dabei böswillig oder gut gemeint ist – sagen, Amerika sei kein rassistisches Land, werden die falschen Menschen bestärkt und der Rest von uns demoralisiert. Diese Behauptung aufzustellen ist, als würde etwas in die Speichen der Räder des Fortschritts geworfen werden, insofern sie sich überhaupt gedreht haben. Es erlaubt der Seite, die mit dem Status quo zufrieden ist, sich nicht dem schweren Prozess der Selbstreflexion zu stellen, während sich der Rest von uns fragt, wann zur Hölle wir genug Fahrt aufnehmen, sodass echte Veränderung bewirkt wird. Wenn wir anerkennen, dass es systemischen Rassismus gibt, mit welcher Logik können wir dann behaupten, dass dieses Land, das von ebenjenem System regiert wird, auf wundersame Weise frei von Rassismus ist? Und wenn Amerika kein rassistisches Land ist, was bedeutet dieses Wort dann überhaupt?

Dies ist keine Anprangerung, nur eine Beobachtung der Tatsachen. Denn wenn unsere führenden Politiker es scheuen, diesbezüglich direkt und ehrlich zu sein, bedeutet dies, dass wir eine Chance verpassen, uns auf nationaler Ebene endlich mit der Problematik auseinanderzusetzen. Das Thema zu vermeiden bedeutet, die Ungerechtigkeiten fortbestehen zu lassen.

Es sollte nicht überraschen, dass autoritäre Kräfte versuchen, uns gegeneinander auszuspielen, um ihre Macht auszuweiten. Denn das ist es, was autoritäre Kräfte tun. Es ist jedoch entmutigend, wenn unsere führenden Politiker, die vorgeben, unsere Nation heilen zu wollen, die Chance verpassen, uns zu einen. Den einfachen Weg zu wählen beendet die Diskussion, fordert keine Opfer, bewirkt keinen Wandel, sondern führt am Ende dazu, dass das System beibehalten wird, das ein paar von uns privilegiert und alle anderen ausschließt – genau das geschieht, wenn man sich an die Vorstellung klammert, Amerika wäre kein rassistisches Land.

Es ist fast unmöglich, als Weiße oder Weißer in Amerika aufzuwachsen und nicht rassistisch zu sein. Wir leben in einer Gesellschaft, in der Weiß der Standard ist. In den Medien ist Weiß der Standard. Wir sehen Nachrichten, die unverhältnismäßig häufig über Schwarze Kriminalität berichten. Wir leben in einer Gesellschaft, in der Schwarze Menschen kriminalisiert werden und einen unverhältnismäßig hohen Anteil der Gefängnisinsassen ausmachen, nicht weil sie schlechter oder gewalttätiger wären oder stärker zu Kriminalität neigten als Weiße Menschen, sondern weil sie häufiger festgenommen werden. Sie werden häufiger angeklagt. Sie werden häufiger verurteilt. Sie werden strenger bestraft.

Wir sind ein reiches Land, in dem es Gettos und Lebensmittelwüsten gibt. Wir benutzen Vermögenssteuern, um öffentliche Eliteschulen zu finanzieren, weswegen die Kinder der Reichen mehr bekommen, die Kinder der Armen und der Arbeiterklasse weniger. Wir haben ganze Städte ohne sauberes Wasser und eine ganze Klasse von Menschen, die wir gänzlich ironiefrei als »the working poor«, als die erwerbstätigen Armen, bezeichnen.

Niemand sollte in einem Slum oder Getto leben müssen. Niemand sollte eine Schule besuchen müssen, in der der Putz von den Wänden blättert und die Sanitäranlagen kaputt sind oder die verdorbenes Essen ausgibt; niemandes Zukunft sollte zerstört werden, nur weil er oder sie sich ein Fehlverhalten zuschulden kommen lassen hat. Es sollte nicht teurer sein, gesunde Nahrungsmittel zu sich zu nehmen, als Fast Food. Und doch trifft all das zu, weil das System von Anfang an gegen ebenjene Menschen gerichtet wurde, auf denen unser Wohlstand gegründet ist.

Die Macht der rassistischen Ideologien war so stark, dass sie Amerika auf einen Kurs setzte, den zu verlassen es scheinbar nicht in der Lage ist. Diese Trägheit kann nur mit Druck bekämpft werden. Reparationszahlungen werden der Welt und den Menschen, denen so vieles genommen wurde, zeigen, dass Amerika zu Anstand in großem Maßstab fähig ist und sich dazu verpflichtet, seinem Potenzial als Demokratie nachzukommen. Jede Gesellschaft stellt sich die Fragen: Wer zählt? Wer nicht? Über vier Jahrhunderte hinweg hat sich die Berechnungsgrundlage geändert, auf der diese Fragen beantwortet werden, die Antworten jedoch kaum.

Die Vereinigten Staaten klammern sich an ihre ganz eigene Form toxischen Positivglaubens, an einen falschen Optimismus – an eine Reihe tief sitzender Verleugnungen, die unser zweigeteiltes System fortschreiben, mit zweierlei Maß messen und unsere Wunden einfach nicht abheilen lassen. Dieses immer wiederkehrende Verlangen weiterzumachen, diese Ungeduld gegenüber der schweren Aufgabe der Wiedergutmachung, der Aufgabe, Verantwortung zu übernehmen, der Aufgabe, die Strukturen der Unterdrückung einzureißen und neue aufzubauen, die alle Menschen miteinbeziehen, hält uns im gleichen Kreislauf der Privilegien und der Verweigerung von Privilegien gefangen, die uns voneinander getrennt, einander feindlich gesinnt und misstrauisch sein lassen.

Nachdem die Wahlzettel der Präsidentschaftswahl 2020 endlich ausgezählt waren, wurden wir mit einer anderen Frage konfrontiert. Es ging nicht um die vierundsiebzig Millionen unter uns, die für vier weitere Jahre Rassismus, Härte und Massensterben gestimmt hatten, sondern um die vierundachtzig Millionen unter uns, die dies nicht getan hatten. Nach einer der schlimmsten Abfolgen von Krisen in der amerikanischen Geschichte und einer Zeit, in der uns der Faschismus so nahe kam wie nie zuvor – was würden wir dagegen ausrichten? Würden wir die Gelegenheit ergreifen, um echten, dauerhaften Wandel herbeizuführen? Oder würden wir die Probleme wieder weiter aufschieben?

Wenn alle Menschen gleichgestellt und bei Geburt mit den gleichen Möglichkeiten ausgestattet wären, was würde ich, eine Weiße Amerikanerin, dann verlieren? Weder meine Freiheit noch mein Recht zu wählen, noch meine Sicherheit. Ich würde das verlieren, was mir ohnehin nicht zusteht, ein Hirngespinst, das über die Jahrhunderte hinweg in echte Macht umgewandelt wurde. Ich würde unverdiente Privilegien und Macht abtreten. Die Überlegenheit der Weißen ist eine Fiktion, doch sie ist so tief verwurzelt, dass die daraus erwachsenden Privilegien real sind und reale Auswirkungen haben. Das Problem mit den Weißen Privilegien ist jedoch, dass man sie nicht aufgeben kann, selbst wenn man wollte.

Im April 2021, während dieses Buch verfasst wird, macht H.R.40 seinen Weg durch den Kongress, ein Gesetzentwurf, der vor mehr als dreißig Jahren von John Conyers, einem Politiker der Demokraten, vorgelegt wurde und in Hommage an General William Tecumseh Shermans Special Field Orders No. 15, die allen freigelassenen Männern und Frauen vierzig Morgen Land zusprach, benannt ist. Das Ziel von H.R.40 ist es, das Vermächtnis der Sklaverei sowie die auch heute noch durch sie fortwirkenden Benachteiligungen zu beurteilen und einen Plan für Reparationen zu erarbeiten. Ich wiederhole: Führungskompetenz ist von Belang, und es ist wahrscheinlich kein Zufall, dass das Gesetzesvorhaben endlich an Fahrt aufnimmt, während Biden im Oval Office sitzt.

Wenn wir eine Gesellschaft bauen wollen, in der wirklich gleiches Recht für alle gilt, müssen wir gleiche Wettbewerbsbedingungen herstellen und jeden Bestandteil des Systems niederreißen, der Weißen Amerikanern auf Kosten der Unterdrückung anderer unverdiente Privilegien verschafft. Reparationszahlungen sind ein Weg, dies zu tun. Das Konzept ist einfach – vor vierhundert Jahren wurden Millionen von Männern, Frauen und Kindern gewaltsam aus ihrer Heimat gerissen. Vierhunderttausend von ihnen wurden in die amerikanischen Kolonien verschleppt, wo sie verkauft und gezwungen wurden, ohne Lohn zu arbeiten. Diese Situation war ein Dauerzustand. Einmal versklavt, waren sie ihr ganzes Leben lang versklavt, und auch ihre Kinder waren versklavt. Ihr Leben schwebte fortwährend in Gefahr, und ihre Familien konnten jederzeit getrennt werden. Als die Sklaverei 1865 abgeschafft wurde, war die Anzahl der Menschen, die in Gefangenschaft lebten, auf vier Millionen angewachsen. Allen Folgegenerationen seitdem wurden die wirtschaftlichen Vorteile und Bildungschancen vorenthalten, die Weißen regelmäßig zugutekamen. Der Verlust von Menschenleben kann nicht kompensiert werden, auch nicht verwehrte Möglichkeiten oder die Folgen der daraus resultierenden Traumatisierungen. Reparationen werden jedoch, soweit möglich, zurückgeben, was gestohlen wurde.

Solange die Wettbewerbsbedingungen nicht gleich sind, ist Amerika keine Demokratie. Solange nicht jeder Wahlberechtigte ungehindert wählen kann, ist Amerika keine Demokratie. Solange ein Großteil der Mehrheit kein Problem mit der wirtschaftlichen Ausplünderung und der Entrechtung weiter Teile der Gesellschaft hat und solange der Rest von uns all das ignoriert – weil Aufmerksamkeit zu schenken bedeuten würde, seine eigenen Privilegien zu hinterfragen –, so lange wird sich nichts verändern.

Epilog

Schuldig in allen drei Anklagepunkten.

Nach der Verurteilung von Derek Chauvin kommentierte der Politikwissenschaftler Jason Johnson: »Was mir das sagt? Damit in diesem Land ein Minimum an Gerechtigkeit hergestellt wird, muss ein Schwarzer Mann vor laufender Kamera und vor den Augen der Welt ermordet werden. Ein ganzes Jahr voller Proteste und eine Phalanx Weißer Polizisten, die einem anderen Weißen Polizisten sagen, dass er falsch gehandelt hat, sind zum Durchsetzen eines Fünkchens Gerechtigkeit notwendig.«

John Duffy, Professor an der University of Notre Dame in Indiana, verglich das Gerichtsurteil mit »einem einzigen Tropfen Wasser auf eine seit vierhundert Jahren dürstende Zunge«.

Wieder trauerten Hunderttausende Schwarze Amerikaner, wieder kochte ihre über Jahrhunderte aufgestaute Wut hoch, und wieder waren sie bereit, ihr Leben aufs Spiel zu setzen – und so bekamen sie schließlich die Aufmerksamkeit eines Systems, das ihren Schmerz viel zu lange ignoriert hat.

Kürzlich entschied ein Gericht in Columbus, Ohio, dass die Polizei kein Tränengas und keine Gummigeschosse gegen friedliche Demonstranten einsetzen darf. Ganz offensichtlich ist das nicht selbstverständlich.

In Florida und anderen Staaten sind allerdings Gesetze verabschiedet worden, die es erschweren, Personen rechtmäßig zu verurteilen, die gezielt friedliche Demonstranten mit dem Auto überfahren. Die Amerikanische Bürgerrechtsunion ACLU spricht von »hit and kill«-Gesetzen, also in etwa »draufhalten und totfahren«.

Die ungleichen Kräfte prallen weiterhin aufeinander.

Black Lives Matter. Schwarze Leben Zählen. Black lives matter. Schwarze Leben zählen. Die Aussage sollte deutlich genug sein. Die Reaktionen – All Lives Matter, Blue Lives Matter – unterstreichen noch die Notwendigkeit, etwas so Wesentliches sagen zu müssen.

Als Schwarze oder Schwarzer die Stimme zu erheben bedeutet, ein unkalkulierbares Risiko einzugehen. Weil es bei Weißen schon elementare und weitverbreitete Ängste auslöst, wenn Schwarze ein eigenes Auto fahren, telefonieren, ein Picknick machen oder im eigenen Bett schlafen, ist es im Grunde kein akzeptabler Zustand, in Amerika Schwarz zu sein.

Genauso sieht es im Moment in unserem Land aus. Und genauso wird es in einem Amerika weitergehen, das das Weißsein über alles stellt, wenn diejenigen unter uns, die es können, sich weigern, etwas zu verändern. Einen anderen Ausweg aus dieser Situation gibt es nicht. Ausnahmsweise müssen wir aufstehen und fordern, was richtig ist. Auch wenn es wehtut. Denn der erste Schritt zur Heilung ist, sich der Wahrheit zu stellen und den Schmerz zu fühlen.

Es ist an der Zeit, unseren Körper aufs Spiel zu setzen.

Es ist an der Zeit zuzuhören.

Es ist an der Zeit niederzuknien.

Literatur

Die Entwicklung der Ereignisse in den Monaten vor der Wahl 2020 und dann in den Monaten vor dem zweiten Amtsenthebungsverfahren zeigte mir, dass ich meinen Horizont erweitern musste, wenn ich verstehen wollte, wie wir unsere zahlreichen Krisen bewältigen würden und wie wir letztendlich an einen Punkt kamen, wo wir derart verwundbar waren. Zu diesem Zweck las ich breit und tief, um in eine Gelehrsamkeit einzutauchen, die möglichst viele Perspektiven auf unterschiedliche Themen eröffnete – beispielsweise die Geschichte der Reconstruction, der Süden von Jim Crow, der Norden mit seiner Geschichte von Unterdrückung und Segregation, die Epigenetik, die kritische Rassentheorie, der Calvinismus, die Weiße Vorherrschaft, der Faschismus, der Scope of Justice, die Relevanz all dessen für den gegenwärtigen politischen Zeitpunkt und vieles andere mehr. Tatsächlich wäre es sonst nicht möglich gewesen, Amerika im einundzwanzigsten Jahrhundert im Allgemeinen und in den letzten vier Jahren im Besonderen zu verstehen. Nicht alle Quellen, aus denen ich so vieles erfahren habe, werden in dem vorliegenden Buch direkt zitiert, aber die Einsicht, das Wissen und die Perspektive, die ich dabei gewinnen durfte, haben sich als unschätzbar wertvoll dabei erwiesen, unsere Geschichte in ihrem ganzen Ausmaß auf eine völlig neue Weise zu verstehen und mein eigenes Narrativ zu entwerfen.

Für die Hilfe, nun besser zu begreifen, welche zentrale Rolle Rassismus, Weiße Vorherrschaft und Faschismus in der amerikanischen Geschichte spielen, danke ich Michelle Alexander, Theodore Allen, Elijah Anderson, Douglas Blackmon, David Blight, Ron Chernow, Richard Delgado und Jean Stefancic, Eric Foner, Henry Louis Gates, Nikole Hannah-Jones und allen Beitragenden zum 1619-Projekt, Jerrold Packard, Jason Stanley, Bryan Stevenson von der Equal Justice Initiative und Isabel Wilkerson.

Für den Blick aufs Wesentliche und die Versorgung mit Information (wenn auch kaum hoffnungsvoller) über die kurz- und langfristigen Konsequenzen der Regierung Trump sowie für die Hilfe, meine Augen angesichts der Gefahren, die uns künftig bevorstehen, weit offen zu halten, danke ich Anne Applebaum, Ruth Ben-Ghiat, Charles Blow, Jamelle Bouie, Ta-Nehisi Coates, David Corn von Mother Jones, Masha Gessen, Ryan Goodman von Just Security, Sherrilyn Ifill, Ibram X. Kendi, Sarah Kendzior, Ezra Klein, Ed Luce von der Financial Times, Josh Marshall von Talking Points Memo, Malcolm Nance, Greg Sargent und Paul Waldman von *The Washington Post*, Timothy Snyder, Jacob Soboroff, Brent Staples und David Williams.

Schließlich geht mein Dank für die Hilfe, ein tieferes Verständnis von Traumata und komplexen posttraumatischen Belastungssyndromen erlangt zu haben, an Joy DeGruy, Judith Herman und Bessel van der Kolk.

Alexander, Michelle (2020). The New Jim Crow: Mass Incarceration in the Age of Colorblindness, 10th Anniversary Edition. New York: The New Press.

Allen, Theodore W. (2012). The Invention of the White Race, Band 1: Racial Oppression and Social Control (2. Auflage). Brooklyn: Verso Books.

– (2012). The Invention of the White Race, Band 2: The Origin of Racial Oppression in Anglo-America (2. Auflage). Brooklyn: Verso.

Allport, Gordon W. (1958). The Nature of Prejudice. New York: Doubleday.

Anderson, Elijah (2015). »The White Space.« Sociology of Race and Ethnicity 1, 10–21.

Anderson, Michael C. und Simon Hanslmayr (2014). »Neural Mechanisms of Motivated Forgetting.« Trends in Cognitive Sciences 6, 279–292.

Applebaum, Anne (2020). Twilight of Democracy: The Seductive Lure of Authoritarianism. New York: Doubleday.

Arendt, Hannah (1951; Reprint 1973). The Origins of Totalitarianism. New York: Harcourt. – Deutsch: Elemente und Ursprünge totaler Herrschaft. (1955). Frankfurt a. M.: Europäische Verlags-Anstalt.

Atkinson, Meera. (2017). The Poetics of Transgenerational Trauma. New York: Bloomsbury USA.

Bailyn, Bernard, ed. (1993). The Debate on the Constitution: Federalist and Antifederalist Speeches, Articles, and Letters During the Struggle over Ratification: Teil 1, September 1787 bis Februar 1788. New York: Library of America.

– (1993). Federalist and Antifederalist Speeches, Articles, and Letters During the Struggle over Ratification: Teil 2, Januar bis August 1788. New York: Library of America.

Baldwin, James (1955; Reprint 1984). Notes of a Native Son. Boston: Beacon Press.

– (1963; Reprint 1992). The Fire Next Time. New York: Vintage.

Barry, John M. (2005). The Great Influenza: The Story of the Deadliest Pandemic in History. New York: Penguin Books.

Bell, Derrick (2008). Faces at the Bottom of the Well: The Permanence of Racism. New York: Basic Books.

bell hooks (1992). Representing Whiteness in the Black Imagination. Cultural Studies. Hg. Lawrence Grossberg et al. London: Routledge, S. 338-342.

Ben-Ghiat, Ruth (2020). Strongmen: Mussolini to the Present. New York: W. W. Norton.

Blackmon, Douglas A. (2009). Slavery by Another Name: The Re-Enslavement of Black Americans from the Civil War to World War II. New York: Anchor Books.

Blight, David W. (2020). Frederick Douglass: Prophet of Freedom. New York: Simon & Schuster.

Briere, John. N. und Catherine Scott. (2014). Principles of Trauma Therapy: A Guide to Symptoms, Evaluation, and Treatment, 2. Auflage (DSM-5 Update). Los Angeles: SAGE Publications.

Camp, Stephanie M. H. (2004). Closer to Freedom: Enslaved Women and Everyday Resistance in the Plantation South. Chapel Hill: University of North Carolina Press.

Chernow, Ron (2017). Grant. New York: Penguin Books.

Coates, Ta-Nehisi (2015). Between the World and Me. New York: One World.

Crenshaw, Kimberlé, et al., editors. (1996). Critical Race Theory: The Key Writings That Formed the Movement. New York: The New Press.

Crocq, Marc-Antoine und Louis Crocq (2000). »From Shell Shock and War Neurosis to Posttraumatic Stress Disorder: A History of Psychotraumatology.« Posttraumatic Stress Disorder 1, 47–55.

Daniel, Pete (1972). The Shadow of Slavery: Peonage in the South, 1901–1969. Champaign: University of Illinois Press.

Dean, Eric T., Jr. (1997). Shook over Hell: Post-Traumatic Stress, Vietnam, and the Civil War. Cambridge, MA: Harvard University Press.

DeGruy, Joy (2017). Post Traumatic Slave Syndrome: America's Legacy of Enduring Injury and Healing, Durchgesehene und aktualisierte Ausgabe. Portland, OR: Joy DeGruy Publications.

Delgado, Richard und Jean Stefancic (2000). Critical Race Theory: An Introduction. New York: New York University Press.

Douglass, Frederick (2013). The Complete Autobiographies of Frederick Douglass. New York: Simon & Schuster.

DuBois, W. E. B. (1903; Reprint 2009). The Souls of Black Folk. New York: Library of America.

Duran, Eduardo, et al. (1998). »Healing the American Indian Soul Wound.« In: International Handbook of Multigenerational Legacies of Trauma, 341–354. Boston: Springer.

Equal Justice Initiative (2018). »Segregation in America.« https://eji.org/reports/segregation-in-america/.

– (2020). »Reconstruction in America: Racial Violence After the Civil War.« https://eji.org/reports/reconstruction-in-america-overview/.

Fine, M. (2004). The Power of the Brown v. Board of Education Decision: Theorizing Threats to Sustainability. In: American Psychologist 59 (6), S. 502-510.

Foner, Eric. (2015). A Short History of Reconstruction (Aktualisierte Ausgabe). New York: Harper Collins.

Fossion, Pierre, et al. (2015). »Transgenerational Transmission of Trauma in Families of Holocaust Survivors: The Consequences of Extreme Family Functioning on Resilience, Sense of Coherence, Anxiety and Depression.« Journal of Affective Disorders 171, 48–53.

Foucault, Michel (1995). Discipline and Punish: The Birth of Prison. New York: Vintage Books.

Fromm, Erich (2013). Escape from Freedom. New York: Open Road Media. - Deutsch: Die Furcht vor der Freiheit. (1980). München: Deutsche Verlags-Anstalt.

Gardiner, William (2009). Reflections on the History of White Supremacy in the United States. https://www.uua.org/files/documents/gardinerwilliam/whiteness/white_supremacy_us.pdf

Garrett, Laurie (1994). The Coming Plague: Newly Emerging Diseases in a World out of Balance. New York: Macmillan.

Gates, Henry Louis (2019). Stony the Road: Reconstruction, White Supremacy, and the Rise of Jim Crow. New York: Penguin Books.

Ginzburg, Ralph (1988). 100 Years of Lynchings. Baltimore: Black Classic Press.

Glymph, Thavolia (2008). Out of the House of Bondage: The Transformation of the Plantation Household. Cambridge: Cambridge University Press.

Gould, Stephen Jay (2006). The Mismeasure of Man (Revised and Expanded). New York: W. W. Norton. – Deutsch: Der falsch vermessene Mensch (1983). Basel: Birkhäuser Verlag.

Guthrie, Robert V. (2004). Even the Rat Was White: A Historical View of Psychology. New York: Pearson College Division.

Haines, Staci K. (2019). The Politics of Trauma: Somatics, Healing, and Social Justice. Berkeley, CA: North Atlantic Books.

Hannah-Jones, Nikole, et al. The 1619 Project. New York Times, 14. August 2019.

Hart, Bradley W. (2018). Hitler's American Friends: The Third Reich's Supporters in the United States. New York: Thomas Dunne Books.

Hedges, Chris (2009). Empire of Illusion: The End of Literacy and the Triumph of Spectacle. New York: Bold Type Books.

Herman, Judith L. (2015). Trauma and Recovery: The Aftermath of Violence – from Domestic Abuse to Political Terror. New York: Basic Books. – Deutsch: Die Narben der Gewalt. Traumatische Erfahrungen verstehen und überwinden. (1994). München: Droemer Knaur.

Hofstadter, Richard (1963; 1966). Anti-intellectualism in American Life. New York: Vintage Books.

– (1952; Reprint 2008). The Paranoid Style in American Politics, and Other Essays. New York: Vintage Books.

Hübl, Thomas und Julie J. Avritt (2020). Healing Collective Trauma: A Process for Integrating Our Intergenerational and Cultural Wounds. Boulder: Sounds True.

Hunt, Raymond G. und Benjamin Bowser (1996). Impacts of Racism on White Americans. Los Angeles: SAGE Publications.

Johnson, Walter (2009). Soul by Soul: Life Inside the Antebellum Slave Market. Cambridge, MA: Harvard University Press.

Kendi, Ibram X. (2016). Stamped from the Beginning: The Definitive History of Racist Ideas in America. New York: Bold Type Books.

– (2019). How to Be an Antiracist. New York: One World/Ballantine.

Kendzior, Sarah (2020). Hiding in Plain Sight: The Invention of Donald Trump and the Erosion of America. New York: Flatiron Books.

Klein, Ezra (2020). Why We're Polarized. New York: Simon & Schuster. Deutsch: Der tiefe Graben: Die Geschichte der gespaltenen Staaten von Amerika (2020). Hamburg: Hoffmann und Campe.

Levine, Peter A. (2010). In an Unspoken Voice: How the Body Releases Trauma and Restores Goodness. Berkeley, CA: North Atlantic Books.

Levitsky, Steven und Daniel Ziblatt (2018). How Democracies Die. New York: Crown Publishing.

Litwack, Leon F. (2009). How Free Is Free? The Long Death of Jim Crow. Cambridge, MA: Harvard University Press.

MacDonnell, Francis (1994). Reconstruction in the Wake of Vietnam: The Pardoning of Robert E. Lee and Jefferson Davis. Hg. Michael T. Martin und Marilyn Yaquinto. Civil War History 40 (2), Juni 1994, S. 119-133.

Morris, David. J. (2015). The Evil Hours: A Biography of Post-Traumatic Stress Disorder. New York: Houghton Mifflin Harcourt.

Morrison, Toni (1992). Playing in the Dark: Whiteness and the Literary Imagination. Cambridge, MA: Harvard University Press.

– (2004). Beloved. New York: Vintage Books.

– (2007). Song of Solomon. New York: Vintage Books.

Oklahoma Commission to Study the Tulsa Race Riot of 1921. (2001). In Redress for Historical Injustices in the United States, 642–644. Durham, NC: Duke University Press.

Opotow, Susan (2005). Hate, Conflict, and Moral Exclusion. In: The Psychology of Hate, Hrsg. Robert J. Sternberg 121–153. Washington DC.: American Psychological Association.

– (2008). »›Not So Much As Place to Lay Our Head …‹: Moral Inclusion and Exclusion in the American Civil War Reconstruction.« Social Justice Research 1, 26–49.

Packard, Jerrold M. (2003). American Nightmare: The History of Jim Crow. New York: St. Martin's Press.

Rawls, John (2009). A Theory of Justice. Cambridge, MA: Harvard University Press.

Reich, Wilhelm (1970). The Mass Psychology of Fascism. New York: Macmillan. – Deutsch: Massenpsychologie des Faschismus (zuerst 1933). Kopenhagen: Verlag für Sexualpolitik.

Rothstein, Richard (2017). The Color of Law: A Forgotten History of How Our Government Segregated America. New York: Liveright Publishing.

Saul, Jack (2013). Collective Trauma, Collective Healing: Promoting Community Resilience in the Aftermath of Disaster. New York: Routledge.

Scarry, Elaine (1985). The Body in Pain: The Making and Unmaking of the World. New York: Oxford University Press. – Deutsch: Der Körper im Schmerz. Die Chiffren der Verletzlichkeit und die Erfindung der Kultur (1992). Frankfurt a. M.: Fischer Verlag.

Scharf, M. (2007). »Long-Term Effects of Trauma: Psychosocial Functioning of the Second and Third Generation of Holocaust Survivors.« Development and Psychopathology 19 (2), S. 603-622.

Sexton, Jared Yates (2020). American Rule: How a Nation Conquered the World but Failed Its People. New York: Dutton.

Sibrava, Nicholas J., et al. (2019). »Posttraumatic Stress Disorder in African American and Latin Adults: Clinical Course and the Role of Racial and Ethnic Discrimination.« American Psychologist 74 (1), 116.

Sigal, John J. und Vivian Rakoff (1971). »Concentration Camp Survival: A Pilot Study of Effects on the Second Generation.« Canadian Psychiatric Association Journal 5, 393–397.

Sinha, Manisha (2003). The Counterrevolution of Slavery: Politics and Ideology in Antebellum South Carolina. Chapel Hill: University of North Carolina Press.

Smith, D. N. (2019). »Authoritarianism Reimagined: The Riddle of Trump's Base.« Sociological Quarterly 2, 210–223.

Snyder, Timothy (2017). On Tyranny: Twenty Lessons from the Twentieth Century. New York: Ten Speed Press.

Soboroff, Jacob (2020). Separated: Inside an American Tragedy. New York: HarperCollins.

Solomon, Andrew (2011). The Noonday Demon: An Atlas of Depression. New York: Simon & Schuster.

Stanley, Jason (2018). How Fascism Works: The Politics of Us and Them. New York: Random House.

Stanton, William (1960). The Leopard's Spots: Scientific Attitudes Toward Race in America. Chicago: University of Chicago Press.

Steele, Kathy, Suzette Boon und Onno Hart (2016). Treating Trauma-Related Dissociation: A Practical, Integrative Approach. New York: W. W. Norton.

Stenner, Karen (2005). The Authoritarian Dynamic. Cambridge: Cambridge University Press.

– (2009). »Three Kinds of ›Conservatism.‹« Psychological Inquiry 2–3, 142–159.

– (2020). »Authoritarianism: Liberal Democracy Has Now Exceeded Many People 's Capacity to Tolerate It.« Hope Not Hate 44.

Travis, Jeremy (2005). But They All Come Back: Facing the Challenges of Prisoner Reentry. Washington, DC: The Urban Institute Press.

van der Kolk, Bessel A., Alexander C. McFarlane und Lars Weisaeth, editors (2012). Traumatic Stress. New York: Guilford Press.

van der Kolk, Bessel A. (2014). The Body Keeps the Score: Brain, Mind, and Body in the Healing of Trauma. New York: Viking Penguin.

Walker, Pete (2013). Complex PTSD: From Surviving to Thriving: A Guide and Map for Recovering from Childhood Trauma. CreateSpace Publishing.

Whitman, James Q. (2017). Hitler's American Model: The United States and the Making of Nazi Race Law. Princeton: Princeton University Press.

Wilkerson, Isabel (2010). The Warmth of Other Suns: The Epic Story of America's Great Migration. New York: Vintage Books.

– (2020). Caste: The Origins of Our Discontents. New York: Random House.

Wise, Tim J. (2008). White Like Me: Reflections on Race from a Privileged Son. New York: Counterpoint Press.

Woodward, Bob (2020). Rage. New York: Simon & Schuster. – Deutsch: Wut. (2021). München: Hanser.

Wolynn, Mark (2016). It Didn't Start with You: How Inherited Family Trauma Shapes Who We Are and How to End the Cycle. New York: Viking.

Yehuda, Rachel und Amy Lehrner (2018). »Intergenerational Transmission of Trauma Effects: Putative Role of Epigenetic Mechanisms.« World Psychiatry 3, 243–257.

Yehuda, Rachel, Amy Lehrner und Laura C. Pratchett (2016). »Trauma- and Stressor-Related Disorders.« In: Mount Sinai Expert Guides, 103–112. Hoboken, NJ: John Wiley & Sons.

Dank

Bei St. Martin's Press geht mein Dank an Jennifer Enderlin, George Witte, Kevin Reilly, Alan Bradshaw, Greg Villepique, Adriana Coada, Michelle McMillian, Michael Storrings, Nikolaas Eickelbeck, Paul Hochman, Martin Quinn, Gabrielle Gantz und Tracey Guest.

Ferner danke ich Jennifer Roehrer, Marc Paskin, Pilar Queen und dem Rest unseres großartigen Teams an der University of Texas in Utah.

Mein Dank geht an Athena Lark für ihre ausführliche und umsichtige Lektüre; an Henry Kaufman für die juristische Prüfung und die Cartoons (!); an Darren Ankstrom, den außergewöhnlichen Fakten-Checker; an Milessa Shore für ihre Hilfe in Sachen Traumaforschung; an David Morris für sein umfangreiches Wissen bezüglich posttraumatische Belastungsstörung (tut mir leid, dass ich dich geghostet habe); und an Lachlan Cartwright, der den Ball ins Rollen brachte, obwohl ich noch nicht bereit war: Jetzt bin ich – um mich Nixons Wahlkampfslogans zu bedienen – offiziell »braun gebrannt ausgeruht und startklar«.

Ich danke Ben Stiller und Nicky Weinstock für die unglaubliche Gelegenheit, die sie mir boten, und Sarah Soleimani für die Reise, die sie mit mir machte.

Danke an die Gruppe außergewöhnlicher Frauen, die mein Wissen über die Gefahren, die uns in diesem kritischen Abschnitt in unserer Geschichte bedrohen, erweitert und vertieft haben: Ruth Ben-Ghiat, Rosa Brooks, Mieke Eoyang, Laurie Garrett, Denise Hien, Susan Opotow, Kavita Patel und Maya Wiley.

Meine allergrößte Wertschätzung gilt Patti Lupone, die mich mit ihrer Hingabe an die Kunst und die Menschen, die sie ermöglichen, seit meinem dreizehnten Lebensjahr inspiriert; Jane Fonda wegen ihrer Freundlichkeit und ihrer unermüdlichen Bemühungen, unseren Planeten zu retten; Chely Wright und Lauren Blitzer, die gleich zu Beginn mit mir in Kontakt getreten sind und mir so die Gelegenheit gegeben haben, etwas zu ihrem unglaublichen Projekt beizutragen; Rob Rieman wegen der Einladung und weil er an meine Arbeit glaubt; David Rothkopf, nicht nur wegen des großartigen Deep State Radios und der fantastischen Twitter-Threads, sondern auch seiner Großzügigkeit; Molly Jong-Fast wegen ihrer wunderbaren Artikel und Bücher und des Kontakts, der alles veränderte.

Den neuen Freunden, die mir halfen, dieses unbeschreibliche Jahr besser zu überstehen: Brad Berkwitt, Allison Gill, Dana Goldberg, Renee Stubbs und Joyce Vance, E. Jean Carroll, Jennifer Taub sowie Katy Phang, die mich zu dem Strickkreis eingeladen hat. Und E. Jean wegen ihres Muts.

Sollte ich jemanden vergessen haben, bitte ich um Verzeihung, aber aufgrund von Corona habe ich die meisten von euch nicht mehr getroffen. Jetzt, da wir wieder alle im selben Raum sein können, werde ich das wiedergutmachen – vorausgesetzt, ihr seid geimpft.

Mein allergrößter Dank geht an Lynval Richardson, Claudia Baker, Tiago Sarmento und alle Julukaner, weil sie mir zu einer Zeit, da ich es am dringendsten brauchte, eine der außergewöhnlichsten Erfahrungen meines Lebens ermöglicht haben. Euch zu kennen ist ein Privileg.

An Annie Champion, weil sie eine tolle Freundin ist; an Ted Boutrous für seine unermüdliche Unterstützung; an Robbie Kaplan, weil sie eine knallharte Anwältin ist; an John Quinn und an Alexander Rodney für ihre unglaubliche Arbeit; und an Sue Craig und Russ Buettner, weil sie sich bei ihrem investigativen Journalismus nicht beirren lassen. Dir, Sue, werde ich ewig dankbar sein, weil du an meine Tür geklopft hast.

Froh bin ich, alte Verbindungen wieder aufgefrischt zu haben – zu Denise Dewald, Lana Fiorentino, Wendy Firtel, Suzanne und Brian Gillman, Judy Gold, Helene Hernes, Alan Lebowitz, Reshmi Paul, Pam Perlman, Gaby, Rocky und Judy Richard, Suzanne Shavelson, Nicole Sherman, Kelly Sullivan und Kate Szymanski.

Wie immer gilt mein Dank Denise Kemp dafür, dass sie die Knochenarbeit erledigt hat; Liz Stein, weil sie es geschafft hat, oder anders gesagt: Ich freue mich darauf, demnächst das Einhorn anzugehen; Pat Roth, weil du für mich da bist; Eric Adler für die unverbrüchliche Freundschaft – ich bin froh, dass wir diesmal um den Pfandleiher herumgekommen sind; John Barrengos, der nie um Worte verlegen ist, und Alice Frankston, die mich wieder einmal über die Ziellinie bugsiert hat.

Und meiner Tochter Avary, die nie aufhört, mich stolz darauf zu machen, wer sie ist. Ich hab dich lieb, Av.

Personenregister

A

Abernathy, Gary 187
Akerman, Alexander 45
Alexander, Michelle 198
Alexander, Paul 114f.
Anderson, Elijah 207
Ayer, Donald 96

B

Barr, William 95ff., 168
Barrett, Amy Coney 155
Belkin, Aaron 156
Bell, Alexander Graham 144
Ben-Ghiat, Ruth 79
Bibb, Henry 60
Biden, Joe 12f., 98, 100f., 104, 117, 154, 156, 161f., 164f., 167, 171ff., 183, 203f., 221f., 225f., 230
Billings, Henry 56
Binet, Alfred 142f.
Bouie, Jamelle 203
Bratton, William 199
Breyer, Stephen 154
Brigham, Carl 143
Brinkley, Douglas 68
Brown, Albert 30
Bruce, Blanche 30
Buck, Carrie 144
Burger, Warren 153
Burke, Daniel 174
Bush, George H. W. 96
Bush, George W. 69, 82, 89, 96, 206

C

Calvin, Johannes 136
Caputo, Michael 114, 116
Carlson, Tucker 178

Carnegie, Andrew 142
Caro, Robert 192
Carroll, E. Jean 95
Carson, Ben 90
Carter, Jimmy 64f., 180
Champion, Anne 156
Chauvin, Derek 96, 233
Chennault, Anna 66f.
Clarke, Kristen 98
Clinton, Hillary 106, 154
Cohn, Roy 92, 95
Collins, Susan 102
Comey, James 92
Connor, Bull 188
Conyers, John 230
Cruz, Ted 170, 172

D

Damante, Becca 91
Darwin, Charles 142
Davidson, Charles 206
Davis, Jefferson 49, 65
Day, Thomas 148
DeGruy, Joy 128, 193
DenHoed, Andrea 145
DeVos, Betsy 90f.
Dirksen, Everett 67
Douglass, Frederick 36, 73
Duffy, John 233
Duke, David 188
Durham, John 95

E

Eastland, James (Plantagenbesitzer) 23, 58
Eastland, James (Senator) 58, 134, 190
Eastland, Woods 58
Eoyang, Mieke 100
Erikson, Erik 204
Esper, Mark 97

F

Farrell, John A. 66
Fauci, Anthony 113
Fields, John W. 28
Floyd, George 96
Foner, Eric 33, 48, 236
Ford, Gerald 64, 68, 70
Frazer, Garizon 27

G

Gannett, William C. 34
Garland, Merrick 155

Garrett, Laurie 109
Giles, Jackson 151f.
Gingrich, Newt 203
Ginsburg, Ruth Bader 155
Giuliani, Rudolph 199f.
Goddard, H. H. 143
Graham, Lindsey 102
Grant, Ulysses S. 59, 148
Gupta, Vanita 98
Gurley, O. W. 131

H

Haldeman, H. R. 66
Hannah-Jones, Nikole 203f.
Hannity, Sean 178
Harcourt, Bernard 199
Harris, Kamala 164, 225
Hawley, Josh 170, 172
Hayes, Rutherford B. 47
Hemings, Saly 62, 73
Herman, Judith 128, 214
Heyer, Heather 177
Hien, Denise 212
Hitler, Adolf 145
Holbert, Luther (Eheleute) 23f., 58
Holder, Eric 72
Holmes, Oliver Wendell 145
hooks, bell 137
Howard, Oliver 26, 29
Humphrey, Humbert 66

J

Jackson, Andrew 72
Jefferson, Thomas 62f., 73, 146
Johnson, Andrew 28, 31f., 34ff., 49, 75, 148
Johnson, Jason 233
Johnson, Lyndon 66f.
Jong-un, Kim 100
Julian, George 27

K

Kelling, George L. 198
Kendzior, Sarah 79
Kennedy, Caroline 68
Kisljak, Sergej 94
Klein, Ezra 48
Konyndyk, Jeremy 106
Kruse, Kevin 203

L

Lee, Robert E. 28, 59ff., 166, 177, 181
Lewis, John 69
Lifton, Robert Jay 181, 185
Lincoln, Abraham 28, 30, 73, 75, 173
Lind, Dara 201
Litwack, Leon F. 43, 46
Loeffler, Kelly 172
Lott, Trent 206

M

Madison, James 146
Malcolm X. 189
Manchin, Joe 93, 183
Mansfield, Mike 190
Marshall, Josh 115
Marshall, Thurgood 153
McConnell, Mitch 93, 101f., 155, 164, 167, 169f., 181f.
McDonnell, Francis 65
Meadows, Mark 108f.
Meese, Edwin 93
Morrison, Toni 186
Moses, Robert 192
Mueller, Robert 94ff., 168

N

Nance, Malcolm 79
Nelson, Libby 201
Nixon, Richard 65ff., 194f.
Norris, Mary 60
Norris, Wesley 60

O

Obama, Barack 69ff., 75, 89, 106, 154f.
Opotow, Susan 125, 130

P

Page, Sarah 131
Parks, George 60
Parks, Rosa 188ff.
Peale, Vincent 137
Pence, Mike 174
Perry, Albert 189f.
Perry, Rick 90f.
Plessy, Homer 49, 56, 151
Pompeo, Mike 99f., 174
Porter, Katherine Anne 215
Prince, Erik 90

R

Raudenbush, Stephen R. 200
Reagan, Ronald 92, 141, 180, 194f.
Reason, Charles 33
Redfield, Robert 114
Reeves, Tate 225
Revels, Hiram 29f.
Roberts, John 153, 155
Rockefeller, John D. 142
Roosevelt, Franklin Delano 74
Rosenstein, Rod 95
Rostow, Walt 67
Rothstein, Richard 53, 152f.
Rowland, Dick 131f.
Rubio, Philip 139ff.

S

Sampson, Robert J. 200
Santorum, Rick 206
Saunders, Elizabeth 99
Saxton, Rufus 27
Scalia, Antonin 155
Scarry, Elaine 218
Schlesinger, Robert 182
Schwebel, Milton 55
Scott King, Coretta 93
Scott, Dred 149, 156
Scott, Tim 225
Selenskyj, Wolodymyr 101, 103, 166
Serwer, Adam 70
Sessions, Jeff 86, 92ff., 97f.
Seward, William 61
Sherman, William Tecumseh 26f., 31, 59, 230
Sims, James 39
Snyder, Timothy 184
Stahl, Lesley 82
Stanton, Edwin 27
Stenner, Karen 221
Stevens, Thaddeus 31
Stevenson, Bryan 48, 126f., 203, 236
Sumner, Charles 30, 47
Swan, Jonathan 111

T

Taney, Roger 149
Thiêu, Nguyên Văn 66
Thurmond, Strom 191, 206
Till, Emmett 56
Tillerson, Rex 98ff.
Travis, Jeremy 196

Trump, Donald 9, 12f., 15, 18, 69, 75, 79-95, 99ff., 103-113, 115-119, 137, 140, 154, 162, 164-174, 176f., 179-182, 184f., 215, 220f., 225, 236
Trump, Elizabeth 16
Trump, Fred 111, 137
Trump, Maryanne 16

W

Wallace, Chris 111
Wallace, George 188
Warren, Elizabeth 93
Warren, Robert Penn 211
Washington, Booker T. 131
Whitaker, Matthew 94
Williams, David 193f.
Williams, Robert F. 189f.
Wilson, James Q. 198
Wilson, Woodrow 144, 215
Woodward, Bob 103

Y

Yates, Sally 92
Yehuda, Rachel 129